深圳职业技术学院课程思政教学研究系列丛书

U0819319

课程思政优秀教学案例选编

人文篇

深圳职业技术学院课程思政教学研究中心◎组编
主编　杨欣斌

同济大学出版社·上海

图书在版编目（CIP）数据

课程思政优秀教学案例选编．人文篇 / 杨欣斌主编．-- 上海：同济大学出版社，2022.8

（深圳职业技术学院课程思政教学研究系列丛书）

ISBN 978-7-5765-0332-6

Ⅰ．①课… Ⅱ．①杨… Ⅲ．①思想政治教育－教案（教育）－职业教育 Ⅳ．① G711

中国版本图书馆 CIP 数据核字（2022）第 147207 号

深圳职业技术学院课程思政教学研究系列丛书

课程思政优秀教学案例选编·人文篇

深圳职业技术学院课程思政教学研究中心◎组编

主编 杨欣斌

出 品 人 金英伟

责任编辑 张 莉 任学敏

助理编辑 夏晗丹

责任校对 徐逢乔

封面设计 陈益平

出版发行 同济大学出版社 www.tongjipress.com.cn

（地址：上海市四平路 1239 号 邮编：200092 电话：021-65985622）

经 销 全国各地新华书店

印 刷 常熟市华顺印刷有限公司

开 本 710mm × 1000mm 1/16

印 张 15.5

字 数 310 000

版 次 2022 年 8 月第 1 版

印 次 2022 年 8 月第 1 次印刷

书 号 ISBN 978-7-5765-0332-6

定 价 68.00 元

编委会名单

主　　编　杨欣斌

副 主 编　梁召峰　文首文　陈永力

参编人员　王文斌　王卓慧　王　莹　牛莹芳　邓洁华　田红梅
白　洁　朱永双　许向阳　许　蕤　杜艳丽　李华基
李　彬　杨　飞　杨志宁　杨宏丽　何　锐　宋志刚
张仁醒　张国军　张　凯　张　毅　陈益清　陈琪莎
邵成南　易海博　罗大为　郑锦燕　孟军齐　赵目珍
聂小忠　徐　玲　徐　晨　黄长伟　黄略略　崔宏巍
蒋晓华　程律莎　鲁朝辉　裴　蓓　廖丽洁　翟晓棠
颜学艳

编　　辑　钟慈方　江　涛　赖学良

总 序

全面推进课程思政建设，是落实立德树人根本任务，培养社会主义建设者和接班人，维护国家长治久安，推进民族复兴和国家崛起的重大举措。党的十八大以来，习近平总书记高度重视思想政治教育工作，发表了一系列重要讲话、重要论述，为我们开展新时代的课程思政建设提供了理论指导和根本遵循。2020年，教育部印发了《高等学校课程思政建设指导纲要》，从战略价值、目标要求、内容重点、教学体系及教师素养等方面，对课程思政建设提出了明确要求。如何精准领会国家政策精神、科学把握课程思政规律、着重突显职业教育类型特色，个性鲜明又富于创造地做好课程思政，是当前职教战线面临的重大教育选题。

作为中国高职教育的一面旗帜，深圳职业技术学院始终坚持立德树人根本任务，以习近平新时代中国特色社会主义思想为指导，以培养德技并修、全面发展的高素质技术技能人才为根本要求，以社会主义核心价值观为核心内容，以深圳案例与十全育人为资源特色，以校企联动联建为实施路径，着力构建全员、全过程、全方位的课程思政建设体系，重点抓实五个方面的工作。一是抓制度建设，完善运行机制。制定学校《深入推进"课程思政"建设实施方案》《课程思政教学研究中心建设方案》等系列制度文件，推进了课程思政的全过程管理。二是抓课程建设，夯实育人基础。实施"金课"建设工程和课程思政示范课程建设工程，有效推进了课程思政的示范引领。三是抓实践研究，深挖思政内涵。组织开展课程思政理论与实践创新研究，研制了通识课程、不同专业大类课程思政教学指南、教学案例集。四是抓队伍建设，厚实育德能力。组建了由党委书记牵头，教务处、宣传部、马克思主义学院负责人及部门工作专员组成的课程思政管理队伍。组建了由清华大学等院校专家担任顾问，学校思政课、专业课一线教师组成的校级研究团队。五是抓资源建设，丰实思政平台。搭建了集课程思政研究资源、教学资源、师资培训、成果展示于一体的课程思政数字化平台，厚实了课程思政的平台资源。

在全校师生的共同努力下，学校探索构建了“六双并进”的示范课程建设模式，凝练了“校企六联”的课程思政建设路径，打造了“深圳特色”的课程思政资源体系，形成了理论研究和实践改革相互促进的持续向好机制。为进一步总结深圳职业技术学院课程思政建设的经验与不足，探索未来课程思政改革的逻辑与路径，学校组织一线教师、理论研究人员、教学管理人员等，开展了“深职课程思政系列丛书”的编写工作，系统呈现深圳职业技术学院在课程思政教育教学改革中的系列探索，以期为职业教育战线推进课程思政类型化创新、为高等教育系统深化课程思政个性化改革，提供深职思考、深职样例。

当然，课程思政建设工作是历时与共时的结合体，既要体现思政教育在不同阶段的持之以恒，也要突显教学方法手段在不同阶段的延展嬗进。在未来的实践探索中，需要持之以恒地推进习近平新时代中国特色社会主义思想入心入脑、培育和践行社会主义核心价值观、加强中华优秀传统文化教育、深入开展宪法法治教育、深化职业理想和职业道德教育。同时，也要根据未来社会发展形势，根据数字经济时代社会生产生活方式的变化，根据不同阶段教育对象的思维逻辑、时代话语等开展教学设计的优化与革新。

我们正处于全面建设社会主义现代化国家的关键阶段。传承红色基因，赓续红色血脉，需要持续抓好后继有人这个根本大计。今天的青年一代，将是未来推进和见证第二个百年奋斗目标的核心生力军。做好今天青年一代的思想政治教育工作责任重大、意义深远。希望通过理论凝练推进实践改革的方式，不断提升课程思政建设实效，不断提升高校育人水平，为实现中华民族伟大复兴提供坚实的思想保障。

杨欣斌

前言

课程思政在构建“大思政”育人格局，引导青年学生树立科学的世界观、人生观、价值观中发挥着重要作用。从本质上看，课程思政的特质就在于“特”——其教学设计突出校本、不拘一格；在于“隐”——其教育过程如盐在水、润物无声；在于“活”——其教育内容就材而起、因材而设；在于“实”——其教育效果贴近生活、易于内化。可以说，将国家相关政策落细落实、全面提升课程思政实效，关键在于优化教师的教学设计，需要结合不同课程特点、思维方法和价值理念，深入挖掘各类课程和教学方式中蕴含的思想政治教育资源，既要观照国家宏观政策导向、学校总体教育范式，更要体现教师在“守好一段渠、种好责任田”中的自主创新。

近年来，深圳职业技术学院以习近平总书记关于思想政治教育的系列指示为根本遵循，以《高等学校课程思政建设指导纲要》为价值导向，立足职业教育类型定位和学校教育教学特色，在课程思政建设方面进行了一系列探索，提炼出了“六双并进”课程建设模式：知识技能目标与思想教育目标“双目统整”；专业内容与思政内容“双线互构”；“专思双师”和“校企双师”的“双师联袂”；课内外、校内外场域“内外双融”；正面案例与反面案例“正反双促”；显性评价和隐性评价“显隐双评”。通过“六双”模式与实践探索的双向互动，形成了专业教育与思想政治教育相互融通、同向同行的特色范式。

在构建校本范式的同时，学校还特别强调激发教师的自主创新。构建了以课程思政示范课程建设为载体，以课程思政专家领航、数字化资源建设、校内教师集体教研、深圳特区教育素材搜集和职教课程思政特色凝练为主要手段的教师砥砺促学模式——"内涵9问"模式，主要包括：如何突显职业教育课程思政的类型特色、如何明确不同专业课程思政的价值导向、如何确定教学单元课程思政教学目标、如何设计课堂教学任务、如何依托专业知识和深圳区域特色挖掘思政要素、如何构建课程思政知识图谱、如何依据思政图谱重构知识技能内容体系、如何提升教学内容和思政要素的耦合度及如何有效设计课程思政教学评价体系。通过"内涵9问"，引导教师在各类课程的教学任务、教学设计、教学实施、教学评价、创新反思等维度锐意创新，形成门门有思政、人人讲育人的协同效应，构建了全员全程全方位育人大格局。

理论阐述可以提供形而上的一般性指导，而实践案例则可更加生动形象地展示如何在实践中诠释理论、延展创新。实践中，透过不同教师见仁见智的教学设计，可以管窥某一课程团队在课程思政建设方面的指导理念、思考逻辑和实施过程，这对我们学习、研究、创新课程思政具有重要的启发借鉴意义。也正因如此，我们组织编写了这本课程思政教学案例集，将不同专业大类、不同课程、不同教学团队在课程思政设计中的思考探索进行有益截取，脉络清晰、结构完整地呈现给广大读者，以娓娓道来的方式引导读者"跟我做"，以"读后省思"的方式引导读者思考"何以超越"。

当然，由于时间和水平有限，本案例集中还存在一些不完善之处，敬请广大读者批评指正。我们也期待职教战线有更多的教学案例带来风格迥异的思想启发，在"同课异构"的比较与砥砺下，不断推进课程思政内涵的纵深延展。

编　者

2022年5月

目 录

“大学语文”
课程思政教学案例

一、课程定位

本课程是为全校文科类专业开设的一门通识基础课，旨在培养学生具有良好的语言表达和沟通能力，具备在汉语文学、文化方面的阅读、理解与鉴赏能力，同时培养学生具有良好的人文精神和多元化的文化素养，让学生通过课程的学习，既获得理性智慧的启迪，又受到思想感情、审美体验、精神境界、人生价值等多方面的感染与熏陶。另外，课程通过适当的项目化课程体系设计，以培养学生良好的个性品格、职业道德和社会责任感为着力点，增强学生可持续发展的意愿与动力。通过通识素养向专业技能的浸染与渗透，协助学生在认知、技能、品质、道德等方面协调发展，使其成为兼具专业技能与职业人文精神的创新型现代职业人才。

二、课程思政整体设计思路

（一）课程思政整体设计理念

课程注重职业教育和人文教育的交融与渗透，以学生的职业生命成长为旨归，使学生在接受专业教育的同时，并行不悖地接受职业人文精神、中华传统美德与审美的熏陶与洗礼，并以此理念形成课程思政的特色。

在内容体系设计上，课程以“生生之谓易”的文化精神为命意，以“生存”“生活”“生命”“生机”为纲目，别出心裁地提炼出“敬事而信”“真气深情”“民胞物与”“传神写照”等15个重要主题(图1)。通过项目化的设计和专题式的学习、讨论，致力于学生母语阅读与理解能力、语言表达与问题分析能力、审美情趣和审美鉴赏能力的提升，以及人文精神和道德情操的提高。同时，着力通过有价值的实践活动配合理论教学，凝练成以“提升职业道德、人文关怀、社会责任感；弘扬和传承中华优秀传统美德，促成理想人格的建立”为核心的课程思政建设目标。

课程以任务为驱动，以“知行合一”的精神为指导思想，采用“教、学、做合一”的教学设计，融入人文原典和现实人生案例，丰富育人载体，优化教学内容，培养学生提升职业道德、人文关怀、社会责任感，塑造其感悟和实践中华优秀传统美德的精神，增强其建立理想人格的信念。通过校内外理论教学与实践的结合，课程教师与思政教师、人文导师的协同，实现课程思政建设与人文教育质量的双向提升。

（二）课程思政整体设计框架

聚焦人文领域，以职业能力、生存能力为起点，以专题教学设计为载体，从课程的知识、能力和价值三位一体的教学目标出发，立足价值目标核心，确立“职业人文 + 传统人文”教育的主线，挖掘课程思政教育切入点，依托主题教学展开案例设计，将课程内容分解为15个分别对应若干实践任务和知识技能点的项目，针对每一个项目，进行思政素材与教学内容的整合优化，形成以人文教育为内涵、以实践任务为支点、以知识技能点为软着陆点的“大学语文”项目化课程体系。

项目一至项目四聚焦“生存”这一主题，基于“敬事而信”“安生服业”“执经达权”“进德修业”等单元设计，结合“跑龙套”“元祐党籍碑的刻工故事”“出租车司机”“管仲论”“职业教育理论”等素材，融入对职业、职业态度、职业与生活的平衡、体面工作、职业教育、职业道德等的认知，通过“演课”等特色活动，重点培养学生正确认知职业的态度，正直与善良的品性，达成生活与工作平衡的能力，同情心、同理心以及良好的职业道德等优秀品质。

项目五至项目八聚焦“生活”这一主题，基于“真气深情”“厘尔女士”“修辞立诚”“谈言微中”等单元设计，结合苏轼、张岱、郑燮、蒋防、胡适、金

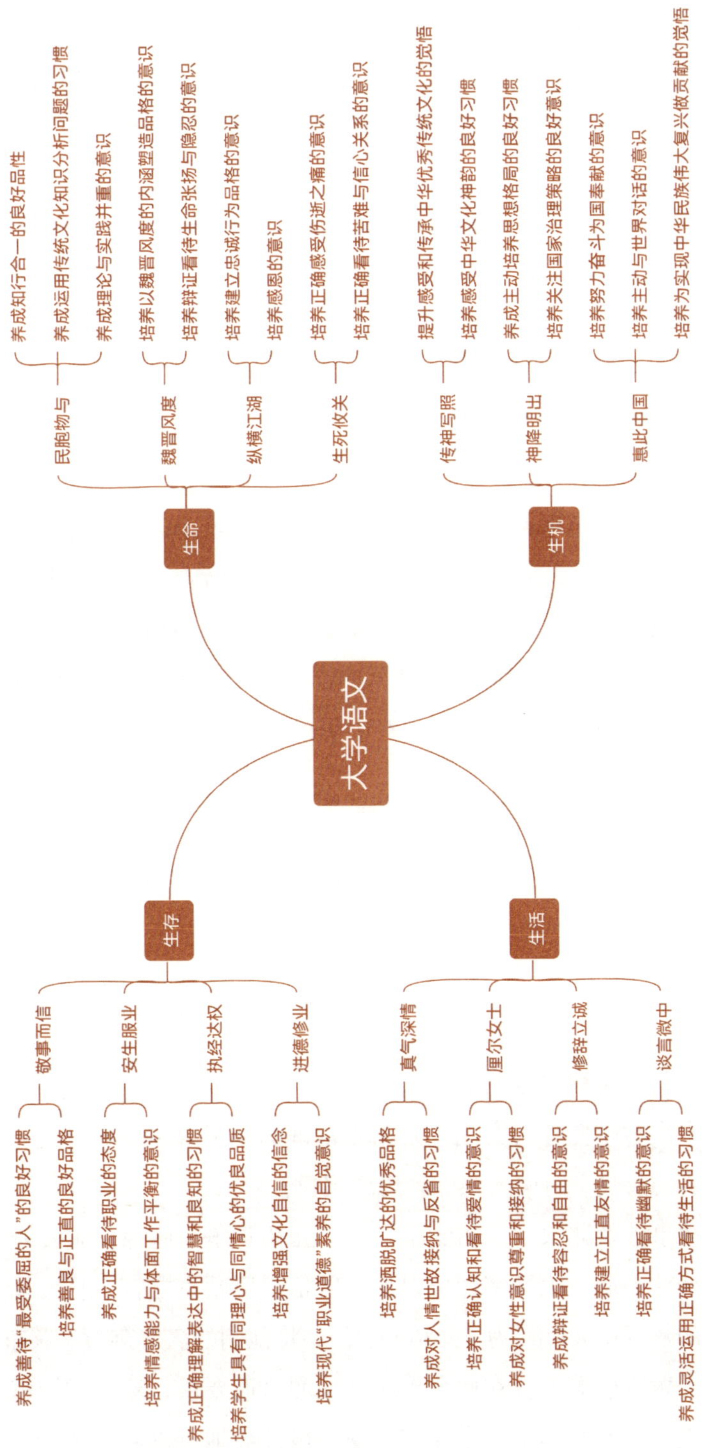

图 1 “大学语文”基于课程思政的教学内容设计

性尧等作家的文章素材，融入对个人性情、女性话题、沟通与表达等的认知，通过“演课”等特色活动，重点培养学生洒脱旷达的性格，对人情世故的接纳与反省，对女性的尊重，说服的智慧与技巧，正直的友情以及独特的个性等优秀品质。

项目九至项目十二聚焦“生命”这一主题，基于“民胞物与”“魏晋风度”“纵横江湖”“生死攸关”等单元设计，结合“西铭”“知行合一”“世说新语”“《金石录》后序”“病隙碎笔”等素材，融入对儒家世界秩序构想、阳明心学、魏晋风度、义气、生命等话题的认知，通过“演课”等特色活动，重点培养学生对儒家思想的体悟、知行合一的人文素养，感恩精神，以及克服生活苦难的信心等优秀品质。

项目十三至项目十五聚焦“生机”这一主题，基于“传神写照”“神降明出”“惠此中国”等单元设计，结合刘勰、老舍、周汝昌、庄子、桓宽、钱穆、冯至等大家的文章素材，融入对艺术神韵、国家思想格局、国家治理、中国的更生等话题的认知，通过“演课”等特色活动，重点培养学生对中华艺术神韵的体悟、对国家治理策略的领会，以及对中华民族复兴的责任感等优秀品质。

三、课程思政教学案例

教学案例一 “敬事而信”——建立对职业的“恭敬”与“诚信”

（一）教学任务

项目一　“敬事而信”之任务 1.3　建立对职业的“恭敬”与“诚信”

（二）课程思政教学设计

本次教学任务为完成“元祐党籍碑的刻工故事”的讲述，在介绍“小人物的正直与善良”时引入该课程思政案例。

故事涉及北宋“元祐党争”。“元祐党争”起源于宋神宗和王安石强制推行的变法新政。宋徽宗即位以后，听信权臣蔡京之言，将元祐年间不满王安石新法的数百位大臣列为“元祐奸党”，将他们的名字刻石、颁布全国，司马光、苏轼、黄庭坚等人皆在此名单中。按照官府要求，刻工们应将“奸党”名单刻于碑上。但有些刻工如李仲宁、安民虽社会地位卑微，却秉持着正直、善良的做人原则，不愿将自己心目中的忠臣刻入奸党名单。刻工李仲宁、安民的做法让一干官员汗颜，他们也因纯正的良知而名垂青史。

这个案例呈现了小人物坚守正直与善良的责任意识，可以激发学生对正直与善良品格的锤炼，进一步引导学生正确看待社会中的一些不当和不良行为，通过个人修养，从身边小事做起，进而树立君子意识和齐家治国的远大理想信念。

（三）教学实施

1. 教学目标

（1）价值目标：通过介绍“元祐党籍碑的刻工故事”的背景及故事细节，激发学生对正直与善良品格的锤炼，同时正确看待社会中的一些不当和不良行为。通过演课，完成对其中人物精神的体悟，培养学生树立君子意识和齐家治国的远大理想信念。

（2）知识目标：理解“敬事而信”的内涵，以及故事对培育现代职业道德的积极意义。

（3）能力目标：阅读文本故事，深度思索其中所蕴含的文化精神，进而锤炼将其与现实生活关联并能够践行的能力。

2. 教学方法

采用线上线下混合式教学，以任务驱动为核心，主要运用启发教学法、问题教学法和小组教学法，并辅以官方网站、视频资源、案例等多种资料。

3. 教学过程

第一步：任务引入——提出问题。

利用李仲宁、安民两个有关元祐党籍碑的刻工的具体实例引出坚守正直和善良品性的重要性。引导学生讨论并思考：为什么他们会拒绝和反抗刻碑？这么做会有什么后果？为什么他们会坚持自己的选择？（教学动画视频资源）

第二步：角色扮演——小组讨论。

按照“元祐党籍碑的刻工故事”中的故事情节，将两个故事改写成简单的剧本，组织学生在课堂上进行表演。然后以学习小组的形式讨论并探究：如果我是当年的刻工，我会做什么样的选择？与没有亲身体验之前的选择相比有无变化？为什么这样选择？

第三步：教师讲评——思政点睛。

针对讨论结果，教师进行集中讲解，利用苏轼、司马光等人的诗文让学生对他们再次进行人格鉴定；同时，通过演课的切身体验，让学生介绍苏轼、司马光等人为后世认可的原因，并重点强调树立和坚守正直与善良品格的重要性。

思政点睛：在封建时代，屈从于皇权是普遍社会心理，但这两位出身社会底层的卑微工匠却能够坚守自己内心的正确选择。两位刻工身上折射出“敬事而信”的内涵：对职业的恭敬更多是发自内心而非由于外在的约束。钱穆先生关于儒家人格教育的观点，可以看作是人物行为的内在支撑。（相关文献资料）

价值引领：学生应该如何锻炼自己的美好品性？怎样勇敢坚守正确的选择？引导学生落脚到对当下每一件小事的处理，通过切身实践提升自己的人格修养，锻炼自己成为一名君子，为今后服务社会、为国家做贡献打下坚实基础。

第四步：课程拓展——深化认知。

拓展讨论：学生在教师的引导下，讨论和思考古代敬事观与现代职业道德的关系。通过古今对比，对接现实，进一步思考现代职业道德对我们人生的重要性。

总结升华：两位刻工不畏强权伸张正义，体现了中国传统文化的敬事观。传统文化的敬事观是内在自觉和外在强制的统一体。而现代社会过于依赖外在的制度约束和管理，未能有效解决职业道德的诸多问题。培育现代职业道德和职业伦理，需要与我们自身的文化传统进行嫁接。如何将传统的“敬心”“敬事”转化为现代职业精神，除了需要深入思考，还需要我们从个体内在自觉的层面出发，培养敬心爱岗、敬业乐业的职业精神。

第五步：课后作业——巩固提升。

布置课后拓展任务：一是推送有关“雕版印刷术”的视频，让学生通过观看视频，了解刻工的工作及其价值。二是让学生通过网站、图书、电影等媒介，收集与元祐党籍碑的刻工故事类似的体现普通劳动者的正直与善良的素材，并进行分享，进一步巩固和加强对优秀品格的认知，进行潜移默化的教育。

4. 教学资源

（1）基本教学资源：有关元祐党籍碑的历史文献、图片；苏轼、司马光等人的诗文；“元祐党籍碑的刻工故事”教学动画；线上教学平台全部微课视频、本次课教案、本次课教学演示文稿、作业测验课程教学演示文稿等。

（2）拓展教学资源：古代刻工的相关文献资料；现当代有关杂文、小说文献；特色微课“元祐党籍碑的刻工故事”“小人物的正直与善良”。

（四）教学评价

评价采用显隐结合的方式，以知识、能力、价值构建三位一体评价目标体系，从课前、课中、课后构建全流程评价过程体系。

1. 显性评价方式

线上教学平台布置课前预习、视频资源观看，重点考核学生对知识点的掌握与理解；课中以教学任务的执行与开展为中心，侧重对学生参与课堂互动的积极性、有效性和实践能力的考核，小组互评与教师评价结合。本次任务的考核重点：“元祐党籍碑的刻工故事”剧本演绎，情景体验分享和话题讨论。依据课程目标展开“角色代入式”主题讨论，对学生的价值选择以及精神体认进行记录。

2. 隐性评价方式

从学生对一些社会不良、不当事件的分析等方面，观察学生对于人物品性的认知和判断能力，评价学生通过本次课学习在思想意识上的收获。

（五）创新与反思

结合课程教学项目的各种媒介，融入与课程息息相关的人文话题，不仅能拓展学生的知识视野，同时能激发学生对正直、善良品性的体认与追求。通过任务驱动教学法，强化学生对价值的选择及意识培养，使其在演课体验中感受锻炼品格的重要性，以及正确选择的重要性，培养学生知行合一的能力，实现价值塑造与知识传授、能力培养的有机统一。

在进行故事演绎时，强调学生要注重角色进入，做到人境合一，践行知行合一的精神。学生真正演绎时，由于角色代入感不强，体会不深，故而在情景体验的深度上还有较大提升空间，教师应更好地进行引导，使演绎更鲜活，体验更有效。

教学案例二 大地上的素朴与厚爱——传承家书文化，厚植仁爱情怀

（一）教学任务

项目五 “真气深情”之任务 5.3 传承家书文化，厚植仁爱情怀

（二）课程思政教学设计

本次教学任务为完成“郑板桥家书”的讲述，在介绍“板桥之家法”时引入该课程思政案例。

中办、国办此前联合下发的《关于实施中华优秀传统文化传承发展工程的意见》指出，要“广泛开展文明家庭创建活动，挖掘和整理家训、家书文化，用优良的家风家教培育青少年”。家书蕴含着修身、齐家、治业、报国等中国传统文化的精华和中华民族仁、义、礼、智、信的道德准则，并承载着中华民族生生不息的血缘文化。在中国传统的教育方法中，家书是一种重要的家训和家教形式。好的家书流传广泛，影响很大。郑板桥，原名郑燮，字克柔，号板桥，为官清廉，爱民如子，其诗文关怀现实，有慷慨之气。他还擅长书法、绘画，艺术成就非常突出。《板桥家书》是中国古代“齐家”文化的代表之一，其中很多地方都体现出郑板桥讲仁爱、重民本、尚和合的思想。我们以《范县署中寄舍弟墨第四书》为例来进行讲述。

这个案例呈现了郑板桥的民本意识和仁者爱人的优秀思想，可以激发学生的民本意识、宽让精神和仁爱情怀，进一步引导学生正确看待社会中不同阶层的人。同时通过对家书文化的倡导，提升学生的道德修养和人格风范，进而使其树立弘扬、践行和传承中华优秀传统文化的理想信念。

（三）教学实施

1. 教学目标

（1）价值目标：通过介绍家书文化及家书具体案例，激发学生的宽让精神和仁爱意识，培养学生正确看待社会中不同阶层的人。同时，通过对家书文化的倡导，提升学生的道德修养和人格风范，进而使其树立弘扬、践行和传承中华优秀传统文化的理想信念。

（2）知识目标：了解中国古代家书及家书文化的重要内涵，掌握《板桥家

书》中体现的优秀文化思想。

（3）能力目标：通过文本学习，深度思索其中蕴含的文化精神，进而锤炼学生体谅他人、怜悯他人、关爱他人的能力。

2. 教学方法

采用线上线下混合式教学，以任务驱动为核心，主要运用启发教学法、问题教学法和小组教学法，并辅以官方网站、视频资源、案例等多种资料。

3. 教学过程

第一步：任务引入——提出问题。

利用古代家书的具体实例引出家书文化在培养人的人格和文明家庭创建中的重要性。引导学生讨论并思考：《板桥家书》体现了哪些思想内涵？郑板桥为什么能得到后世的认可？（教学视频资源）

第二步：角色演课——小组讨论。

按照学生对中国古代家书文化和儒家知识分子（如郑板桥）的了解，以角色演绎的形式展开文本分析和讨论、探究：郑板桥为什么会写这样一封家书？他的民本意识和仁爱思想是如何得来的？

第三步：教师讲评——思政点睛。

针对讨论结果，教师进行集中讲解，利用郑板桥的诗文让学生对其文、其人的品格进行再认知；同时，让学生结合演课的体验，介绍郑板桥为后世认可的原因，并重点强调自省精神和儒家仁爱精神对一个人待人接物的重要性。

思政点睛：这封家书作于乾隆九年（公元 1744 年）郑板桥任范县知县之时，典型地体现了郑板桥的民本（农本）意识和仁者爱人的思想。郑板桥的家书中说农夫“皆苦其身，勤其力，耕种收获，以养天下之人。使天下无农夫，举世皆饿死矣”。郑板桥还在家书中提到士农关系。传统的四民排序是由士、农到工、商，而郑板桥把农民排在首位，士排在末位。这是对传统四民关系的一种突破，这种突破体现出他尊重体力劳动者的务实观念。郑板桥的家书中多处体现出郑板桥的“仁爱之心”。这种思想来源于儒家的“仁者爱人”主张。郑板桥还对家中的佃户表现出以礼相待、平等相待和怜悯、宽让的仁爱精神。最后，联想到那些无田无业之人，他还在田产上有一些个人的思考，指出：世道昌盛时，大家一起遵守王制；世风日下、民俗浇薄时，也决不随着世俗同流合污。

这就是所谓的“板桥家法”，其中充满了人间温情和大爱精神。（《板桥家书》和相关纪录片）

价值引领：学生应该如何锤炼自己的自省精神和接纳意识？怎样培养自己的宽让精神和仁爱情怀？引导学生落脚到对待人接物方式的思考，通过切身实践提升自己的道德情操，磨炼自己成为一个充满温情和大爱精神的人，力争成为具有人文关怀的国家栋梁之材。

第四步：课程拓展——深化认知。

拓展讨论：学生在教师的引导下，讨论和思考如何传承中华优秀传统文化，然后通过古今对比，对接现实，进一步思考如何对优秀传统文化进行现代转化。

总结升华：当今时代，人类社会不断进步和向前发展。这种进步和发展，既体现在科技方面，也表现在人文领域，且后者更具有本质意义。然而，随着社会和科技的发展，家书文化逐渐式微。人类社会的进步，如果只重视技术而忽视人文，则人类所特有的感情和理性、思想和意念将统统被异化，最后被毁弃的将是人类经过漫长辛劳累积起来的所有智慧成果。古代文化名人的家书交织着现实与历史，扎根在深厚的传统文化之中，是中华优秀传统文化的重要组成部分。浮躁的时代，需要心灵的沉静；亲情的疏离，更呼唤着家书的复归。传承家书文化，厚植仁爱情怀，需要我们从现在做起，从自己做起。

第五步：课后作业——巩固提升。

布置课后拓展任务，一是布置作业：请为自己写一封家书或代郑燮弟弟郑墨写一封回信，通过书写家书再次重温家书中的温情与仁爱精神。二是推送搜狐教育频道的网络资料：《一封家书，竟打动 7000 万网友，〈人民日报〉也转发荐读》（http://www.sohu.com/a/223762869_508491）。通过网络资源阅读，让学生进一步体验家书的魅力与价值，使其在潜移默化中得到中华优秀传统文化的熏陶。

4. 教学资源

（1）基本教学资源：有关郑板桥及其家书的文献资料、图片；有关郑板桥的纪录片资源；线上教学平台全部微课视频、本次课教案、本次课教学演示文稿、作业测验课程教学演示文稿等。

（2）拓展教学资源：古代家书、家训的文献资料；现当代家书、家训的文献资料；特色微课“弘扬家书文化　厚植仁爱情怀”。

（四）教学评价

评价采用显隐结合的方式，以知识、能力、价值构建三位一体评价目标体系，从课前、课中、课后构建全流程评价过程体系。

1. 显性评价方式

线上教学平台布置课前预习、视频资源观看，重点考核学生对知识点的掌握与理解；课中以教学任务的执行与开展为中心，侧重对学生参与课堂互动的积极性、有效性和实践能力的考核，小组互评与教师评价结合。本次任务的考核重点：“范县署中寄舍弟墨第四书”剧本演绎，情景体验分享和话题讨论。依据课程目标布置“写一封家书（或为郑板桥家书回信）”的课程作业，对学生的价值选择及其对家书文化内涵的体认进行剖析与检视。

2. 隐性评价方式

从学生对书信的书写、古今交流方式的异同分析等方面，观察学生对家书文化的认知与了解；从学生对《板桥家书》的阅读与分析，观察学生的阅读分析能力，及其对语文基础知识与文化内涵的掌握，评价学生通过本次课学习在思想意识上的收获。

（五）创新与反思

结合课程教学项目的各种载体，融入与课程息息相关的文献资料、视频与图片，不仅能扩展学生的知识面，同时能激发学生对中华优秀传统文化的体认与传承。通过任务驱动教学法，强化学生对价值的选择及精神培养，使其在演课体验、角色代入式阅读中感受中华优秀传统文化在人格培养中所起的重要作用；同时，通过实践作业，对学生进行知行合一的训练，实现精神培育与知识传授、能力培养的有机统一。

在进行故事演绎时，强调学生要注重角色进入，做到人境合一，践行知行合一的精神。学生在演绎时，由于角色代入感不强，体会不深，故而在情景体验的深度上还有较大提升空间，教师应更好地进行引导，使演绎更鲜活，体验更有效。另外，学生在实践作业中，采取现代方式进行回信，暴露出其在传统文化基础上的薄弱，需要加强培养。这也体现出传承中华优秀传统文化的重要性。

四、选用教材与参考资料

（一）选用教材

张克，张坤，赵目珍 . 大学语文 [M]. 长沙 : 湖南大学出版社，2022.

（二）参考资料

1. 陈书良 . 郑板桥家书评点 [M]. 长沙：岳麓书社，2004.

2. 「元党籍」碑的书刻、毁禁和重刻始末

https://baijiahao.baidu.com/s?id=1637223672286747071&wfr=spider&for=pc

3. 阿伦特“平庸之恶”：我们每一个人都有可能参与了罪恶

https://baijiahao.baidu.com/s?id=1596620361839203596&wfr=spider&for=pc

4. 胡发贵：郑板桥家书的温情

https://baijiahao.baidu.com/s?id=1678233023608748312&wfr=spider&for=pc

案例编写人：赵目珍　武怀军　张　克　张　坤（职业技术教育学院）

“《红楼梦》赏析”
课程思政教学案例

一、课程定位

“《红楼梦》赏析”是一门提高学生文学修养能力的通识基础课程，旨在培养学生阅读经典，学习传统文化、传统美德的兴趣，掌握文学表达的勇气、技巧、方法、思维、规则等，以此提高文学修养能力。《红楼梦》是一面镜子，折射了当时的社会百态，而生活在当今社会的我们，通过对比会发现很多一样的事情有不一样的意义，不一样的事情却有一样的意义等哲理，还有为人处世的道理。

二、课程思政整体设计思路

（一）课程思政整体设计理念

深圳职业技术学院作为高职院校中华传统美德牵头学校，重视对学生的美德教育。建校以来，始终贯彻落实文化育人方针，校内设有中华传统美德研究机构，全力支持开展学生传统文化教育实践活动。“《红楼梦》赏析”课程作为校精品课程、项目化课程、金课，重点培养学生阅读经典，引导学生悦读经典，通过具体经典的阅读，激发学生学习传统文化的热情，提高学生自主学习的能力，探索将文本转化为具体的生活智慧和诗性，做到古为今用，学以致用。

课程围绕知识目标、能力目标、价值目标进行设计，采用目标教学法以及任务驱动式混合教学方式，将视频、资料、课件、问题等，运用信息化手段融入课前、课中、课后三个环节，以期达到“课前有思”“课中讨论”“课后升华”的理想模式。通过细化任务、明确目标，让阅读变得简单，从而提高学生学习兴趣。

课程旨在通过具体生动的红楼故事，启发学生共情共鸣，搭建传统美德与日常感悟联系的桥梁，通过对“宝玉挨打”情节的设问，引导学生思考问题：家庭教育如何与学校教育结合？如何在日常生活中注重礼仪、规矩，使优秀传统文化融入生活？将学习、思考、分享转化为一种生活方式，凝练成以“优秀的国学经典、传统美德通过新途径、新形式、新方法融入高校，规范、引导学生的行为和精神追求，培养高素质人才”为核心的课程思政建设目标。

（二）课程思政整体设计框架

课程设计了 5 个项目、16 个课程任务，旨在通过图文、视频、多媒体、信息化等手段，以翻转课堂、角色扮演、表演等学生喜闻乐见的形式，对文本进行创造性阅读、解析和阐发，培养学生阅读经典，学习传统文化、传统美德的兴趣。

1. 设计依据

主要依据美国著名教育家、心理学家本杰明 · 布鲁姆的目标教学法。布鲁姆从认知领域、情感领域、动作技能领域分别设置了从低到高、从易到难的目标，试图通过设定目标、细化项目，使 95% 以上的学生每一次课都能实现教学目标。

课程还参考了成有信的《教育学原理》、相关心理学知识以及其他学科教学理论进行设计。

2. 设计思路

《红楼梦》主旨多样，人物纷繁，线索迷离，想要读懂不是一件容易的事情。课程把深奥的《红楼梦》文本、丰富的人物形象、深刻的主题背景等抽象的意境，按照“情商”这条线索拆分为 5 个项目：

（1）红楼导读：“授人以渔”，通过介绍读书方法，引导学生“入书”，读懂书。

（2）舰长的智慧：《红楼梦》博大精深，不可能一次性领略所有智慧。课程通过对贾母、贾赦、贾政、贾珍、贾元春五位“舰长”智慧的解读，以对比方式凸显“德”在生活中的重要意义，引领学生从宏观层面把握《红楼梦》。

（3）管理的艺术：选取具体教学单元、案例，以人物在事件中的表现展示“真善美”，从而实现思政目的。

（4）飞扬的青春：选取美好的、正面的红楼人物，展示有为青年应该有的模样。

（5）红楼文创：在学中做，在做中学，从工匠精神的角度呈现学习效果，帮助学生树立正确的人生观、世界观。

5 个项目相对独立，又互相关联。课程通过对各个项目的讲解，帮助学生掌握《红楼梦》的阅读技巧，理解人物关系。

3. 设计目标

（1）课程鱼刺图：课程设置 5 个项目，每个项目设置若干个任务，整个课程共 16 个课程任务，每个任务均有视频、材料、案例支撑，如图 1 所示。

《红楼梦》可以从许多角度进行赏析，选择从“情商”角度切入，是因为这比较符合职业院校学生的学情特点：爱读书，却怕读太难的书；读书不是为了科研，而是经世致用。因此选择容易引发学生共情、共鸣的项目，有利于激发学生的学习兴趣和热情。为每一个项目精心挑选学生有经验的图式，设置一些稍稍跳起来就可以摸得到的任务，让学生在学习过程中不断地自我投射，并且可以感同身受，圆满地完成每一个任务，进而实现项目学习。

（2）课程消息树：录制好每一个视频，准备好每一份材料、案例，课前运用“学习通”等信息化手段予以上传；课程中以任务作为驱动，以翻转课堂形式进行交流讨论；课后布置思考题，引导学生学习、思考、提升，依照布鲁姆目标学习理论，让 95% 以上的学生完成任务。

完成好每一个任务是完成项目的基础，任务完成，项目实现，则课程完成。

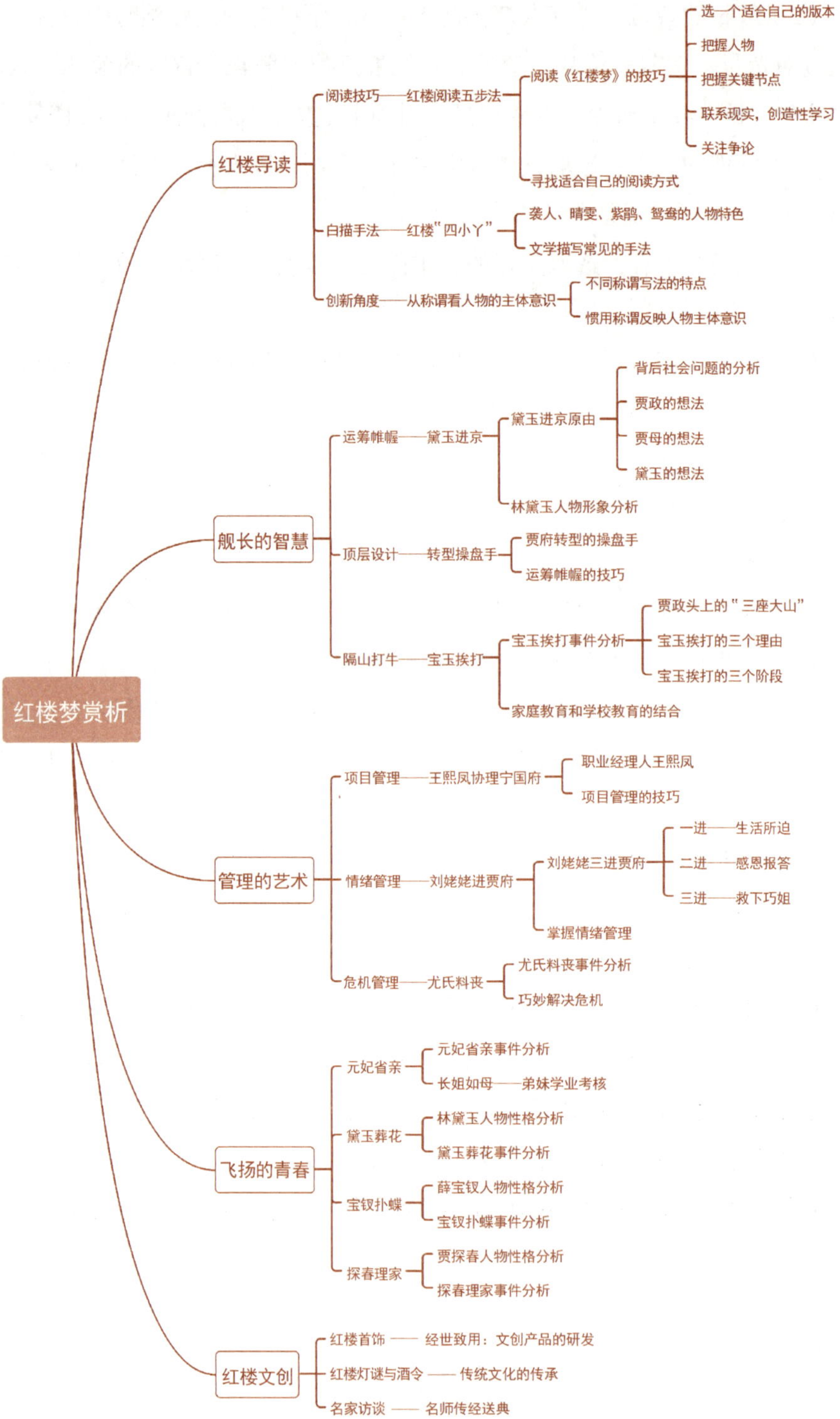

图 1 “红楼梦赏析”课程思政整体设计框架

三、课程思政教学案例

教学案例一 隔山打牛——宝玉挨打

（一）教学任务

项目二 “贾母的视界”之任务 3 爱的泛滥——宝玉挨打

（二）课程思政教学设计

本次教学任务选取《红楼梦》中的经典情节之一——宝玉挨打展开学习分析，引导学生把握人物性格特点，提升学生阅读经典的兴趣。

《红楼梦》里也有不少打儿子的场面，比如刘姥姥一进荣国府的时候，贾蓉找王熙凤借屏风，两人打情骂俏，贾蓉说：“婶婶如果不借给我，父亲又说我不会说话，又挨一顿好打呢。”还有贾瑞夜不归宿，他的爷爷贾代儒不问青红皂白，直接罚跪，痛打一顿。

可见，在《红楼梦》里，长辈打晚辈一点都不奇怪。但是也有例外，贾宝玉就不能打。贾政打宝玉就打出满城风雨，打得贾政里外不是人，为什么会这样呢？

通过“宝玉挨打”事件，反思学校教育如何与家庭教育完美融合。

（三）教学实施

1. 教学目标

（1）价值目标：通过“宝玉挨打”这一情节，学习如何找准切入点讲好故事；通过学习，思考在生活中如何表达爱。

（2）知识目标：了解宝玉挨打的三大理由；了解宝玉挨打的三个阶段。

（3）能力目标：思考宝玉挨打前后，贾政的心理状态；思考宝玉挨打的必然性。

2. 教学方法与手段

课程采用翻转课堂式教学模式，将传统“教师讲，学生听”的课堂模式转换成学生在家自主学习，课堂变成了教师和学生之间、学生与学生之间互动的场所，包括答疑解惑、补充归纳、知识运用等，从而达到更好的教育效果。课前通过“任务”来诱发、加强和维持学生的成就动机，激发学生学习的主动性，有利于翻转课堂的进行。

3. 教学过程

（1）课前——任务导入：将录制好的《宝玉挨打》教学视频发到班级群里共享，学生观看视频，根据教师布置的任务要求，自主查阅、学习相关资料（可阅读原著，观看 87 版《红楼梦》电视剧，查阅互联网视频或其他相关文学资料等）；各组长组织小组成员分享学习成果，配合讨论。

（2）课中——项目实施：组织学生展示课前完成的视频作品；组织学生对视频进行互评，同时提高学生对本情节的理解；在“学习通”上分享讨论课前设置的问题；鼓励学生发掘问题，提出疑惑，对学生提出的问题进行讨论解答；分析、拓展、总结阅读技巧。

（3）课后——总结评价：教师讲解，对课堂上学生探讨的问题作出引导解答；展示课堂配套教学视频，总结宝玉挨打的缘由，贾政头上有哪“三座大山”，从宝玉挨打的事件中我们能得到什么启示，等等。

思政点睛：在宝玉挨打事件中，贾母、王夫人、贾政每个人都站在自己的角度思考同一个问题，每一个人都是对的、都是善的，凑在一起却错得一塌糊涂，原因是他们每一个人都只是囿于自己。

“宝玉挨打”表象是偶发事件，实际上是教育理念的冲突。少年强则国强，贾政僵硬的家长式教育方法可能会扼杀孩子的创造力，导致孩子平庸；学海无涯，宝玉放任式的学习会使年轻人不能在有限的时间和生命里掌握报效国家的“本领”。通过“宝玉挨打”事件，反思学校教育如何与家庭教育完美融合，如何利用先进的教育理念去引导、帮助学生树立正确的人生观、价值观，树立“为中华之崛起而读书”的理想，激发学生顺应国家发展的宏伟蓝图，沿着振兴中华的“中国梦”，自觉自发地学习，成长为德智体美劳全面发展的祖国现代化建设人才。

4. 教学资源

（1）基本教学资源：87 版《红楼梦》电视剧；人民文学出版社《红楼梦》；李华基《贾母的视界》；线上教学平台全部微课视频、本次课教案、本次课教学演示文稿、作业测验课程教学演示文稿等。

（2）拓展教学资源：智慧树课堂 / 超星学习通“《红楼梦》赏析”课程；

李华基《红楼雏声》；“华基侃红楼”微信公众号等。

（四）教学评价

课程考核从知识、技能、价值等层面多元达标评价学习成果。评价采用显隐结合的方式，从课前、课中、课后构建全流程评价过程体系。

1. 显性评价方式

在教学平台布置课前测试、课后作业，重点考核学生对知识点的掌握与理解；课中侧重实践能力的考核，小组互评与教师评价结合。本模块的考核重点：宝玉挨打的三个理由；宝玉挨打的三个阶段；宝玉挨打前后，贾政的心理状态；宝玉挨打的必然性；通过学习，思考在生活中如何表达爱。

2. 隐性评价方式

学生自主学习思考传统文化的兴趣，课堂配合度、积极性综合评价，观察学生概括故事情节的能力。

（五）创新与反思

1. 思政创新

（1）打破传统“教师讲，学生听”的教学模式，邀请知名专家、学者“进校园”，开展有关传统文化的讲座，共同学习探讨国学经典、传统美德，强化爱党爱国的思政内涵。

（2）以音频、视频、实地考察等形式，推动中华优秀传统文化的现代转化与创新。在时代精神和优秀文化的基础上，构建思想政治教育新模式，实现对大学生思想政治教育崇高灵魂的塑造。

（3）以古今的纵向对比、中外的横向对比凸显文化自信，激励学生为实现中国梦努力奋斗。

2. 反思

目前课程涵盖范围较小，将会以《红楼梦》为基点，逐步扩大到四大名著、唐诗宋词元曲等古代经典，开展学术交流和学术联谊活动，邀请名家到校分享传统文化、传统美德，共享研究成果。

教学案例二 运筹帷幄——黛玉进京

（一）教学任务

项目二 “贾母的视界”之任务 1 运筹帷幄——黛玉进京

（二）课程思政教学设计

本次教学任务选取《红楼梦》中的经典情节之一——黛玉进京展开学习分析，引导学生把握人物性格特点，提升学生阅读经典的兴趣。

连外人冷子兴都看得出来，贾府败了。贾政心里也明镜似的。贾府被抄的时候，他是这么向贾母禀报的：“旧库的银子早已虚空，不但用尽，外头还有亏空。东省的地亩，早已寅年吃了卯年的租儿了，一时也弄不过来，只好尽所有蒙圣恩没有动的衣服首饰折变了，给大哥和珍儿作盘费罢了。”

贾府已经严重入不敷出，但是大家都在醉生梦死，都在挥霍，都在拆贾府这座大厦。

作为贾府的大家长，贾母表面上“娱乐至死”，百事不管，但心里一直在谋划，终于，时机成熟了。

她提了一个建议：把林黛玉接进贾府。

以经典情节作为案例，提高学生对传统文化、传统美德学习的热情，体会贾母的运筹帷幄。

（三）教学实施

1. 教学目标

（1）价值目标:了解黛玉进京的背景;了解黛玉进贾府后,经历了哪些考核。

（2）知识目标：根据黛玉进贾府的表现，分析黛玉这一人物性格，把握写作手法；掌握林如海不跟着黛玉一起进京的缘由。

（3）能力目标：思考黛玉进京背后的社会问题，探讨于当下的借鉴意义；以林黛玉性格分析为突破口，把握小说人物形象的塑造方法。

2. 教学方法与手段

课程采用翻转课堂式教学模式，将传统“教师讲，学生听”的课堂模式转换成学生在家自主学习，课堂变成了教师和学生之间、学生与学生之间互动的场所，包括答疑解惑、补充归纳、知识运用等，从而达到更好的教育效果。课前通过"任务"来诱发、加强和维持学生的成就动机。布置课前思考任务，引导学生阅读名著，提前了解黛玉进京这一系列的问题和事件情节，并进行思考，以此激发学生学习的主动性，有利于翻转课堂的进行。

3. 教学过程

（1）课前——任务导入：将《黛玉进京》教学视频发到班级群里共享，学生观看视频，根据老师布置的任务要求，自主查阅、学习相关资料（可阅读原著，观看 87 版《红楼梦》电视剧，查阅互联网视频或其他相关文学资料等）；引导学生思考黛玉进京背后的社会问题，探讨于当下的借鉴意义。

（2）课中——项目实施：组织学生展示课前完成的视频作品；组织学生对视频进行互评，同时加深学生对本情节的理解；在"学习通"上分享讨论课前设置的问题；鼓励学生发掘问题，提出疑惑，对学生提出的问题进行讨论解答；分析、拓展、总结阅读技巧。

（3）课后——总结评价：教师讲解，对课堂上学生探讨的问题作出引导解答；展示课堂配套教学视频，以林黛玉性格分析为突破口，学习小说人物形象的塑造方法。

思政点睛：引导学生通过学习林黛玉进贾府这一情节，思考如何塑造人物形象，把握写作手法。同时，思考黛玉进京背后的社会问题，探讨于当下有什么借鉴意义。从林黛玉进京面对的多层考核以及应对技巧中，我们学习到在日常生活中处事要善于思考，才能运筹帷幄。

4. 教学资源

（1）基本教学资源：87 版《红楼梦》电视剧；人民文学出版社《红楼梦》；李华基《贾母的视界》；线上教学平台全部微课视频、本次课教案、本次课教学演示文稿、作业测验课程教学演示文稿等。

（2）拓展教学资源：智慧树课堂 / 超星学习通"《红楼梦》赏析"课程；李华基《红楼雏声》；"华基侃红楼"微信公众号等。

（四）教学评价

课程考核从知识、技能、价值等层面多元达标评价学习成果。评价采用显隐结合的方式，从课前、课中、课后构建全流程评价过程体系。

1. 显性评价方式

在教学平台布置课前测试、课后作业，重点考核知识点的掌握与理解；课中侧重实践能力的考核，小组互评与教师评价结合。本模块的考核重点：黛玉进京的背景；黛玉进贾府后，经历了哪些考核；根据黛玉进贾府的表现，分析黛玉这一人物性格；思考黛玉进京背后的社会问题，探讨于当下的借鉴意义。

2. 隐性评价方式

学生自主学习思考传统文化的兴趣，课堂配合度、积极性综合评价。

（五）创新与反思

1. 思政创新

黛玉进京是《红楼梦》中的经典情节，把它作为教学案例进行讲解，有利于让学生掌握阅读的技巧。通过经典名著《红楼梦》的学习，引导学生自主阅读国学经典，提高对传统文化、传统美德学习的热情。

以音频、视频、实地考察等形式，推动中华优秀传统文化的现代转化与创新。在时代精神和优秀文化的基础上，构建思想政治教育新模式，实现对大学生崇高灵魂的塑造。

2. 反思

课程教学体系还有待完善的空间，仍然要持续整合研究成果，融深圳高校，中、小、幼校园于一体，实现教育系统全员行动，形成统一的教学大纲、教学计划，建设高水平的文化育人专业。

四、选用教材与参考资料

（一）选用教材

[1] 李华基 . 红楼雏声 [M]. 武汉 : 武汉大学出版社，2018.

[2] 李华基 . 贾母的视界 [M]. 上海：上海文艺出版社，2021.

（二）参考资料

1. 学习参考书：《红楼梦》，人民文学出版社。

2. 专业期刊：李华基，《〈红楼梦〉九宫体系构建解析》，《名作欣赏：评论版（中旬）》，2019 年。

3. 数字教学资源（包括在线课程、精品资源共享课程等，新形态教材、微视频、音频、图形图像、课件等数字化软件教学资源；超星学习通等。）

4. 其他教学资源：教案、微信，公众平台——“华基侃红楼”等。

案例编写人：李华基（职业技术教育学院）

“应用文写作”
课程思政教学案例

一、课程定位

本课程是一门通识教育核心课程，旨在培养学生掌握感受情绪、收集信息、设计结构的原理与方法，掌握文案写作、应用写作的基本模式、路径与方法，具备应用写作、文案写作、公共表达（含口头表达和书面表达）能力，以及情感逻辑、创新思维和分析问题、解决问题的可迁移能力。

二、课程思政整体设计思路

（一）课程思政整体设计理念

本课程以写作与表达的意识和技巧为抓手，培养学生感受、认识和理解写作中的共情、共赢、创意、反思精神，建立现代服务意识。知识传授和能力培养紧密融合，在学习、训练和综合实践中自觉汲取中华优秀传统文化中的仁爱、修身、共赢、反省精神，融入党的创新理论、党和国家的新要求，树立文化自信，推进价值塑造，助力学生精神成长。

培养学生自觉地将中国的优秀文章学传统和经验与当代写作实践融合，养成乐观、主动的写作习惯，结合国内国际的新形势、行业产业的新发展、大学生关注的新热点，在各项综合训练中养成高效率、踏实、知行合一的写作素养，为学生职业生涯发展奠定坚实基础。

课程将写作与表达的意识和技巧、中国的优秀文章学传统和经验以及党的创新理论和要求紧密结合，形成写作项目任务引领、中国文化传统聚气、党的精神传承铸魂的课程思政育人模式。着力从各种文类的实际写作中挖掘思政元素，凝练成以“仁爱、立德、修身、反思、共赢、创新、踏实、高效、知行合一”为核心的课程思政建设目标。

（二）课程思政整体设计框架

本课程立足中国优秀文章学传统，紧贴学生职业发展的具体现实需要，将立德树人做到实处,使中国的文化、思想资源乃至思维方式的汲取做到如盐在水，润物无声。全课程强调动手训练的有效性，凸显出“知行合一”的特点。

遵循学生成长的特点，又强调以高尚、睿智的中华文化资源提升学生，尤其提升学生在公共表达情境下的文化自信、礼仪表达，使写作课教学从单一技能训练走向综合性的素养培育，体现立德树人的教育使命。

项目一、二、四、六细致引导学生体会共情、共赢、创意与反思精神，这是一切写作的基础，是现代服务精神的生动体现。共情意味着从情感共振的角度理解他人的感受和需求；共赢意味着启动智慧，从零和博弈的困境走向双赢；创意意味着写作首先需有客户意识、服务意识，使自己的个性表达与客户需求共振；反思则意味着换位思考，突破自己的有限经验。以多元、生动的案例将写作过程中深层的心理动力机制、社会传播机制分享给学生，助力学生从个人精神成长的角度理解写作，理解写作的社会性尤其是服务性。

项目三、五、七自觉汲取中国传统文章学的智慧，这是写作课程的中国文化根基，是优秀传统文化的现代转化。传统文章学语气、语态的精准，代圣立言的方式体现出的写作的公共性、文章结构的高度程式化、行文的顿挫有致、段落连接的起承转合、文章内容隐秀之间的掩映、说理的辩证、攻守的转换等，均是中国社会生活的智慧。在写作课程教学过程中，引导学生留意、汲取这些生存智慧，在自己的写作实践中加以练习，帮助学生从更辩证的角度理解写作的社会性，培养学生更成熟的社会人格。

项目八、九紧贴学生成长与发展的真实需求，这是写作课程直面现实性的要求，真正体现出高等职业教育“知行合一”的特点。学生的请假条、校内演讲稿、竞聘某岗位的材料、求职书及各类自我表达的写作，均被纳入写作课的教学中，且突出强调学生在公共场所的写作与表达意识，引导学生在现代生活及工作环境里的人格塑造。作业及实践项目设计均尊重学生的专业及兴趣，引导学生从职业发展的角度进行相关领域的了解及写作实践，有助于学生更有效地将写作实践与个人发展深度结合。

课程思政教学内容设计如图 1 所示。

三、课程思政教学案例

教学案例一 “己所不欲，勿施于人”，提升道德修养——访谈技巧

（一）教学任务

项目五 “写作的信息处理能力训练”之任务 访谈的技巧

（二）课程思政教学设计

本次教学任务是项目五“写作的信息处理能力训练”，在讲授信息的调查、评估与分类时，以“访谈”为例引入该课程思政案例。

“己所不欲，勿施于人”最早出自《周礼》，后受到孔子的推崇，在《论语》颜渊第十二、卫灵公第十五、公冶长第五等篇目都有论述。“己所不欲，勿施于人”是说，自己不接受的东西，不要施加在别人身上。人应当以对待自身的行为为参照对待他人，人应该有宽广的胸怀，尊重他人、平等待人。在心理学上，“己所不欲，勿施于人”就是同理心，是换位思考。

选择这个案例意在告诉学生，在访谈活动中，要考虑到“己所不欲，勿施于人”，自己都不愿意回答的问题，不要施加在访谈对象的身上。这是对中华优秀传统文化的继承和发扬，也是人的道德修养的体现。在访谈活动中，“己所不欲，勿施于人”揭示的是人际关系的重要原则。

（三）教学实施

1. 教学目标

（1）价值目标：通过访谈活动，从共情和同理心的角度，实践访谈信息的处理和访谈提问的技巧，敏锐察觉到访问对象的内在感受，用切合他们感受的语言表达出来，设身处地地去理解访问对象的处境和情绪，更加深刻地理解“己

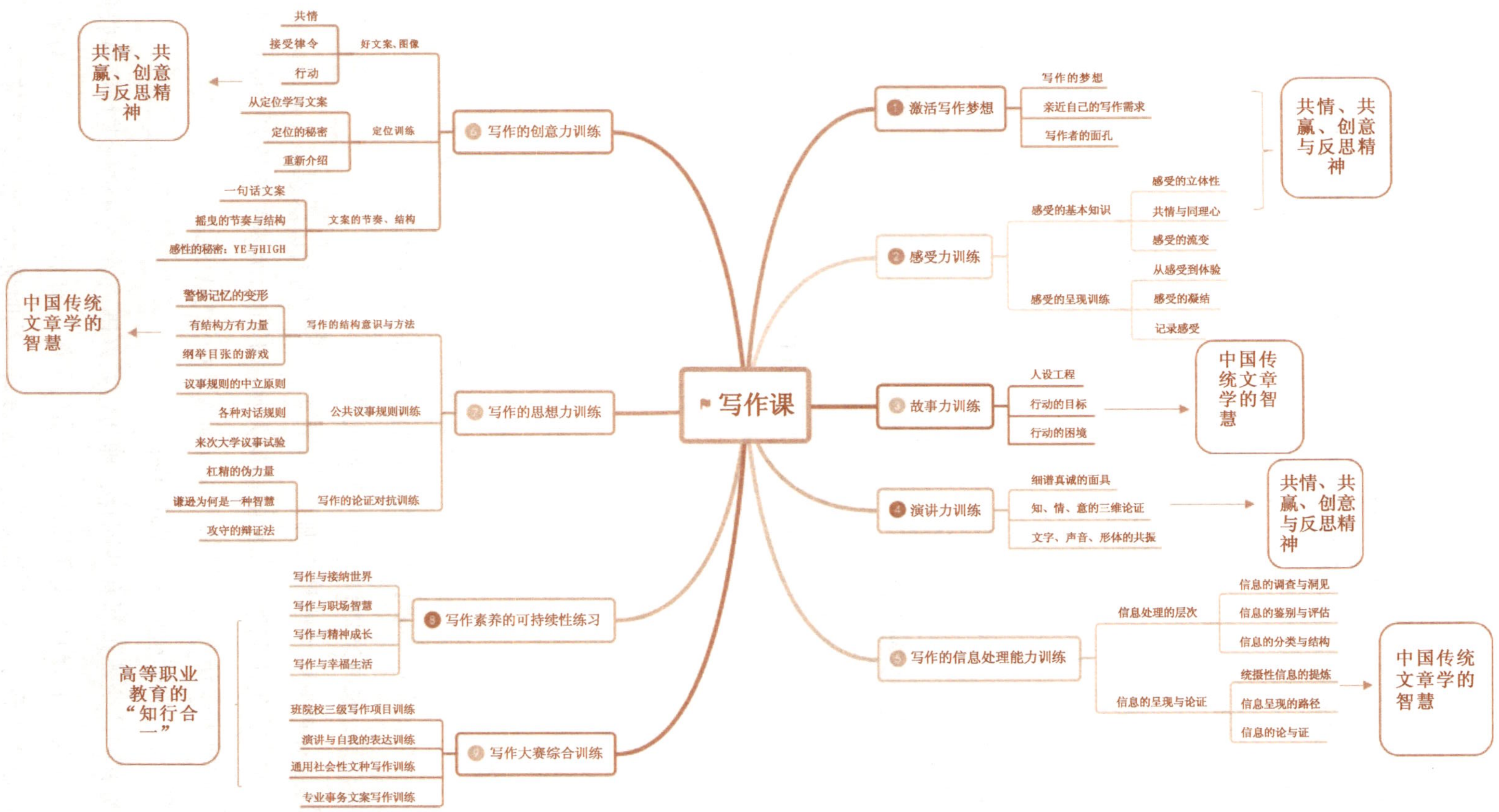

图 1 “应用文写作”基于课程思政的教学内容设计

所不欲，勿施于人”的道德准则。

（2）知识目标：在访谈活动中，掌握信息的调查与洞见（用户研究，即调查）、信息的鉴别与评估（有效信息遴选）、信息分类与结构（信息处理流程），完成访谈提纲的拟定，掌握访谈的技巧。

（3）能力目标：在掌握信息的基础上，在访谈中提出具体而易于回答的问题的能力，将具体信息进行分类和整理的能力，根据访谈的实际情况调整谈话方向、随机应变的能力。

2. 教学方法与手段

采用线上线下混合式教学，以项目驱动为核心，主要运用启发教学法、案例教学法、小组教学法、角色扮演法，并辅以官方网站、公众号、小程序、视频资源、案例等多种资料。

3. 教学过程

（1）课前：走近访谈，从感性角度了解什么是访谈。

第一步：“学习通”发布访谈资料“鲁健访谈”“名人面对面”。

第二步：“学习通”发布讨论：“你觉得访谈活动中，采访者最重要的素质是什么？”

（2）课中：访谈的技巧。

第一步：项目引入——课前任务分析。

根据课前“学习通”平台讨论“你觉得访谈活动中，采访者最重要的素质是什么”的分析，引出采访者要对采访对象深入了解、进行调查研究、收集调查材料。采访者还需要具有与人交际的能力和采访的技巧。

第二步：视频案例讨论——头脑风暴。

通过观看视频《遇见大咖——雷军》，比较课前访谈视频《鲁健访谈——对话雷军》，提出问题：同样的访谈人物，不同的访谈，采访者主要是围绕着哪些方面展开采访的？应该从哪些方面收集访谈信息呢？

第三步：教师讲评——思政点睛。

所有的访谈视频都有共同点，即访谈始终围绕着采访对象进行信息收集与整理，包含三个方面：对事实相关背景的了解，对访谈主题的设定，对采访对象的了解（大致经历、主要成就、性格爱好、当时情绪、亲友关系等）。

思政点睛：在获取信息的基础上，要注意访谈的技巧，如提问要具体，不具体的提问让人无法回答；访谈的提纲是理性和有逻辑的，但访谈现场提问是可以依据现场的实际情况调整的；提问要有情感的共振，进入情境，与访谈者的描述共振并提问，可以适当确认记录访谈者的回答；提问要有同理心，随访谈者的思绪流转，遇到访谈者不愿继续的问题，需要随机应变。在访谈雷军的两个视频中，采访者围绕着雷军本人、雷军的“小米”、雷军的“智能家居”或者竞争对手等提问，但从不会对雷军的私生活提问，就明显地说明了这一点。

价值引领：“己所不欲，勿施于人”是儒家思想的精髓。在访谈中，遇到访谈对象不愿提及的问题，适时转换内容，不强人所难。在人际交往中，也要秉持这种儒家思想，换位思考、互相理解、彼此尊重。

第四步：聚焦任务——知行合一。

小组访谈实践：采访对你影响深远的老师。具体要求如下。

① 分组。可线上（线下）分组，线上分组须注意：原则上学生自选分组，每组人数上限为 6 人，上课班共 12 组。如果合班上课教学班级超过 72 人，发布分组任务之前先修改分组数量或者每组人数上限。

② 组员角色分工。请按以下标准进行：1 人为被访问者，1 人为主访问者，1 人为辅助访问者，1 人为被访问人表情记录者，2 人为被访问人讲话内容记录者（其中 1 人为文字记录者、1 人为视频记录者），角色分工以小组讨论的形式尽快确定。

③ 教师简单提醒课堂访谈的注意事项：提问尽量具体，尤其是第一个问题；开场的寒暄是必要的；可以准备一个提问提纲，但不能对着提纲要求被访问者逐个回答（试图控制访问对象的意图都不合适）；访问者宜尊重被访问者，同步回应他的谈话内容和感受，保持放松状态，随着被访问者的兴趣点流转；主辅访问者之间有分歧时，不在被访问者面前互相指责，把分歧转化为对被访问者的提问；记录宜具体而微，包括文字、声音、表情、语气、动作、环境、感受等。记录者之间宜相互配合。

④ 各组进行访谈，以 10 分钟为限。注意：杜绝出现提问者不认真投入，无问题可问，草草收场的情况。各组的认真完成程度需教师观察、介入、把控。小组内各个角色各司其职。

⑤ 活动结束后，请各组代表分享访谈感受，分享者尽量覆盖各小组的不同角色。以 3 ~ 4 个组为宜（15 分钟以内），分享时各组负责视频记录的学生以手机进行记录。

总结升华：小组访谈实践一方面能考查学生是否掌握了收集和处理材料的方法，是否掌握了访谈的技巧；另一方面也能培养学生的语言表达能力、人际沟通能力、团队协作能力和“己所不欲，勿施于人”的道德素养。

（3）课后：拓展学习。

“学习通”平台布置拓展阅读二则：访谈前期资料如何收集与准备？央视主持人鲁健对话中传学子：如何做好人物访谈。

4. 教学资源

（1）基本教学资源：线上教学平台全部微课视频、本次课教案、本次课教学演示文稿、作业等。

（2）拓展教学资源：“诗与人文”公众号、读秀、中国知网。

（四）教学评价

评价采用显隐结合的方式，以知识、能力、价值构建三位一体评价目标体系，从课前、课中、课后构建全流程评价过程体系。

1. 显性评价方式（占比 80%）

（1）阅读、观看相关资源占比 10%。完成线上教学平台在课前、课中、课后布置的阅读与视频作业。

（2）讨论、抢答相关问题和知识点占比 20%。考查学生在线上教学平台课前、课中、课后不同讨论的参与度和准确率，考查学生对知识点的掌握与理解，了解学情。

（3）小组任务占比 50%。参加课中小组访谈实践，侧重考查知识点“信息处理”“访谈技巧”以及“组员角色分工”的完成情况，采取小组互评与教师评价结合。

2. 隐性评价方式（占比 20%）

观察学生在讨论、小组作业中的表现，评价其语言表达能力、人际沟通能力、逻辑思维能力、团队协作能力等。

（五）创新与反思

1. 思政“有内涵”

“己所不欲，勿施于人”体现在访谈中，就是不强人所难。遇到访谈对象不愿提及的问题，要换位思考，适时转换访谈内容。从儒家以仁为本的思想出发，点亮访谈思政内涵。

2. 设计“有心机”

教学任务项目五“写作的信息处理能力训练”是相对比较生涩的内容，但访谈的形式比较灵活。以访谈作为载体，引导学生学习写作的信息处理能力，这个结合点是精心设计的。

3. 讲授“有实践”

小组访谈项目让学生亲自参与实践，强化对知识的理解运用，做到知行统一，实现价值塑造与知识传授、能力培养的有机统一。

课前发布学习任务，了解学情。课中结合项目化教学，融入与学生专业背景密切相关的智能技术引领者雷军的访谈，以引起学生的关注和兴趣。通过对不同的雷军访谈的比较，教师直观形象地对知识点“访谈材料的收集整理”“访谈技巧”进行讲解，并点亮思政内涵。同时，在现有大班授课的条件下，如何通过课程设计调动所有学生的积极性和创造性，是需要教师反思和进一步努力的。

教学案例二　不忘初心，牢记使命——建党100周年文艺晚会青春党课《使命》演讲稿撰写

（一）教学任务

项目四　“演讲力训练”之任务　演讲稿的撰写

（二）课程思政教学设计

本次教学任务依托一次演讲稿的实战演练实现课程思政的贯穿。

2017年10月18日，习近平总书记在党的十九大报告中指出：“不忘初心、牢记使命。”“中国共产党人的初心和使命，就是为中国人民谋幸福，为中华

民族谋复兴。这个初心和使命是激励中国共产党人不断前进的根本动力。”

2021年恰逢中国共产党建党100周年，校宣传部、校团委和教育学院举办了一场面向全校师生的文艺晚会。本场晚会中有一个完全原创的语言类节目——青春党课《使命》，由教育学院学生邹健演绎，讲稿由教育学院教师裴蓓撰写。

《使命》响应习近平总书记在党的十九大报告中的“初心使命”讲话，通过讲述“两弹一星”元勋们的动人事迹，歌颂了一代代中国科技工作者为了祖国的复兴、人民的幸福甘愿隐姓埋名、牺牲奉献、兢兢业业、上下求索的精神。

本次教学任务要求学生以“不忘初心、牢记使命”为主题，撰写建党100周年文艺晚会青春党课演讲稿《使命》。课程思政的设计意图是：既能让学生在实践中练习演讲稿的写作方法和技巧，又能充分点燃学生的爱国主义热情，增强学生的制度自信、文化自信，激发学生为中华民族伟大复兴奋斗终生的豪情壮志。

为了完成演讲稿的写作，学生需要查阅大量党史和新中国建设史的资料，在此过程中，学生会深刻体会到新中国创立之艰难、新中国发展之坎坷、国泰民安之不易。他们会发掘到底什么是初心，什么是使命，从而深刻理解中国共产党的先进性，理解什么是“中国特色社会主义道路自信、理论自信、制度自信、文化自信”。他们会被中国科技人的忠诚、坚韧、勇敢、牺牲、奉献精神打动，激荡起满腔热血，发誓为祖国复兴、人民幸福贡献自己的力量。这是第一重精神洗礼。

在实际写作演讲稿时，学生要运用共情的方法和技巧，从情感共振的角度理解他人的感受和需求，在演讲稿中灌注深情，唯有情深，方能动人。而深情必须真实，不能虚伪，必须是自己切切实实感受得到的汹涌澎湃的情感，必须先打动自己然后再打动别人。学生在写作的过程中，会再次强烈感受到对以“两弹一星”元勋为代表的中国科技工作者的钦佩、身为中国人的自豪、对于投身祖国复兴大业的憧憬和冲动。这是第二重精神升华。

（三）教学实施

1. 教学目标

（1）价值目标：通过演讲稿的写作，从共情的角度实践以情动人的演讲技巧，理解中国共产党人的“初心”和“使命”，感受中国共产党的先进性，领悟把青春和热血奉献给国家和人民的价值和意义，激发“为中国人民谋幸福，为中华民族谋复兴”的豪情壮志。

（2）知识目标：演讲稿中的知、情、意；演讲稿的结构（开头、过渡、主体、结尾、金句或口号）；演讲稿中的文字、声音、形体。

（3）能力目标：能写出有吸引力的演讲稿开头，给听众足够的思考时间和空间的过渡，饱满的演讲稿主体，余音袅袅的结尾和给人留下深刻印象的金句或口号；注重情绪的展示和语气的抑扬顿挫；能够使用恰当的非语言表达技巧和借用演示文稿、视频、道具等工具。

2. 教学方法

采用线上线下混合式教学，以任务驱动为核心，主要运用启发教学法、案例教学法、问题教学法、小组教学法、演绎教学法，并辅以“学习强国”APP、“深职 i 学习”平台“演讲稿”资料、《使命》演讲视频资源、中国知网、案例等多种资料。

3. 教学过程

第一步：课前准备（提前一周进行）。

（1）要求学生在“深职 i 学习”平台上自学演讲稿的写作方法和技巧。

（2）在“深职 i 学习”平台上发布建党 100 周年演讲稿《使命》写作任务。

（3）要求学生以小组为单位，在“学习强国”APP、中国知网上查阅相关资料后完成演讲稿写作任务。

（4）以自愿和教师指定的方式确定三名现场演绎演讲稿的学生。

（5）以自愿和教师指定的方式确定两名现场记录讨论内容的学生。

思政点睛：通过查阅资料，体会中国共产党人的初心和使命、他们的奉献与牺牲精神，理解人生的价值和意义。

第二步：作业展示。

（1）教师提前选出三篇作业，优、中、差各一篇，在课堂上请三名学生分别进行现场演绎。优秀作业公开姓名，中等和差评作业匿名。

（2）每演讲完一篇稿子，请全班学生进行点评，两名记录的学生负责记录大家的点评内容。

第三步：案例展示。

（1）展示学校建党100周年文艺晚会青春党课《使命》教师创作的原稿：《科技报国》。

（2）请全班学生点评原稿，两名记录的学生负责记录大家的点评内容。

（3）播放文艺晚会现场《使命》的录制视频。

（4）请全班学生点评最终的成品，两名记录的学生负责记录大家的点评内容。

（5）教师先总体讲述初稿和最终稿的差别，讲解为何有这种差别。再就最终稿逐句讲解为何这样写，好处在哪里，换种写法会是什么效果。两名记录的学生负责记录教师讲解的内容。

第四步：展示记录。

使用幻灯片或者投屏，展示两名学生的记录内容，请学生总结一篇好的演讲稿要注意哪些事项。

第五步：作业修改。

（1）再次展示差评作业稿件。

（2）结合教师之前的讲解，请学生重新点评。两名记录的学生负责记录。

（3）教师总结学生的点评。两名记录的学生负责记录。

（4）根据大家的讨论，现场逐句修改差评作业。

思政点睛：只有真正理解初心和使命的内涵及要求，并且发自内心地认同初心和使命，热爱祖国，热爱人民，才能找到演讲稿中触动自己的点，才能先打动自己再打动听众。找不到这个点，写出来的就是假话、空话、套话。

比如邹健演绎的《使命》演讲稿中，开篇就使用了两个案例的对比：一个是叙利亚常驻联合国代表巴沙尔·贾法里在联合国会议上控诉英、美、法三国联合轰炸叙利亚的罪行却被视如无物的案例，一个是1919年中国代表顾维钧拒绝在巴黎和会上签订丧权辱国条约的案例。两个案例的对比迅速引发了学生们的共情——对过去屈辱历史的愤怒，对今天国泰民安的庆幸，对祖国建设者和保卫者的崇敬。

在作业展示、案例展示、展示记录、作业修改四个环节中，学生必须一次又一次地尝试寻找触动自己的点，这个寻找的过程就是理解初心和使命的过程，就是激发文化自信、制度自信的过程，就是鼓舞自己为国家、为人民奋斗终身的过程。

第六步：课后作业。

（1）课后布置拓展任务，请学生每人推荐一个与《使命》类似的优秀演讲作品。

教师在推荐的作品中选择10个最优秀的作品，做成集合，放到“深职i学习”平台上，供所有学生观摩学习。

（2）发布初心和使命调查问卷，评测课程思政效果。

思政点睛：初心和使命的教育必须是长期的、持续的。课后作业是课堂教育的延续和发展。我们要认识到，初心和使命是永远不能改变的，要“永远把人民对美好生活的向往作为奋斗目标，以永不懈怠的精神状态和一往无前的奋斗姿态，继续朝着实现中华民族伟大复兴的宏伟目标奋勇前进”。

4. 教学资源

（1）基本教学资源：教材、线上教学平台全部微课视频、本次课教案、本次课教学演示文稿、作业、《使命》初稿、《使命》最终稿、《使命》录制视频等。

（2）拓展教学资源：“学习强国”APP、中国知网等。

（四）教学评价

评价采用显隐结合的方式，以知识、能力、价值构建三位一体评价目标体系，从课前、课中、课后构建全流程评价过程体系。

1. 显性评价方式（占比 80%）

（1）阅读相关资源、完成课前测评占比 10%。完成线上教学平台课前布置的预习任务和课前测评。

（2）小组任务占比 35%。以小组为单位，撰写演讲稿。在线上教学平台提交演讲稿，考查学生对演讲稿写作要求的掌握程度。

（3）讨论、点评演讲稿占比 25%。根据学生课中讨论、点评的参与度和准确率，考核学生对知识点的掌握与理解，了解学情。

（4）完成初心和使命调查问卷占比 10%。考查本次课程思政的持续性效果。现场演绎演讲稿的学生和现场记录讨论内容的学生每人各有 5 分的额外加分。

2. 隐性评价方式（占比 20%）

从学生是否能够找到理解初心和使命的触动点，能否对初心和使命的案例产生共情等方面，考查学生通过本次课学习在思想意识上的收获。

这部分主要在演讲稿展示、讨论和点评等环节进行。

（五）创新与反思

1. 思政教育紧贴时事

紧密结合 2021 年中国共产党建党 100 周年的时事，联系学校建党 100 周年晚会青春党课《使命》的创作实际，让学生实践演讲稿的写作方法和技巧，在写作过程中真正理解和认同中国共产党人的初心和使命，从而重塑学生的世界观、人生观、价值观。

2. 教学设计做学结合

课前让学生提前预习演讲稿的知识点和技能点，并完成布置的演讲稿撰写任务。课中让学生现场演绎、讨论、点评演讲稿，并对演讲稿进行逐字逐句的修改，在修改过程中再次实践演讲稿的写作方法和技巧，进一步加深对其的认知，在文科课程的教学中实现了“在做中学，在学中做”。

3. 效果考查贯穿全程

课前布置了课前测评和演讲稿的撰写任务，初步考查学生对演讲稿的掌握和对初心使命的理解。课中通过演讲稿的展示、讨论、点评和修改，进一步考查学生对演讲稿、初心使命的掌握和理解。课后设置了优秀演讲作品推荐和初心使命调查问卷，把课堂考查延续下去，真正做到了写作技能和课程思政的效果考查贯穿教学任务全程。

四、选用教材与参考资料

（一）选用教材

武怀军 . 大学公共表达教程 [M]. 桂林：广西师范大学出版社，2017.

（二）参考资料

1. 武怀军 . 新概念应用文写作 [M]. 武汉：武汉大学出版社，2013.

2. 徐贲 . 明亮的对话：公共说理十八讲 [M]. 北京：中信出版社，2014.

3. 鲁健访谈——对话雷军

https://tv.cctv.com/2021/01/09/VIDEKQtr5wqvCQjAGyjzgbfn 210109.shtml

4. 遇见大咖——雷军

https://tv.cctv.com/2016/03/25/VIDEdAZEzEf37mrPVZIIL1Ff 160325.shtml

5. 如何做好人物访谈：央视主持人鲁健对话中传学子

https://www.thepaper.cn/newsDetail_forward_11597252

6. 上海电视台纪实频道《往事》首席主持人《试谈电视人物访谈类节目主持人的前期准备工作》

http://www.cctv.com/cctvsurvey/special/03/20100224/105470.shtml

7. 弱国无外交，百年前如此百年后依然如此，这样的丛林法则从未改变

https://www.sohu.com/a/538145687_121203754

8. "两弹一星"元勋郭永怀：一心为了祖国和人民的事业

https://www.xuexi.cn/lgpage/detail/index.html?id=714881923 6111081402&item_id=7148819236111081402

案例编写人：裴　蓓　郑　宏（职业技术教育学院）

“商务 ICT”
课程思政教学案例

一、课程定位

本课程是商务英语专业的一门核心课程，也是一门实训课程，是商务英语专业培养“能力 +”的重要载体。课程系统地以中英双语教授典型商务环境中各项信息交流技能，包括商务文书、商务报告、商务数据分析、商务视频的基本理论和工作原理以及利用信息技术进行商务沟通等。在思政上，本课程培养学生商务行政人员应具备的素质和能力，同时培养学生“四个自信”、开拓创新、工匠精神、人文素养等思想政治素养与职业素养。课程设置在二年级第二学期，前导课程是一年级的“计算机应用”，后续课程是三年级的“综合英语 C5”“跨境电商实操”等课程。

二、课程思政整体设计思路

（一）课程思政整体设计理念

商务英语专业面向国际商务相关领域，培养扎实掌握本专业知识和技术技能，能够从事外贸业务、商务翻译、电子商务、行政文秘等国际商务一线工作，具备一定的人文素养、科学素养、创新意识、工匠精神和较强的就业创业能力、可持续发展能力与国际视野的复合式、创新型、高素质技术技能人才。“商务 ICT”课程着重培养学生的商务办公实践能力，培养学生能使用电脑处理日常商务文函；能组织、协调一般性商务活动；熟悉现代办公设备的操作和维护；熟练运用常见的办公设备、办公软件和网络资源完成商务环境中的数据信息的获取、处理、呈现。

课程结合教学内容将思政的四个维度、四个方面与商务办公信息技术应用能力紧密结合,依托教育部全国样板党支部商务英语教师党支部,在商英专业“思政(Ideology)铸魂、数字(Digit)引领、商务(Business)搭台、英语(English)助力”的IDBE人才培养模式指导下,形成四融合的课程思政育人模式,凝练成“国策国情国事、中国企业故事、传统美学文化、湾区经济发展”的四大课程思政主线。IDBE 模式体现在思政先行,数字技术是重要工具,商务环境是工作背景,而英语是工作语言。

课程以任务为驱动,采用以学生为中心的实训课堂教学,采用“示范—操作—讲评—拓展”的教学设计,融入国家重大政策,结合粤港澳大湾区发展,在项目载体上采用中国企业故事、中国传统文化、湾区发展动态等具体案例,实现育人载体的优化。以此培养学生的“四个自信”,中国审美的人文素养,严谨细致的职业素质和敬业爱岗的工匠精神。在课程教学中,与专业的市级基地深圳市跨境电商协会紧密合作,引入大湾区跨境电商发展的案例,在商英教师党支部校企党建共建的引领下,引入企业党员先锋导师协同教学,保证教学质量。本设计具有“在实践中融合思政,在实操中践行思政”的特色。课程思政整体设计理念如图 1 所示。

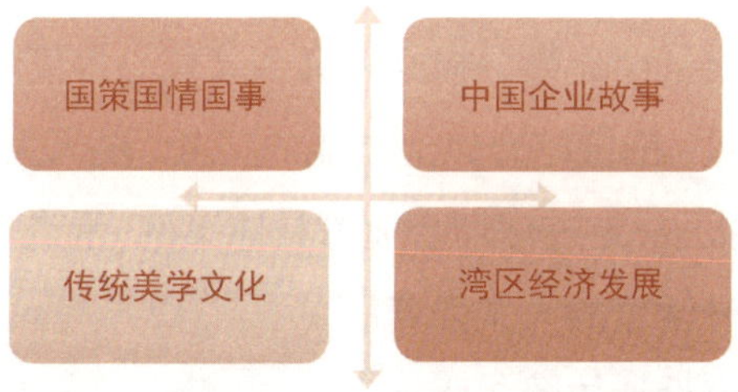

图 1 “商务 ICT”课程思政整体设计理念

(二)课程思政整体设计框架

基于“商务 ICT”是商务英语专业实训类核心课程,结合实践类课程的特点,本课程的课程思政目标为寓社会主义核心价值观引导于知识传授和技能训练之中,培养学生树立正确的思想道德和高尚的职业修养。在思政设计中,根据2020年5月28日教育部印发的《高等学校课程思政建设指导纲要》的要求修订教学大纲，融入特色课程思政教学。本课程在教学目标的三个维度价值塑造、知识传授和能力培养方面，确定课程思政的融合点，从国策国情国事、中国企业故事、传统美学文化、湾区经济发展四个方面展开思政案例设计，课程内容的4个模块和1个综合模块分别对应思政素材，形成以价值塑造为内涵、实践项目为依托、知识技能为主体的“商务ICT”课程思政体系。

项目一围绕制作商务文档，依托“企业报告、宣传海报”等项目任务，融入国家大事、方针大计、名企报告等具体案例，重点培养学生的爱国爱党思想和制度自信，培养学生的开拓创新精神，使其树立职业理想。

项目二围绕制作商业报告，依托“产品介绍、企业介绍”等项目任务，融入中国传统美学、跨境电商行业报告、改革开放史故事等具体案例，重点培养学生的中华审美意识，使其树立文化自信；立足知史明志，树立制度自信。

项目三围绕商务数据分析，依托“数据处理、数据分析、数据呈现、数据报告”等项目任务，融入深圳航空等名企数据应用、世界四大湾区发展数据呈现、大湾区创新发展数据等具体案例，重点培养学生具备国际视野，树立道路自信，培养学生严谨细致的素质，锻造工匠精神。

项目四围绕制作商务视频，依托“企业家故事、企业宣传片”等项目任务，融入中国著名企业家传记片、世界500强中国企业宣传片、《深圳日报》公众号英文短视频等具体案例，重点引领学生深度理解改革开放，树立理论自信，引领学生了解文明和谐社会建设，树立社会主义核心价值观。

项目五为综合项目，围绕综合以上技能的任务，融入大湾区发展综合报告、大学生校园生活分析报告、走进深圳企业等具体案例，重点培养学生的劳动精神、传承发展的意识，提升学生的人文素养。

课程思政教学内容设计如图2所示。

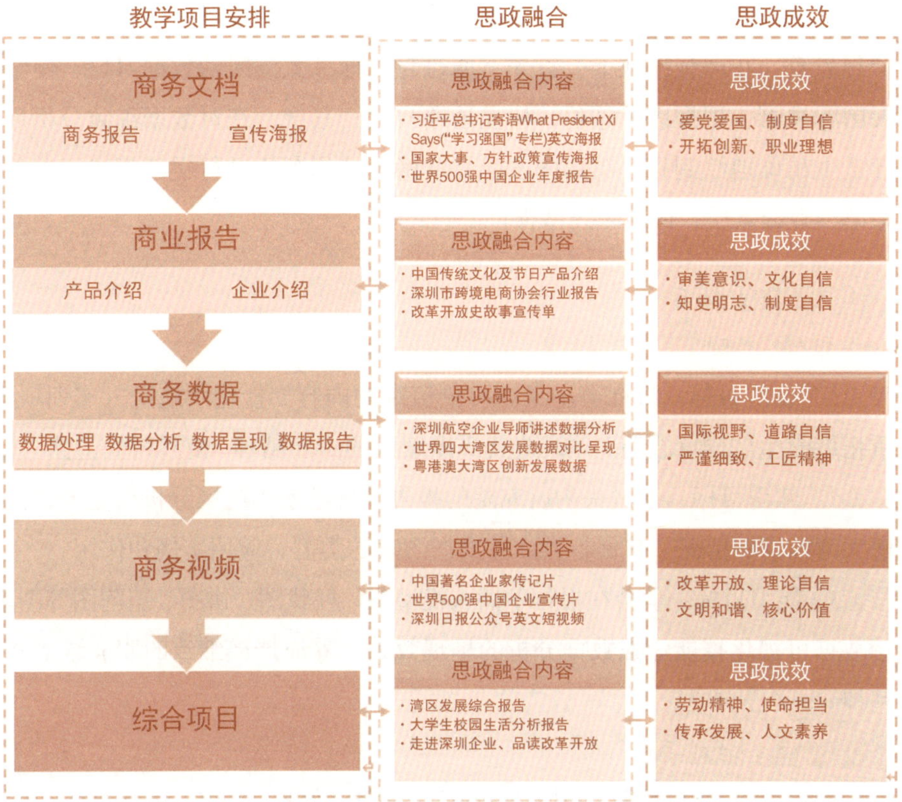

图 2 "商务 ICT"课程思政教学内容设计

注：思政融合内容是围绕思政整体设计的四个方面——国策国情国事、中国企业故事、传统美学文化、湾区经济发展而选取的具体案例。

三、课程思政教学案例

教学案例一 粤港澳大湾区发展数据可视化报告——立足湾区，面向国际，树立道路自信

（一）教学任务

项目三 "商务数据"之任务 3.3 数据呈现

（二）课程思政教学设计

本次教学任务属于第三个项目商务数据分析的第三个子项目，主要目标是完成数据分析的可视化呈现。在选择商务数据分析的真实案例中，不选择一般

的公司案例，而有意识地选择粤港澳大湾区发展相关的权威报告，从而设计融入课程思政。在课程思政上，首先，通过与全球三大湾区的数据对比，使学生拓展国际视野，把握国际站位，树立道路自信；其次，在对数据细致分析后，引导学生精确地绘制相关英语图表，并准确地使用英语进行文字阐述，培养学生严谨细致的素质，锻造工匠精神。

（三）教学实施

1. 教学目标

（1）价值目标：将社会主义核心价值观的内容如盐化水地融入实训项目，着重拓展学生的国际视野，并锻造其严谨细致的工匠精神，使其树立道路自信。

（2）知识目标：通过头豹研究院的报告《粤港澳大湾区分析概览》，深度理解大湾区发展情况，掌握各类商务数据图表的类型、应用实例和作用。

（3）能力目标：学会在报告中插入线型图、柱状图、饼图、矩阵图等图表，运用数据可视化技能增强数据分析的呈现效果，养成严谨细致的职业素质和工匠精神。

2. 教学方法与手段

根据本项目思政主题，采用线上线下混合式教学，利用外语智慧学习中心实训室开展线下教学，同时结合金课平台网站课程内容、拓展资源、讨论交流等版块，推进教学课前、课中、课后实施。本课程主要运用启发教学法、案例教学法、混合式教学。

3. 教学过程

从课前、课中、课后，教学任务导入、实施、评价等环节对课程思政教学过程进行描述。

第一步：项目引入（课前）。

利用金课平台的微课资源，引导学生提前预习本项目所操练的知识和技能。通过金课平台发布《十四五期间粤港澳大湾区发展重点》《粤港澳大湾区分析概览 2020》《粤港澳大湾区发展前景报告研究》等学习材料，使学生提前了解数据呈现的图表类型和相关的粤港澳大湾区发展情况。

第二步：技能示范（课中）。

教师在课堂进行知识讲解和技能示范，包括强调以上报告的重点内容，线型图、柱状图、饼图及矩阵图的要素和制作方法。此处特别引导学生阅读与世界其他湾区的对比数据，看到我国大湾区的进步和领先发展，从而增强道路自信。

第三步：学生操作（课中）。

学生按照任务要求，选择以上报告中的数据，在模拟国际会议的职场背景下，将其翻译为英文并绘制成线型图、柱状图、饼图、矩阵图及混合图。特别进行与世界三大湾区的对比，从而理解粤港澳大湾区的发展优势和努力方向，增强道路自信和使命感。完成后提交学习平台。

第四步：师生点评（课后）。

教师选择好、中、差三档作业发布到金课平台，以讨论交流的方式引导学生对数据呈现进行点评，设置“细致”“准确”“完整”“美观”四个维度进行打分评价，培养学生严谨细致的工匠精神。教师同时在金课平台发布开放问题：“通过制作粤港澳大湾区发展数据图表，你对湾区发展有何认识？”引导学生深入思考，增强对建设社会主义先行示范区的认同，加强建设粤港澳大湾区的使命感。

第五步：拓展练习（课后）。

教师布置开放作业，引导学生深入了解大湾区发展的主题，包括选择“湾区龙头企业”“湾区中我的家乡”等，制作相关的英文数据可视化报告，提交平台，提升商务数据分析技能，加强道路自信，增强青年学生的使命感。

4. 教学资源

（1）基本教学资源：1+X 商务数据分析证书的教学资源；“商务 ICT”金课微课视频；课程组自编教学示范视频——“操作练习 Excel 表格”；教师通过相关研究机构下载的关于粤港澳大湾区发展的各类权威报告。

（2）拓展教学资源：粤港澳大湾区官网相关信息；数据分析的信息素养视频。

（四）教学评价

本项目评价依据“考核内容综合化、考核形式多样化、考核过程全程化”的思路，采用过程性与终结性、显性与隐性相结合的多元化课程思政考核评价方式。

1. 过程性与终结性评价

（1）过程性评价：通过“商务 ICT”金课平台上学生的学习记录，包括章节学习阅读时长、观看视频时长、讨论回帖等，对学生的学习过程进行评价。

（2）终结性评价：教师对学生提交的项目任务给予分数评价，并在第二次课上进行点评。

2. 显性与隐性评价

（1）显性评价：在线上教学平台布置课前测试；课中任务重点考核学生对实践技能的掌握与知识理解；小组互评与教师评价结合。

（2）隐形评价：从学生在平台上的讨论交流发言、学生互评的评语等方面观察学生对粤港澳大湾区、社会主义先行示范区的理解是否通过本项目得到提升，评价学生通过本项目在思想上的收获和提升。

本课程成绩总评分以平时成绩计，具体占比如下：

平时成绩 = 各单元小项目（50%）+ 综合项目（10%）+ 测试题（15%）+ 在线学习（15%）+ 考勤表现（10%）

（五）创新与反思

1. 创新之处

（1）课程思政内容如盐化水地融入学习素材，学生在操练技能的过程中加深理解；加之学生身处粤港澳大湾区，可结合自身体会和所学知识，达到知行合一，实现价值塑造与知识传授、能力培养的有机统一。

（2）评价体系引入增值评价，关注学生个人成长，利用学习平台绘制学生个人成绩趋势图，奖励学生的每一点进步，提升学生的学习动力。

2. 教学反思

思政途径可以进一步拓宽，考虑采用智能化教学诊断与评价；探索运用 AI、VR、AR、MR 等手段，提升课程思政教学的交互性与有效性。

教学案例二 中国二十四节气主题英文演示文稿模板制作实训项目——体会中华美学的浪漫，立足国际站位，增强文化自信

（一）教学任务

项目二　“商务报告”之任务 1.3　报告模板

（二）课程思政教学设计

本次教学任务属于第二个项目商务报告的第三个子项目，主要目标是设计蕴含中国美学和传统元素的英文演示文稿报告模板。

本项目中，学生使用教师提供的来自中国政府网、中国环球电视网（CGTN）官网、“学习强国”APP 等权威资源的中国传统节气的英文素材，将其作为实训课思政内容的载体，完成技能实训，产出具有中国文化内涵、蕴含中国美学的学习成果。

（三）教学实施

1. 教学目标

（1）价值目标：将中国传统美学和文化如盐化水地融入实训项目，着重强化学生的爱国意识，增强学生的文化自信，并锻造其细致认真的工匠精神。

（2）知识目标：通过将二十四节气的美学及文化内容融入演示文稿模板制作，深度理解中国传统文化，掌握有传统文化背景的商务报告模板设计知识。

（3）能力目标：学会设计商务报告演示文稿母版、大纲、动画、音频、视频等元素，运用美学意识和文化知识增强模板效果，养成勤于动手的劳动精神和精益求精的工匠精神。

2. 教学方法与手段

根据本项目思政主题，采用线上线下混合式教学，利用外语智慧学习中心实训室开展线下教学，同时结合“商务 ICT”的金课平台网站课程内容、拓展资源、讨论交流等版块，推进教学课前、课中、课后实施。主要运用案例教学法、示范教学法、混合式教学。

3. 教学过程

从课前、课中、课后，教学任务导入、实施、评价等环节对课程思政教学

过程进行描述。

第一步：项目引入（课前）。

利用网络资源，如中国政府网的“带你感知一年二十四节气”版块，CGTN关于二十四节气的英文文章，引导学生提前预习本项目所操练的知识和技能。结合本课程开设的学期为每年的上半年的实际，在金课平台发布“立春”“雨水”“春分”“惊蛰”“清明”“立夏”的花信、三候俗语，让学生深入学习中国传统文化知识。让学生拍摄时节特色风景照片并上传金课平台，深刻理解中国节气之科学性和美学性。

第二步：技能示范（课中）。

教师在课堂进行知识讲解和技能示范。知识讲解侧重用英文向国际人士解释二十四节气，可选取其中几个有代表性的节气，比如春分（Spring Equinox），惊蛰（Waking of Insects）等。技能讲解侧重使用幻灯片母版、大纲工具、动画设计、超链接等设计一个文化商务风格的模板。此处思政设计引导学生学会用英语讲述中国文化，展示中国美学，可以结合北京冬奥会开幕式的素材，从而增强文化自信。

第三步：学生操作（课中）。

学生按照任务要求，选择教师提供的资源或者自行搜索资源，模拟在国际大型文化活动的职场背景下，用英文做好展示二十四节气的演示文稿模板，完成文化的输出、技能的操练，从而增强民族荣誉感。学生完成后提交学习平台。

第四步：师生点评（课后）。

教师选择好、中、差三档作业发布到金课平台，以讨论交流的方式引导学生对模板进行点评，设置“美观”“详细”“准确”三个维度进行打分评价，引导学生注重中华美学的传播和文化输出的有效性。教师同时在金课平台发布开放问题：“还有什么中国美学风格的文化传统在国际上具有巨大影响力？”引导学生深入思考，增强外语专业学生传播中国文化和美学的使命感。

第五步：拓展练习（课后）。

教师布置开放作业，引导学生深入了解中国传统文化、传统工艺、传统习俗等，制作相关英文模板，提交平台，深入体会和提炼对中国文化和美学的认识，掌握“讲好中国故事”的本领。

4. 教学资源

（1）基本教学资源：1+X 商务数据分析证书的教学资源；“商务 ICT”金课微课视频；课程组自编教学示范视频——“制作演示文稿报告模板”；教师在官方网站找到的文化资料。

（2）拓展教学资源：学生在探索学习环节在网上找到的中国工艺、中国习俗的相关信息；世界四大博物馆里的中国宝藏；央视《国家宝藏》节目等。

（四）教学评价

本项目依据“考核内容综合化、考核形式多样化、考核过程全程化”的思路，采用过程性与终结性、显性与隐性相结合的多元化课程思政考核评价方式。

1. 过程性与终结性评价

（1）过程性评价：通过“商务 ICT”金课平台上学生的学习记录，包括章节学习阅读时长、观看视频时长、讨论回帖等，对学生的学习过程进行评价。

（2）终结性评价：教师对学生提交的项目任务给予分数评价，并在第二次课上进行点评。

2. 显性与隐性评价

（1）显性评价：在线上教学平台布置课前测试；课中任务重点考核学生对实践技能的掌握与知识理解；小组互评与教师评价结合。

（2）隐形评价：从学生在平台上的讨论交流发言、学生互评的评语等方面观察学生对中国美学、中华优秀传统文化的认识是否通过本项目得到提升，评价学生通过本项目在思想上的收获和提升。

本课程成绩总评分以平时成绩计，具体占比如下：

平时成绩 = 各单元小项目（50%）+ 综合项目（10%）+ 测试题（15%）+ 在线学习（15%）+ 考勤表现（10%）

（五）创新与反思

1. 创新之处

（1）课程思政不仅结合技能还结合生活。根据课程所开设学期的时间节点，鼓励学生收集生活中的节气素材，深入体会中国二十四节气的变化、风景、习俗，体会其中的奥秘和科学，加深对博大精深的中国传统文化的认知和理解，更好地用外语将其弘扬传播。

（2）在课程思政开展增值评价，课前和课后分别收集学生对中国传统文化的了解情况，绘制相关图表。评价中关注学生对课程思政知识的了解程度，奖励学生在思政维度的进步，落实立德树人。

2. 教学反思

学生的跨文化能力不足，表现在展示中国文化、呈现中国美学方面的能力有所欠缺，从而影响课程思政的深入开展。可以引导学生在课前自主探究，课后多分享传统文化知识，对中国美学艺术有兴趣的学生可以展示相关作品，带动全体学生拓展思路，主动地接受思政内容，并享受其中。

四、选用教材与参考资料

（一）选用教材

自编讲义

（二）参考资料

1. 粤港澳大湾区发展前景报告研究

2. 2018 粤港澳大湾区发展前景报告研究

3. 粤港澳大湾区创投报告

4. 中国二十四节气

https://www.gov.cn/zhuanti/2016jieqi/index.htm

5. Hear the buzz? Sunday marks "Waking of Insects" in China - CGTN

https://news.cgtn.com/news/3d597a4e30676a4d/index.html?t=1488709933277

6. Mangzhong: A busy time for farmers

https://news.cgtn.com/news/2020-06-05/Mangzhong-A-busy-time-for-farmers-R4CfSljCzS/index.html

7. Tomb-Sweeping Day

https://news.cgtn.com/news/2022-04-05/Tomb-Sweeping-Day-18YGHvaHQoU/index.html

案例编写人：廖丽洁（商务外语学院）

“管理学基础”
课程思政教学案例

一、课程定位

本课程是工商企业管理专业的一门专业基础课及相关专业的选修课，旨在培养学生正确的价值观、深厚的家国情怀、以中国管理智慧为荣的文化自信和创新精神，全面系统地掌握现代管理理论的理念、工具和方法，具备有效管理者尤其是基层管理者的素质与思维，具备运用管理原理和方法解决日常管理问题的能力，以及为未来的职业生涯实施相应的计划、组织、领导、激励、沟通和控制等职业行动的能力。

二、课程思政整体设计思路

（一）课程思政整体设计理念

工商企业管理专业坚持职业教育产教融合的办学特色和为深圳经济社会发展服务的定位，围绕各行各业企业经营管理需求，面向企业经营者、职业经理人、管理咨询等职业群体，培养扎实掌握本专业知识和技术技能，能够从事企业管理、部门管理和管理咨询等工作，具备一定的人文素养、科学素养、创新意识、工匠精神和较强的就业创业能力、可持续发展能力与国际视野的复合式、创新型、高素质技术技能人才。基于专业培养目标，“管理学基础”课程重点培养拥有正确价值观、深厚家国情怀、以中国管理智慧为荣的文化自信、创新精神的高素质基层管理人才，为社会和企业输送管理人才。

通过教学实施达到思政教学目标：让学生了解中国古代富有哲理的治理和管理思想、西方经典和现代管理理论、改革开放以来中国企业特色管理思想与实践，从而实现中西管理思想融合和拓宽视野；通过对企业文化使命价值观的认知与构建、组织发展与创新、企业社会责任、企业家精神的学习，明白成为有效管理者须有正确的价值观和家国情怀，通过掌握和运用各种管理理论、管理方法和工具，帮助个人与企业共同发展。

（二）课程思政整体设计框架

课程思政教育设计以“立德树人”为出发点，围绕社会主义核心价值观，以“如何通过有效管理，打造一个优秀企业”为主线，以模块知识点为任务驱动，依托线上“学习通”教学平台丰富的教学视频、拓展案例、动画等资源，运用“讲授法、案例教学法、问题教学法、研讨式、小组讨论、行动学习”等线上线下混合式教学法达到思政教学目标，并借助线上教学平台大数据技术进行科学教学诊断与评价，实现课程思政建设与专业教育质量的双向提升。

10 个模块共 11 个思政教学案例紧紧围绕“如何通过有效管理，打造一个优秀企业”的主线展开思政教学活动。模块一思政案例引出“一流企业长什么样”的问题，让学生通过开放性讨论思考，激发学好管理的学习动力；模块二思政案例活动告诉学生在学习管理的过程中要做到融汇中西管理思想，开拓视野，以中国管理智慧为荣，激发爱国情怀；模块三思政案例活动告诉学生是谁在打造一个优秀的企业——优秀管理者，优秀管理者是品德为先、知识构成多元化、以概念创新技术为主的；模块五思政案例活动让学生认识到在打造优秀企业的过程中科学合理决策很重要；模块四、模块六、模块七、模块八、模块九、模块十的思政案例活动紧紧围绕管理的四大管理职能计划、组织、领导、控制，告诉学生如何解决“实现有效管理”的问题。课程思政教学内容设计如图 1 所示。

三、课程思政教学案例

教学案例一 中国企业管理思想实践创新——传承发扬中国管理智慧，创新融汇中西管理思想

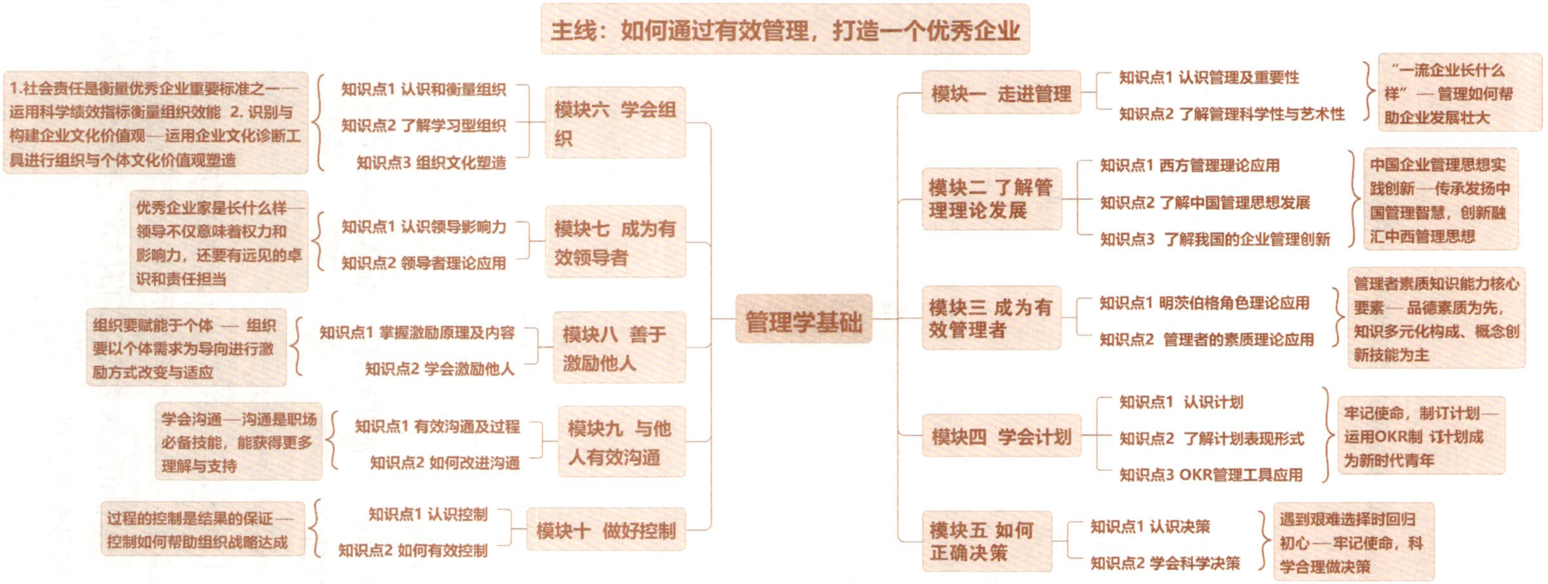

图 1 “管理学基础”基于课程思政的教学内容设计

（一）教学任务

模块二　“了解管理理论发展”之知识点 2　了解中国管理思想发展；知识点 3　了解我国的企业管理创新

（二）课程思政教学设计

本次教学任务是完成中国管理理论的发展历程和六个基本管理观点、我国的企业管理创新知识的讲解，在讲解过程中选取中国古代管理观点“人本观”和“一直努力探索企业管理创新的中国企业”课程思政案例。

通过知识讲解和案例分析呈现中国企业在改革开放过程中努力践行中国古代管理思想“人本观”，积极运用中华民族的文化理念和高度智慧的方法论，在全球化发展过程中不断融汇中西管理思想，以锐意进取、开拓创新的精神不断地发展壮大，让学生认识到有很多中国一流企业在向全球输出中国管理模式和思想，以此激发学生的爱国和创新精神，引导学生要努力学好管理理论，未来成为国家、社会和时代需要的管理人才。

（三）教学实施

1. 教学目标

（1）价值目标：以中国古代管理智慧鼓励学生传承与弘扬中国千年管理思想，增强文化自信；让学生看到很多中国一流企业不断发展壮大，以此激发学生的爱国和创新精神，引导学生要努力学好管理理论。

（2）知识目标：了解中国古代管理思想发展和六个基本观点；了解我国企业在管理上的创新实践。

（3）能力目标：能开始研究中国古代管理思想，养成持续学习与研究前沿先进管理思想的学习习惯。

2. 教学方法与手段

采用线上线下混合式教学，以任务驱动为核心，线上依托学习通平台技术，开展混合式教学、智能化教学诊断与评价等；运用“讲授法、案例教学法、问题教学法、小组讨论、课堂发言、研讨式”等教学方法，并辅以官方网站、视频资源、案例等多种资料。

3. 教学过程

第一步：观看视频——问题引入。

课前安排学生观看视频《中国管理理论发展历程》《中国管理思想演进过程》，上课时安排学生课堂发言回答问题：“中国管理思想演进过程有几个阶段？有哪些学派观点？你对哪个学派观点感兴趣？你觉得中国古代管理思想在今天还有没有实际运用意义？”

第二步：知识讲授——夯实基础。

教师讲授中国古代不同学派学者提出的不同的管理思想，如儒家崇尚“德治”，法家重视“法治”，墨家提倡“兼爱互利”，兵家的“战略管理思想”以及道家的管理最高境界“无为而治”等思想；讲授中国基本管理观点，包括人本观、整体观、协和观、经权观及家族亲情观、平衡适度观等。课中播放视频《中国管理思想基本观点》，侧重讲解“人本观”。

人本观是中国古代管理思想的核心，是指把人作为管理活动的出发点和归宿，以伦理关系为基础，以道德和教育为轴心的一种人本主义型管理观念。

人本观具有向心性。一方面，讲集中，求统一，管理活动大多是为了加强中央集权，以整体性的宏观管理为主；另一方面，中国人有强烈的民族意识和眷恋故土的情怀，管理是以维系思想感情和心理因素的强大向心力为基础的。人本观具有求同性。中国的管理体制和思想具有极强的融合能力，始终保持着自己的特点和体系，没有发生过断层现象。中国的管理思想强调统一，主张协同，追求和谐，这样就导致中国历来在管理活动中重视人与人、人与自然的协调平衡。

在讲解这些知识的过程中，让学生清晰明白地理解中国古代管理智慧，鼓励学生要传承与弘扬中国千年管理思想，增强文化自信，并且学以致用。

第三步：案例分析——小组讨论。

引用案例：“一直努力探索企业管理创新的中国企业”。

海尔集团董事局原主席、首席执行官张瑞敏说：“没有成功的企业，只有时代的企业。海尔能成为今天的海尔，是这个改革开放的时代造就的，我所谓的成功不过是赶上了时代的节拍。以前中国没有自己的管理模式，都是引进国外的。现在我们要思考怎样把我们自己的管理模式输出到国外去，变成一种国际化的模式……虽千万人，吾往矣。”已有 37 年企业发展史和 16 年管理模式创新史的海尔集团在企业管理上的创新探索获得中外管理学界高度认可。从最初被质疑、被否定到现在被学习、被模仿，无论外界如何评论，海尔始终如一地行走在转型和变革的管理模式创新道路之上。2005 年以来，海尔实施并不断发展完善“人单合一”的管理模式。“人单合一”模式的实质就是重视人，重视员工和客户，重视员工与客户之间的关系如何保持和谐，重视员工与组织之间的关系如何保持和谐，这与中国传统管理思想的“人本观”一致。

互联网时代下，海尔集团把互联网与物联网思维融入企业战略、组织与人员激励之中，率先走出了一条中国制造业转型升级和治愈大企业病的变革之路，海尔也因此成为一家向全球输出中国管理模式的先驱企业。

美的集团敢于尝试管理理论、理念和方法的运用与创新，其组织管理一直处于顺畅并保持活力的状态。例如持续关注公司治理架构的搭建，建立超事业部制组织结构形式；集权、分权体系的建设；建立一套以现代企业制度为基础的职业经理人管理体制，运用韦伯组织理论理性设计权力与职位的关系，让美的每个职业经理人都清楚，对于他来说，职位意味着权力，同时也意味着责任，于是一个职位明确、责任明确、激励明确的组织管理体系成就了美的集团。美的高度重视人才的引进和培养，营造了一种开放、公正、公平的工作环境，提供平台和资源激励员工创造价值和成就自我，实现个体与企业共同发展。这也是在践行中国古代管理思想观点“人本观”。除了海尔、美的，还有很多中国企业一直在为人类社会经济发展努力地展示“中国自信”和贡献“中国方案”。

小组讨论：鼓励学生结合所提供案例，上网查找相关资料，以小组为单位分享以下问题的讨论结果：人本观讲究人与自然的和谐，这是不是与可持续发展理念、碳中和理念相一致？整体观把管理看成一个整体系统，这是不是与管理的四大职能系统理念相一致？美的企业是如何做到中西管理思想融会贯通的？海尔企业是如何实现管理创新的？你知道还有哪些中国企业在输出“中国方案”？

第四步：教师讲评——思政点睛。

针对讨论结果，教师进行集中讲解，归纳学生回答以上问题的相关观点，同时要让学生了解到中国企业不断地融汇中西管理思想并发展壮大，要用辩证思维看到管理理论与实践之间的关系是相辅相成的，理论指导实践，实践中又会产生新的理论，理论与实践是呈螺旋式发展上升的。

思政点睛：让学生看到很多中国一流企业不断融汇中西管理思想，以锐意进取、开拓创新的精神不断地发展壮大，为世界人类社会经济发展努力地展示“中国自信”和贡献“中国方案”，并向全球输出中国管理模式和思想。

价值引领：鼓励学生要传承与弘扬中国千年管理思想，增强文化自信；激发学生的爱国和创新精神，引导学生要努力学好管理理论。

第五步：课后作业——管理思辨。

布置课后线上思辨讨论活动，讨论主题：请写出你对这句话的认识：“标杆企业不是经济体量上最大的企业，也不是市值增长最快的企业，更不是创业者富可敌国、风光无限的企业，而是在企业发展史和管理思想史上契合历史规律、引领时代潮流、服务人类福祉且具有智慧与时代标志性意义和模式内涵的企业。”要求回答字数不少于200字。

4. 教学资源

（1）基本教学资源：中国古代管理思想内容和“一直努力探索企业管理创新的中国企业”案例资料；线上教学平台《中国管理理论发展历程》《中国管理思想基本观点》《中国管理思想演进过程》微课视频、本次课教案、本次课教学演示文稿等。

（2）拓展教学资源：美的企业的发展案例资料、海尔企业的人单合一案例资料、灯塔工厂资料；《海尔集团组织结构的发展》视频、《管理理论的发展》视频等。

（四）教学评价

评价采用显隐结合的方式，以知识、能力、价值构建三位一体评价目标体系，从课前、课中、课后构建全流程评价过程体系。

1. 显性评价方式

课前：线上教学平台布置课前观看视频任务；课中教师根据小组讨论、课堂发言等任务完成情况进行评价，线下线上混合考核；课后布置主题思辨讨论活动，重点考核学生对知识点的理解、思辨和运用。本次任务的考核重点：是否清晰了解中国古代管理思想发展历程、是否了解我国企业在管理上的创新实践。

2. 隐性评价方式

根据学生课堂发言和课后主题讨论的结果进行直接分析评价，评价学生通过本次课学习在思想意识上的收获，同时布置课后自我测评活动，见表 1。

表 1 自我测评

自我测评模块	有很大提高	有较大提高	有一定提高
1. 能举例说明管理理论如何帮助企业发展壮大			
2. 能举例说明中国某一企业在某一管理方面取得的创新成果			
3. 开始养成持续学习与研究前沿管理思想的学习习惯，例如关注管理类公众号、阅读优秀期刊管理论文和书籍、持续关注某一企业的成长与发展等			

（五）创新与反思

思政素材做到注重时代性，紧紧围绕时代背景要求进行与时俱进的设计与调整，紧跟时代选取合适的案例和问题引发学生思考，与教学内容契合度高，鼓励学生积极学习管理理论，做到融汇中西管理理论，拓宽视野，传承发扬中国古代管理思想，以中国管理创新智慧为荣和激发爱国情怀，做到如盐在水，润物无声。通过主题思辨讨论活动，让学生学会思辨；在隐性评价方面增加学生自我测评环节，促使学生学好管理。

教学案例二 牢记使命，制订计划——运用 OKR 制订计划，成为新时代青年

（一）教学任务

模块四 “学会计划”之知识点 2 了解计划表现形式；知识点 3 OKR 管理工具应用

（二）课程思政教学设计

本次教学任务是完成计划八大表现形式知识点的讲解和 OKR 计划工具的介绍，在教学过程中引入“华为使命和苹果使命”和“字节跳动企业通过 OKR 管理工具帮助企业发展壮大”课程思政案例。

通过对两家企业使命案例的分析讲解，引导学生明白使命如何帮助企业发展壮大成为一流企业，同时让学生了解中国企业的管理智慧并引以为荣，激发

学生的爱国情怀，引导学生在制订计划时要先思考什么是使命；使命要符合中国特色社会主义核心价值观，要有家国情怀。

通过字节跳动 OKR 工具运用案例让学生了解先进管理工具是如何帮助企业发展壮大成为一流企业的，引导学生在制订计划时要明白“组织目标 O 制定之前必须思考组织使命 Why”，从而思考和找到正确的“使命”，运用 OKR 工具制订个人学习、生活和工作计划。

（三）教学实施

1. 教学目标

（1）价值目标：通过案例分析让学生学会融汇中西管理思想和拓宽视野；让学生了解中国企业管理智慧并引以为荣，激发学生的爱国情怀；让学生了解先进管理思想和工具是如何帮助企业发展壮大成为一流企业的；明白国家、组织、个体是命运共同体，使命要符合中国特色社会主义核心价值观，学生要有家国情怀，新时代青年要牢记使命。

（2）知识目标：了解计划八大表现形式，掌握 OKR 管理工具的原理和核心要点。

（3）能力目标：思考并找到正确的“使命”，运用 OKR 工具制订个人学习、生活和工作计划。

2. 教学方法与手段

采用线上线下混合式教学，以任务驱动为核心，线上依托“学习通”平台技术，开展混合式教学、智能化教学诊断与评价等；运用“讲授法、案例教学法、问题教学法、研讨式、小组讨论、行动学习”等教学方法，并辅以官方网站、视频资源、案例等多种资料。

3. 教学过程

（1）讲解计划八大表现形式之一“使命”

第一步：任务引入——提出问题。

请列举你所熟悉的某一企业的使命，并回答“使命对企业重要吗？”的问题，学生在线上“学习通”平台进行分享。

第二步：知识讲授——夯实基础。

讲解计划八大表现形式之一“使命”相关知识点，如图2所示，课中观看《使命愿景价值观》视频。组织的使命是一个组织最基本的目标，也是一个组织存在的基本理由。使命指的是在这样一种最终目的下，企业将以何种形态或身份来实现目标，回答的是“我们为什么去”的问题。彼得·德鲁克提出：“管理就是界定企业的使命，并激励和组织人力资源去实现这个使命。界定使命是企业家的任务，而激励与组织人力资源是领导力的范畴，二者的结合就是管理。”

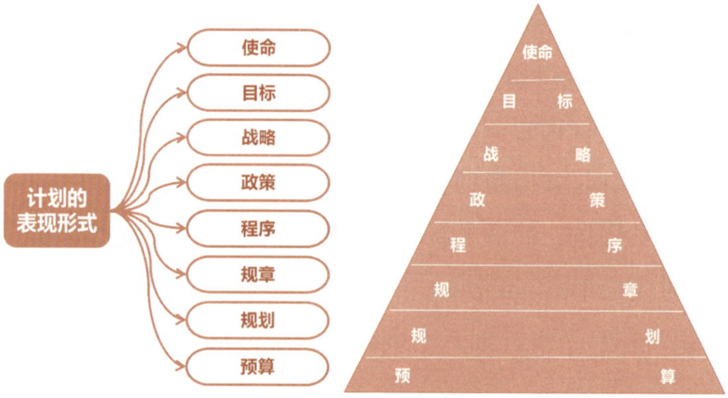

图2 计划的八大表现形式

第三步：案例分析——小组讨论。

引用案例：华为使命和苹果公司使命

华为使命为：“把数字世界带入每个人、每个家庭、每个组织，构建万物互联的智能世界。”苹果公司使命为：“用科技改变世界，成为全球企业领袖。”两家公司同为科技公司，华为的使命更加人性化，更加关注“人”。把数字世界带给每个人，意味着企业所提供的产品或服务要关注人，关注不分国界的人，关注各类人群尤其是特殊人群如老人、儿童等。苹果公司的使命则强调关注科技，关注如何用科技改变世界。

小组讨论：华为和苹果公司同为科技公司，两家公司的使命有什么区别？

第四步：教师讲评——思政点睛。

针对讨论结果，教师进行集中讲解。两家公司同为科技公司，华为的使命更加人性化，更加关注“人”，如新冠肺炎疫情下老年人如何使用手机出示核酸码，智能化水表的万物互联技术如何帮助独居老年人及时求助等。苹果公司的使命则强调关注科技，关注如何用科技改变世界。

思政点睛：第一，明确组织的使命是一个组织最基本的目标，也是一个组织存在的基本理由，企业的计划必须以使命为出发点；第二，使命能帮助企业发展壮大成为一流企业。

价值引领：让学生了解中国企业管理智慧并引以为荣，激发学生的爱国情怀；国家、组织、个体是命运共同体；使命要符合社会主流价值观，要有家国情怀，鼓励学生要胸怀天下，有创新精神，新时代青年要牢记使命。

（2）先进管理工具 OKR 介绍

第一步：观看视频——引出问题。

课前观看《什么是 OKR》视频，上课时请学生思考并回答问题：“你是如何理解‘OKR 是一个重要的思考框架与不断发展的学科，旨在确保员工共同工作，并集中精力做出可衡量的贡献’这句话的？”

第二步：知识讲授——夯实基础。

讲解 OKR 工具的原理及实施核心要点，课中观看《OKR 如何实施》视频。

什么是 OKR？ OKR，是最早在英特尔（Intel）使用，后来在谷歌（Google）推广的目标管理方法。字节跳动是国内最知名的贯彻 OKR 管理的公司。

OKR 是指盯牢企业战略，在一定周期内设定的目标，它帮助我们确认企业发展中的关键任务，并通过复盘来不断检验和修订。在公司目标和战略的制定上投入精力，并将这些战略和目标以一种接地气的方式清晰地传达给员工，帮助他们清晰了解公司的发展蓝图，以及他们能为公司的发展做些什么，最终向着统一的目标前进。这就是 OKR 的价值所在。

O 是目标（Objective），是指设定一个定量时间的目标，通常是一个季度。每一家公司都有未来一段时间内渴望达成的导向性目标，但是选择正确的导向性目标并不那么容易，这需要花费很多精力去思考和很多勇气去试错。KR 是关键结果（Key Results），是由量化指标形式呈现的，用来衡量公司在这段时间结束时是否达到了目标。

OKR 的主要目标是明确公司、团队和个人的“目标”以及明确每个目标达成的可衡量的“关键结果”。OKR 可以在整个组织中共享，这样团队就可以明确目标，帮助协调和集中精力。实质上，OKR 承接的是组织的使命、愿景、战略，启发的是模块与任务。O 是要我们明确做什么，KR 是告诉我们要如何做，但是在组织目标 O 制定之前必须思考组织使命 Why，即我们为什么要做。OKR 的正确流程就是 Why — What — How。

第三步：案例分析——小组讨论。

引用案例：OKR 工具如何帮助字节跳动企业发展壮大

字节跳动全公司每个人的 OKR 都是公开的。优秀的员工不需要管，而需要赋能。字节跳动几乎没有大的会议室，他们长期使用飞书办公。字节跳动为了避免员工在网线后面不努力工作，于是实行了 OKR。只要给他们工具，让他们在一起，他们就会交出结果。例如，有个学生给自己定了一个 OKR：抖音粉丝数在两个月内超过 1 万。结果，他的抖音号吸粉 16 万，最火的一条视频获赞 90 万次，而有个教程给平台直接带来 5 万多新增用户。

小组讨论：讨论过程中鼓励学生上网搜索有关字节跳动企业管理的相关信息拓展学习，例如：字节跳动有哪些业务或产品？你使用过字节跳动企业的产品或服务吗？用户体验如何？之前美国政府为什么打压字节跳动 Tiktok 业务？你还知道有哪些中国企业运用 OKR 工具？

第四步：教师讲评——思政点睛。

针对讨论结果，教师进行集中讲解。OKR 管理工具是一种非常实用的管理工具，能够帮助企业发展壮大。观看《使命价值观与战略之间逻辑》视频，边看视频边解读使命价值观是如何通过战略地图实现的。

思政点睛：实质上，OKR 承接的是组织的使命、愿景、战略，启发的是模块与任务。O 是要我们明确做什么，KR 是告诉我们要如何做，但是在组织目标 O 制定之前必须思考组织使命 Why，即我们为什么要做。OKR 的正确流程就是 Why — What — How。

价值引领：学会融汇中西管理思想，拓宽视野，掌握先进管理工具；了解中国企业管理智慧并引以为荣，激发爱国情怀；组织或个体在目标 O 制定之前必须思考组织或个体使命 Why。新时代青年要牢记使命。

第五步：课后作业——知行合一。

布置作业：运用计划表现形式“使命”和 OKR 工具原理设计个人大学三年

计划，提交形式为一张思维导图图片，图片里要求有 KR1、2、3、4 等量化指标，要求合理运用 OKR 原理"Why — What — How"，要体现使命感 Why——"新时代青年的使命"。

4. 教学资源

（1）基本教学资源：华为公司和苹果公司使命愿景案例资料、字节跳动企业 OKR 运用案例资料；线上教学平台《什么是 OKR》《OKR 的实施》《使命愿景价值观》《使命价值观与战略之间逻辑》微课视频、本次课教案、本次课教学演示文稿等。

（2）拓展教学资源：美国著名投资者和积极推广 OKR 的学者约翰·杜尔的《约翰·杜尔 OKR 演讲》《什么是战略地图》等视频。

（四）教学评价

评价采用显隐结合的方式，以知识、能力、价值构建三位一体评价目标体系，从课前、课中、课后构建全流程评价过程体系。

1. 显性评价方式

课前线上教学平台布置观看视频任务；课中教师根据小组讨论、课堂发言等任务完成情况进行评价，线下线上混合考核；课后布置作业和知识点测试，重点考核学生对知识点和工具的掌握、理解和运用。本次任务的考核重点：对使命的认知、OKR 管理工具原理和核心要点的掌握与运用。

2. 隐性评价方式

根据学生课堂发言和提交作业的结果进行直接分析评价，评价学生通过本次课学习在思想意识上的收获。

（五）创新与反思

思政素材做到注重时代性，紧紧围绕时代背景要求进行与时俱进的设计与调整，紧跟时代选取合适的案例和问题引发学生思考，做到与教学内容契合度高，激发学生的爱国情怀，以中国管理智慧为荣和树立文化自信，做到如盐在水，润物无声。通过任务驱动教学法，引导学生把所学管理知识和工具运用到生活学习中，做到知行统一，实现价值塑造与知识传授、能力培养的有机统一。

管理学课程思政核心内容实质就是个体价值观的塑造与引导。对价值观塑造与引导的教学效果评估不是短时间内可以完成的，因为价值观的塑造与引导是需要时间沉淀的。因此需要对课程思政教学隐性评价进一步思考与设计，方能使得整个思政教学成为一个完整的闭环。

四、选用教材与参考资料

（一）选用教材

路宏达 . 管理学基础 [M]. 4 版 . 北京：高等教育出版社，2018.

（二）参考资料

1. 单凤儒 金彦龙 . 管理学 [M]. 北京：科学出版社，2009 年 .

2. 胡国栋 . 海尔制 [M]. 北京：北京联合出版公司，2021 年 .

3. 字节跳动企业运用 OKR 管理工具：花了 50 亿买楼的字节跳动，其实没有总部大楼

https://mp.weixin.qq.com/s/C1PoFO5M5iFlDAmmIIl7DA

4. 华为公司与苹果公司使命：阿里巴巴高级数字化管理师认证培训资料（2020 年 9 月 6 日）

https://www.huawei.com/cn

案例编写人：邓洁华（管理学院）

“培训管理”
课程思政教学案例

一、课程定位

本课程是人力资源管理专业的一门专业教育核心课程，旨在培养学生了解企业战略背景下培训管理工作的重要性和危机意识甄别，树立终身学习的行动意识，推进以人为本的工作理念，开展培训管理等工作。具体包含：培养提升专业认同感和职业使命感，掌握培训管理的基础理论知识和设计培训项目的技术方法；了解培训管理的理论前沿和发展动态；运用企业战略思维解决问题，树立并践行爱岗、敬业、诚信等社会主义核心价值观，引导学生树立以人为本的工作理念，开展培训需求分析、员工培训计划制订、员工培训实施与评估的培训管理业务实践。

二、课程思政整体设计思路

（一）课程思政整体设计理念

人力资源管理专业坚持职业教育产教融合的办学特色和为深圳经济社会发展服务的定位，确立数字化经济时代人力资源管理转型＋业务升级的高技能人才培养模式，为人力资源管理领域输送关键人才。“培训管理”课程明确以学生为中心，重点培养学生掌握培训管理的基础理论知识和设计培训项目的技术方法，具备胜任人力资源管理培训管理岗位的职业能力，提升专业认同感和职业使命感；引导学生运用企业战略思维看待问题，推进以人为本的工作理念，培育和践行爱岗、敬业、诚信等社会主义核心价值观。具体包括：①使学生深刻认识到企业战略背景下培训管理工作的重要性，树立终身学习的理念；②推进以人为本的工作理念，开展培训需求、计划制订、培训实施等工作；③熟悉与培训管理工作相关的职业道德原则，严格遵循专业标准要求，具备爱岗敬业、勤勉尽责、开拓进取等职业素养；④培养批判性思维，助力管理发展实践；⑤回应社会关切，实现思想价值引领。

课程将企业发展历程融入课程设计，明确培训管理岗位从业者与企业荣辱与共。将促进管理的进步案例融入“培训管理”课程教学过程，让学生了解新发展阶段、新发展理念、新发展格局，提高学生的政治站位，胸怀“中华民族伟大复兴战略全局”，有应对“世界百年未有之大变局”的意识，能以匹夫之躯担当复兴大任，为企业可持续发展的基本前提把握好大方向，融进“以国内大循环为主体、国内国际双循环相互促进的新发展格局”，与企业同呼吸，与行业共发展。将以上思想政治教育融入学生实践学习的全过程，使学生在学习过程中了解企业社会责任、岗位工作责任，树立终身学习理念，合理规划自己的职业生涯（图 1）。

课程以任务为驱动，采用“教、学、做合一”的教学设计，融入企业真实案例和数字化经济时代培训管理岗位转型升级面临的挑战，丰富育人载体，优化教学内容，培养学生善于实践、敢于探索的创新意识和批判性思维，助力管理发展实践。通过校内教育和校外实践结合，专业教师与思政教师、企业名师协同，实现课程思政与专业教育质量的双向提升。

（二）课程思政整体设计框架

聚焦信息技术领域，以职业岗位能力为起点，以企业项目为载体，从课程的知识、能力和价值三位一体的教学目标出发，立足价值目标核心，确立“推进以人为本的工作理念，树立并践行爱岗、敬业、诚信等社会主义核心价值观”一条主线，挖掘课程思政教育切入点，依托“企业发展史、企业员工共同体、时政热点”等思政素材展开案例设计，将课程内容分解为 5 个分别对应若干实践任务和知识技能点的项目，针对每一个项目进行思政素材与教学内容的整合优化，形成以价值塑造为内涵、以实践任务为骨架、以知识技能点为内容的“培

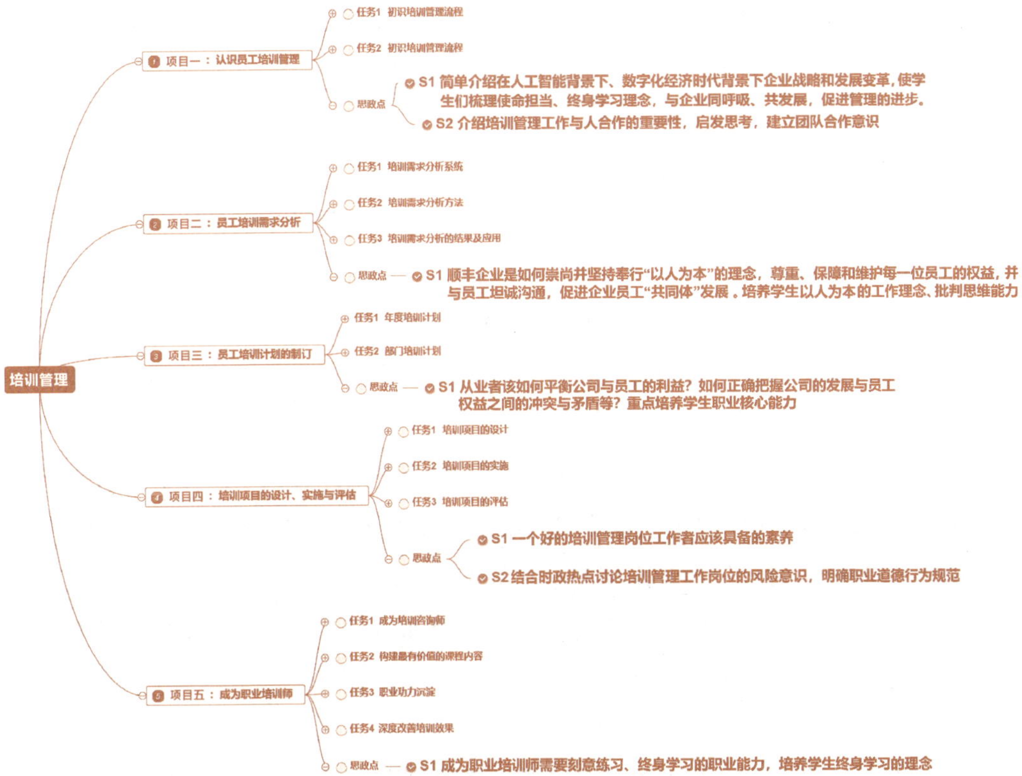

图 1 “培训管理”课程思政整体设计框架

训管理”项目化课程体系。

1. 使命担当、树立终身学习理念

项目一主要围绕人力资源管理系统中的员工培训管理岗位认知，通过“岗位职责解读”案例学习，将“《华为任正非内部会议纪要》——自强不息，荣辱与共，促进管理”的进步案例融入教学过程，培养学生的使命担当和终身学习的理念；讲解培训系统开发运作流程，着眼于企业部门合作的重要性，增强学生的合作精神。

2. 以人为本的工作理念

项目二重点围绕培训需求分析的模型和实践，例如顺丰企业遵循“以人为本”的管理理念开展新员工导向培训；依据在职员工的人才梯队开展继任者计划；为了更快实现个人职业生涯发展目标或能力发展目标，企业 HR 会协助个人制订个人发展计划，有目标、有计划地推进个人成长。根据一线企业培训的案例，结合小组参与式讨论、课后案例研讨分析企业培训现状、培训需求，学习如何高效开展企业培训需求分析、培训计划制订和培训实施。

3. 职业道德和职业素养培养

项目三通过自主学习、任务型学习的方式，引导学生重点学习制订培训计划，着眼于较为复杂的实际问题，以“企业战略视角”培养学生的核心职业素养；培训预算申报和项目执行前就尽量控制风险，评估风险应对策略和措施，这是对员工风险意识、勤勉尽责的职业培养要求。本课程安排学生课后观看《实习生》《在云端》等职场电影，使其更加深刻理解培养职业道德和职业素养的重要性。

4. 批判性的时代思维的培养

项目四由教师带领学生完成项目挑战，在项目设计过程中，将企业培训项目改革引入课程知识点讲授。以小组为单位展开头脑风暴、调研、汇报等实践，使学生们理解项目设计的基本模型，并基于企业发展战略和发展现状创新性设计培训项目、推进项目落地等，这个实践过程能很好地锻炼学生的批判性思维，契合课程思政育人的实践路径。

5. 回应社会关切，实现思想价值引领

项目五包含培训项目的设计与变革，面对社会的重大关切，例如后浪员工的培训、新冠肺炎疫情下的培训项目设计等，本着实事求是的科学态度，能够对热点问题给出客观理性和负责担当的回应。

三、课程思政教学案例

教学案例一 “自强不息 荣辱与共”——提升岗位认知，促进管理进步

（一）教学任务

项目一 “了解培训管理岗位的主要职责”之任务 1.1 走进培训管理

（二）课程思政教学设计

从企业长期发展视角来看，员工的培训管理最终都会归于战略管理，管理人员需要对一个企业或组织在一定时期内全局的、长远的发展方向、目标、任务和政策以及资源调配做出决策和管理。本次教学任务是了解企业培训管理岗位的岗位职责，在介绍岗位职能时引入课程思政案例。

将“《华为任正非内部会议纪要》——自强不息，荣辱与共，促进管理”的进步案例融入“培训管理”课程教学过程，让学生清楚国政国事，了解新发展阶段、新发展理念、新发展格局，提高政治站位，胸怀“中华民族伟大复兴战略全局”，有应对“世界百年未有之大变局”的意识，能以匹夫之躯担当复兴大任，为企业可持续发展的基本前提把握好大方向，融进“以国内大循环为主体、国内国际双循环相互促进的新发展格局”，与企业同呼吸，与行业共发展。将以上思想政治教育融入学生实践学习的全过程，使学生在学习过程中了解企业社会责任、岗位工作责任，树立终身学习理念，合理规划自己的职业生涯。

（三）教学实施

1. 教学目标

（1）价值目标：通过介绍培训管理岗位职责，让学生从企业战略视角出发，明确岗位职责，激发新发展阶段的管理使命担当。

（2）知识目标：了解培训管理岗位发展现状，掌握培训管理岗位的基本职能。

（3）能力目标：学会依据本企业发展战略目标撰写本企业培训管理岗位职能。

2. 教学方法

采用线上线下混合式教学，以任务驱动为核心，主要运用启发教学法、问题教学法和小组教学法，并辅以官方网站、视频资源、案例等多种资料。

3. 教学过程

第一步：任务导入——提出问题。

通过问卷调研分析学生对企业培训管理岗位的认知现状；引导学生思考：企业培训管理岗位的核心职能是什么？培训管理岗位的基本职责是什么？

第二步：案例探究——小组讨论。

结合几家企业培训管理岗位的招聘信息和岗位职能分析：培训管理岗位的职责是什么？布置任务提前查询资料，通过小组讨论分析：培训管理岗位的核心职能是什么？员工培训的目标是什么？

第三步：教师讲评——思政点睛。

针对讨论结果，教师进行集中讲解。利用企业发展过程、培训管理案例，介绍企业培训管理岗位的核心职能，重点讲解不同企业、不同岗位培训管理的应用场景，强调不同企业培训管理岗位提升企业总体绩效的使命担当。

思政点睛：培训管理岗位是人力资源管理岗位群的核心岗位，是为企业交付多样化培训需求，为企业员工建立培训场景，提供企业培训方案的核心岗位。作为本岗位从业者，面临企业变革、转型升级发展，只有树立自强不息、与企业荣辱与共的使命感，才能从企业战略视角开发员工和企业绩效协同提升的培训项目，才能促进管理的进步。

价值引领：学生如何才能成为一名合格的培训管理岗位从业人员？应该如何做好当下？引导学生开拓视野，脚踏实地，从易到难掌握课程知识与技能，为促进企业管理的进步打下基础。

第四步：聚焦任务——知行合一。

实践教学：带领学生根据某企业员工现状、企业发展定位材料，撰写某企业培训管理岗位职责。同学之间注意协作学习，互相帮助完成任务。

总结升华：总结培训管理岗位的基本职责和核心职能，并于小组内分享学习成果，体验学习获得感。掌握培训管理岗位工作职责的撰写技巧，增强自强不息、与企业荣辱与共的企业战略思维练习，树立终身学习理念。

第五步：课后实践——巩固提升。

课后布置实践任务：一是查阅世界500强中学生感兴趣的5家企业的培训管理职能，对比课程讲解的内容，为后续课程内容做储备。二是思考培训管理岗位的职业素养是什么，从而清晰定位自身能力，制订清晰的职业生涯规划。

4. 教学资源

（1）基本教学资源：华为公司基本介绍、培训管理岗位职责；西门子企业培训管理现状；网络招聘平台中10家企业培训管理岗位招聘信息；本次课教案、教学演示文稿、分组任务演示文稿等。

（2）拓展教学资源：《华为任正非内部会议纪要》，了解华为企业针对不同业务、不同分类的人才，建立的系统的差异化人才管理机制。

（四）教学评价

评价采用显隐结合的方式，以知识、能力、价值构建三位一体评价目标体系，从课前、课中、课后构建全过程评价体系（表 1）。

表 1　形成性考核评价组成

评价性质	评价组成	过程性评价来源	权重
形成性考核	“I study”学习平台学习：学习内容完成率、作业、线上测试	“I study”学习平台数据	20%
	互动：课堂讨论、问答、线上互动	“I study”学习平台数据 + 小组互评 + 教师评价	20%
	分组任务：依据各项目的评价量表	小组互评 + 教师评价 + 企业导师评价	40%
	期末测试	教师评价	20%

1. 显性评价方式

线上教学平台布置课前测试、课后作业，重点考核知识点的掌握与理解；课中重视教学任务完成的情况，侧重实践能力的考核，小组互评与教师评价结合。本次任务 1.1 的考核重点为了解培训管理岗位职能，依据课程目标撰写企业培训管理岗位基本职能。本次课程依据课前问卷和课后学生学习作业的对比，摸清学生学习情况，形成学生学习报告。

2. 隐性评价方式

从学生对不同企业培训管理岗位的岗位认知、撰写岗位职能等方面，观察学生对岗位认知的态度，评价学生通过课程案例学习、小组学习的学习成果和在思想意识方面的收获。

（五）创新与反思

根据课前调研学生对未来拟任岗位、自我发展定位、课程期望、岗位认知情况的结果调整课程内容设置，做到因材施教（图 2）。

结合课程教学项目的载体，融入与课程息息相关的岗位发展现状，不仅能拓展学生专业视野，同时能激发学生树立正确的职业观、价值观。通过任务驱动教学法，强化学生对知识的理解运用，在第一次动手实践中感受学习的快乐，做到知行统一，实现价值塑造与知识传授、能力培养的有机统一。

小组讨论中强调学生要注重条理性，做到细致认真，贯穿企业发展战略意

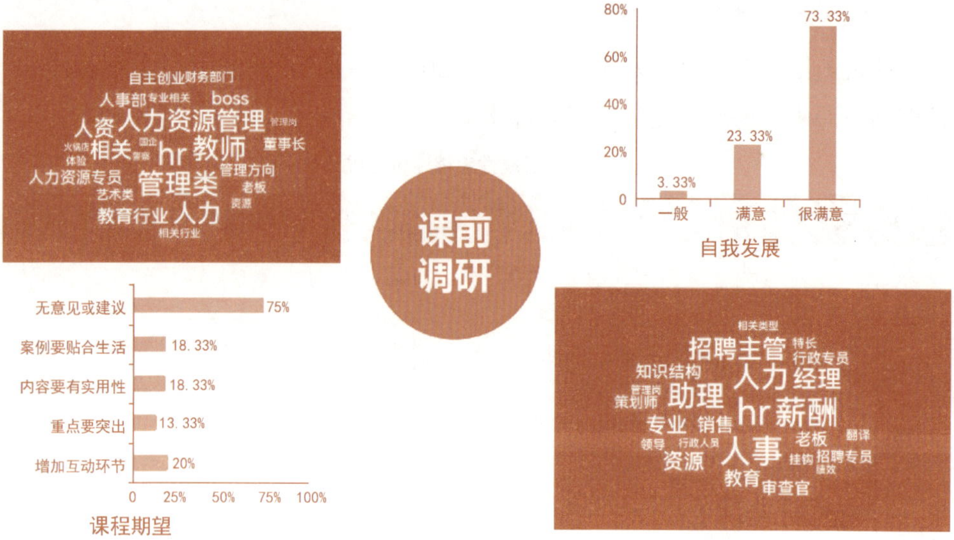

图 2　课前综合调研

识培养。学生的实际运用和操作能力还有一定提升空间，教师在更好地引导教学方面需进一步努力。

教学案例二　“与企业共发展”——在企业人才队伍建设中推进“以人为本”的工作理念

（一）教学任务

项目二　“培训需求分析”之任务 2.2　培训需求分析设计

（二）课程思政教学设计

与西方文化相比，“以人为本”的人文精神是中国文化最根本的精神，也是最重要的特征。国内知名企业崇尚并坚持奉行“以人为本”的理念，尊重、保障和维护每一名员工的权益，并与员工坦诚沟通，促进企业员工“共同体”发展。本次教学任务是了解企业培训需求分析的基本模型和工具，依据培训需求调研结果撰写培训需求分析，将依据企业战略、绩效打造专业化人才队伍引入课程思政案例。

课堂上带领学生观看视频《顺丰速运——使命必达》，了解顺丰员工人才队伍体系的建立是以实现客户价值为目标，顺丰企业遵循“以人为本”管理理念开展新员工导向培训，依据在职员工的人才梯队开展继任者计划。为了更快实现个人职业生涯发展目标或能力发展目标，企业 HR 会协助个人制订个人发展计划，有目标、有计划地促进员工个人成长。

（三）教学实施

1. 教学目标

（1）价值目标：介绍培训需求分析流程的严谨性和撰写需求分析报告流程的条理性，通过任务设计让学生了解企业针对不同业务、不同分类的人才，建立系统的差异化人才管理机制，推进“以人为本”的工作理念。

（2）知识目标：掌握培训需求分析的原理、基本步骤，运用信息收集和分析方法展开以组织、任务和人员为中心的需求分析，掌握编制培训需求分析报告的流程。

（3）能力目标：学会依据培训需求分析的结果撰写本企业（部门）的培训需求分析报告。

2. 教学方法

采用线上线下混合式教学，以任务驱动为核心，主要运用启发教学法、问题教学法和小组教学法，并辅以视频资源、案例等多种资料。

3. 教学过程

第一步：任务导入——提出问题。

通过阅读某企业培训“说起来重要，做起来次要，忙起来不要”的现状，启发学生思考员工培训开发在认知和时间之间产生巨大反差的原因，从而提出培训需求分析的概念。

第二步：案例探究——思政融入。

头脑风暴：结合某企业培训需求分析流程，引导学生思考如何发现和分析培训需求；教师讲解培训需求分析的要点。

思政融入：结合企业战略 + 员工需求的企业培训需求分析才能为企业储备和精准输送人才。教师讲解企业培训案例“FY 计划”，使学生了解企业的发展规划以及个性化定制培训需求清单。

“FY 计划”来源于顺丰人才培养“谋士如雨、战将如云”的战略目标，属于顺丰大学储备管理人员培养项目，目的是拓展与创新人才培养模式，提高该类人才的培养质量，形成规范化的培养内容和培养方式，从而支持集团人才的快速成长与发展。后备职能总监是通过人才盘点为未来职能总监梯队做储备的重要后备力量，他们承担着公司经营战略的制定实施、高绩效团队的培育、价值观的传承等职责。与“FY 计划”储备高级经理学员不同，这类培养对象具有职能专业区分差异较大，个性化明显，自我认知度和岗位升迁意识较高等特点，因此制订方案时秉承学员“为自己的发展负责”的理念，充分考虑学员的个性化需求，丰富培养形式，调动多方培养资源，并通过设计培养活动和考核手段提升学员自主学习和促进交流的能力。

第三步：教师讲解——师生互动。

设计问题：如何精准了解后浪员工的需求？如何把握企业整体的培训需求？如何进行企业各个职能部门的培训需求分析？如何深入了解企业员工的培训需求？

师生并进：学习培训需求分析的基本原理和流程，教师按照战略层面、组织层面、个人层面详细讲解培训需求分析的原理、流程和使用的工具，带领学生根据某企业现状开展三个层面的需求分析实践，特别是在讲解需求分析的对象和阶段知识点环节，教师随时掌握不同学生的动态，灵活把控节奏。

第四步：聚焦任务——知行合一。

实践教学：带领学生根据某企业员工现状、企业发展定位材料，开展培训需求分析调研，并根据需求调研结果撰写某企业培训需求报告。同学之间注意协作学习，互相帮助完成任务。

总结升华：总结培训需求分析的流程有严谨的逻辑，每一个步骤环环相扣，学生只有通过动手实践，在反复的调试纠错中才能逐渐掌握这些技能。大家要坚持在做中学，培养勤奋好学、百折不挠的钻研精神。

第五步：课后实践——巩固提升。

课后布置分组实践任务，按照制订培训需求调研计划、收集需求信息、开展培训需求分析、形成需求分析报告四个环节进行实践练习，推进“以人为本”的工作理念。

4. 教学资源

（1）基本教学资源：顺丰企业培训需求分析调研问卷；顺丰企业“FY 计划”——后备职能总监实施方案；线上教学平台微课视频、本次课教案、本次课教学演示文稿、分组任务演示文稿等。

（2）拓展教学资源：购买的商祺咨询线上学习平台的优秀人才管理学习模块内容。

（四）教学评价

评价采用显隐结合的方式，显性评价以知识、能力、价值构建三位一体评价目标体系，从课前、课中、课后构建全过程评价体系（同表 1）。

1. 显性评价方式

线上教学平台布置课前测试、课后作业，重点考核知识点的掌握与理解；课中重视教学任务完成的情况，侧重实践能力的考核，小组互评、校内教师评价与企业导师评价结合。本次任务 2.2 的考核重点为培训需求分析的流程、撰写培训需求分析的原则。本次课程依据课后学生作业摸清学生掌握知识点情况，形成学生学习报告。

2. 隐性评价方式

从学生开展培训需求分析的设计、撰写培训需求分析报告等方面，观察学生的知识运用能力，评价学生进行课程案例学习、小组学习的学习积极性和认识程度。

（五）创新与反思

结合课程教学项目的载体，融入与课程息息相关的企业案例，不仅能拓展学生专业视野，同时能激发学生树立正确的职业观、价值观。通过任务驱动教学法，强化学生对知识的理解运用，在第一次动手实践中感受学习的快乐，做到知行统一，实现价值塑造与知识传授、能力培养的有机统一。

培训需求分析模块是培训管理的核心内容，学生初学有一定的难度，运用起来会遇到挑战，要遵循循序渐进的教学规律，边讲边学，边学边做，引领学生逐步对接岗位能力。

四、选用教材与参考资料

（一）选用教材

葛玉辉 . 员工培训与开发实务 [M]. 北京：清华大学出版社，2020.

（二）参考资料

1. 华为任正非内部会议纪要

https://zhuanlan.zhihu.com/p/137852412

2. 领导力发展 | 仅需四步，打造员工个人发展计划（IDP）

https://www.sohu.com/a/372645560_732415

3. 顺丰内部培训资料（2021 年整理）

4. 顺丰速运宣传片

https://www.iqiyi.com/w_19rt9hw2mt.html

案例编写人：牛莹芳（管理学院）

“企业经营与创新”
课程思政教学案例

一、课程定位

本课程是工商企业管理专业的一门专业基础课，旨在让学生认识到创办公司、经营企业有利于国家生产力的发展，并树立合法经营、商亦有道的职业道德和商业道德；培养学生勇于创新、百折不挠的企业家精神。学生将从精益创业开始到建立一家企业的商业模式，从不断试错，进行经营运营活动到团队协作，完成一个个相互关联的经营项目，逐步掌握企业经营管理与商业创新的知识工具，具备进行精益创业并应用一整套经营工具完成商业模式构建的职业能力。

二、课程思政整体设计思路

（一）课程思政整体设计理念

工商企业管理专业始终坚持职业教育产教融合的办学特色，以深圳精神为指导，坚持为深圳经济社会发展输送“敢闯敢试、开放包容、务实尚法、追求卓越”的企业管理人才。

“企业经营与创新”课程重点培养学生进行企业经营管理和应用商业创新知识工具的专业能力。资本是逐利的，马克思在《资本论》一书中这样描述：如果有 10% 的利润，资本就会保证到处被使用；有 20% 的利润，资本就能活跃起来；有 50% 的利润，资本就会铤而走险；为了 100% 的利润，资本就敢践踏一切人间法律；有 300% 以上的利润，资本就敢犯任何罪行，甚至去冒绞首的危险。因此，企业经营与创新的知识工具是一把双刃剑，课程在培养学生相应能力的同时，也需要培养学生用好这把双刃剑，培养学生树立正确的世界观和价值观在课程思政中就显得尤其重要。

本课程思政整体设计理念经历了两个阶段：第一个阶段为“纸上谈兵，言之有物”，第二个阶段为“知行合一，实践真知”。第一个阶段以完成一家企业的商业模式设计和商业策划书撰写为项目任务，第二个阶段以实际经营一个视频号为项目任务。这两个阶段都以学生选择一个自己经营的项目开始，围绕“我来经营 ××× 项目”展开。从“敢闯敢试、开放包容、务实尚法、追求卓越”中挖掘思政元素，形成培养“创新思路，创新模式，大处着眼，小处着手”的企业家精神的思政建设目标。

课程采用成果导向的项目化教学设计，以学生设计一家企业的商业模式和真实经营运营一个视频号为载体，学生团队将选定视频号的主题（创新创业），并在视频平台发布一系列自己制作的视频（经营运营）。过程中学生团队将进行用户需求分析、价值主张设计、用户体验分析，最终完成视频号商业模式设计。不难看出，经营视频号本身就是一次创业过程，能够培养学生敢闯敢试的创新精神，精益求精的职业精神，为使命愿景奋斗拼搏的企业家精神。

（二）课程思政整体设计框架

为了给学生确立榜样，也为了做到知行合一，教师在给学生布置“我们经营一个视频号”的任务的同时，与学生一起经营自己的视频号，将教学内容、作业习题、话题讨论和头脑风暴等内容以视频微课的形式进行发布，引导学生树立终身学习、开拓创新和坚持不懈的精神，与学生一起面对困难和解决问题，进行精益创业，并将使命愿景、协作互助、勇于创新、务实尚法和精益求精等思政元素无声无息地融入，实现“如盐在水，有味无痕”。

教学中采用混合式翻转课堂，学生以团队形式完成项目，以“我们经营一个视频号”为载体，从视频号选题到真实经营运营，包括创业经营、用户分析、价值提供、用户体验和商业模式五大部分，每个部分对应一个项目：

- 项目一，视频号主题确定和上线，培养学生进行团队协作、确立使命愿景、勇于创新的精神。

● 项目二，视频号用户需求分析，培养学生面对问题时敢想敢冲，解决问题时坚持不懈的实干精神。

● 项目三，视频号价值主张设计，培养学生在商言商、商亦有道的企业家精神。

● 项目四，视频号用户体验分析，培养学生面对复杂问题时抽丝剥茧、精益求精的工匠精神。

● 项目五，视频号商业模式设计，培养学生用动态和发展的眼光看待事物的科学精神。

针对这五大项目，将思政素材与教学内容进行整合，形成以企业家精神为目标，以勇于创新精神为动力，以工匠精神为基础的理论、实践和思政一体的项目化课程体系。

具体来看，将课程中的五个大项目分解成若干小任务，结合每个小任务搜集与教学内容相关的思政案例。课程要求学生经营的项目“从大处着眼，从小处着手”。项目选择要“从大处着眼”，要考虑使命愿景和目标，于是引入马丁·路德·金的著名演讲《我有一个梦想》、周恩来“为中华之崛起而读书”的使命愿景进行课程思政教育；企业形象设计要“从小处着手”，于是选择革命历史题材电视剧《觉醒年代》中，北大师生针对鲁迅设计的校徽进行点评的桥段作为思政案例，讲解如何进行企业 logo 设计。课程思政教学内容整体设计如图 1 所示。

三、课程思政教学案例

教学案例一 鲁迅教你企业形象设计——从《觉醒年代》学习 logo 设计，培养民族自豪感

（一）教学任务

项目一　“视频号主题确定和上线”之任务　视频号 logo 设计

（二）课程思政教学设计

本次教学任务为进行视频号的主题确定和上线，在完成“视频号 logo 设计”时引入该课程思政案例。

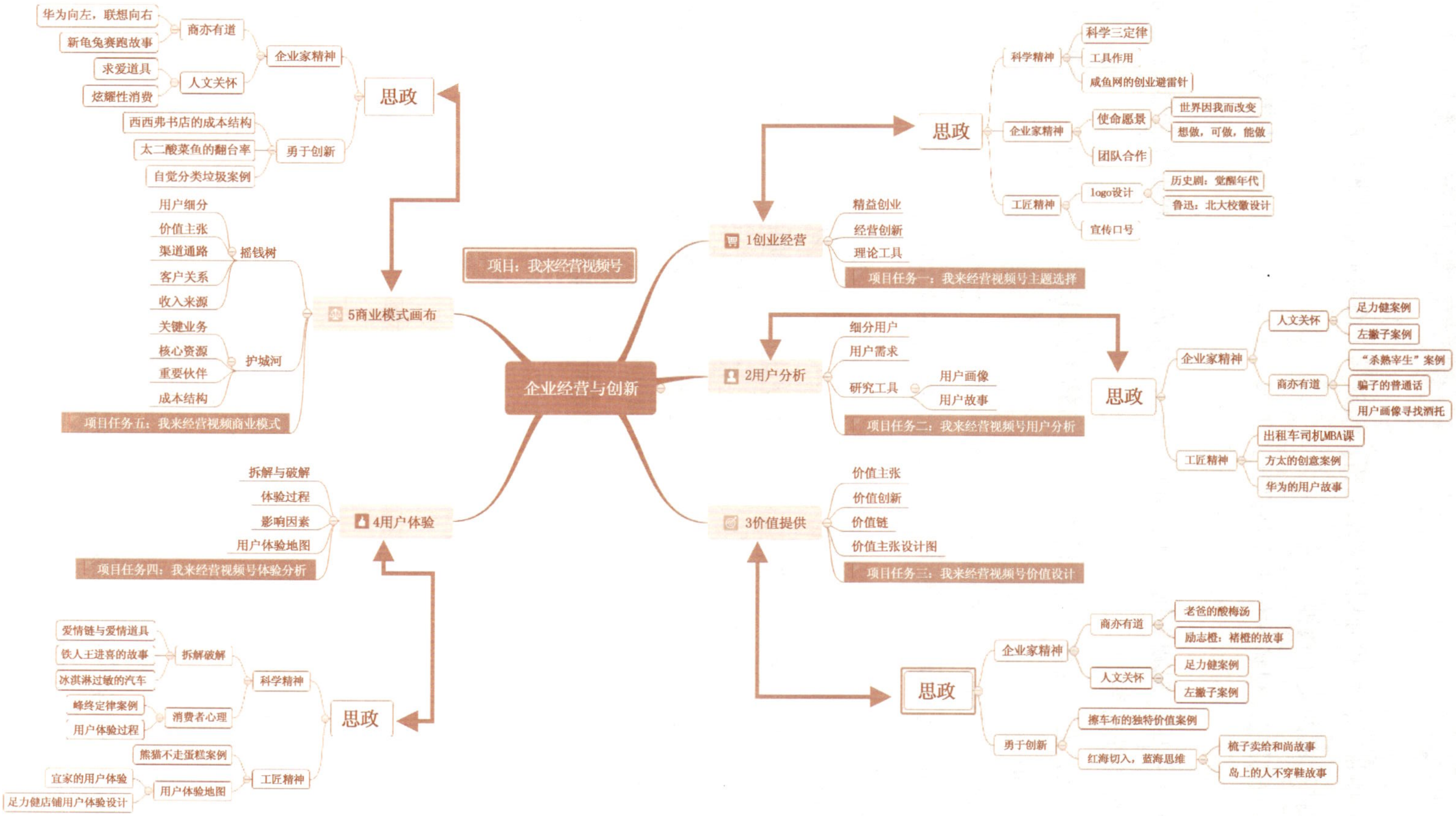

图 1　“企业经营与创新”基于课程思政的教学内容设计

本案例故事来源于革命历史题材电视剧《觉醒年代》。1917 年，北京大学校长邀请鲁迅为北大设计校徽。鲁迅设计完成北大的校徽之后，北大的师生对这一设计进行评价，从寓意为开启民智、以人为本，教师就是要甘为人梯等角度进行了分析。

从学生熟知的鲁迅先生谈起，用“横眉冷对千夫指，俯首甘为孺子牛”的诗句切入，列举学生曾经学过的鲁迅作品，指出鲁迅不仅是中小学语文教材收入作品最多的作家、思想家，还是一位平面设计大师，是那个年代的“斜杠青年”。以此激发学生对榜样楷模的崇拜，激发学生的民族自豪感。接下来用北京大学校长蔡元培请鲁迅设计北大校徽的故事引入《觉醒年代》的情节。这里展示部分脚本台词：

钱玄同(举着校徽)：豫才就是豫才，什么叫立意深远，蕴含丰富，简洁大气，这就是。透露着浓厚的书卷气和文人风格，绝对是不可多得的精品。看看，都看看。

沈尹默：我的评价，超凡脱俗。你们看这个徽章啊，以“北大”两个篆字上下排列，上面的“北”是背对背两个侧立的人像，那下面的“大”呢，是正面站立的人像，这是一个人肩负着两个人，也就构成了“三人成众”的意象，这也反映我们北大人肩负着开启民智的重任呐！好！

高一涵：依我看，这两个字还有脊梁的象征意义，像不像周先生把“北”和“大”做成了一具非常形象的脊梁骨？他是想表达我们北大人应该成为国家民主和进步的脊梁的意思。

钱玄同：这瓦的形象不正是中国特色吗？还有比这厚重的吗？

陈独秀：好好，各抒己见，百家争鸣，这才是我们北大的风气嘛。别总是咱们先生说，也让学生们说说。

邓中夏：我觉得这个徽章挺有意思的，你们看这三个人的排列，这上面两个人呢，像两个背靠背的学生，这下面一个人呢，就像是弯腰弓背的老师，老师用肩部托起两个学生，老师呢甘为人梯，学生志存高远，北大薪火相传。

可以看出，教师不仅可以用《觉醒年代》的这段情节回顾历史，展现历史人物的风采，还可以通过北大师生对鲁迅设计的校徽评价来展示和讲解 logo 设计的手法和寓意，做到课程思政“如盐在水，有味无痕”。

（三）教学实施

1. 教学目标

（1）价值目标：通过北大师生对鲁迅先生设计的校徽的评价，让学生确立为振兴中华而读书的使命感、责任感和民族自豪感，激发时代紧迫感和“横眉冷对千夫指，俯首甘为孺子牛”的精神。

（2）知识目标：了解企业形象的重要性，知道标志设计对于企业理念树立和推广，品牌识别与宣传的作用；理解表象性、表征性、借喻性、标识性等logo设计方法；知道logo在创业中的作用，理解发散和联想是创新创意的源泉。

（3）能力目标：能够应用发散和联想进行创意，将表象性、表征性、借喻性、标识性等手法应用于标志设计，完成“我来经营视频号”的logo设计，生动形象地讲解和展示自己设计的logo。

2. 教学方法

采用线上线下混合式教学，主要运用以任务驱动为核心的成果导向教学方法，采用翻转课堂的形式，并辅以问题教学法和小组教学法等。具体来看：

（1）线上线下混合式教学。线上教师应用“学习通”平台发布视频、作业等资料，学生提交自己的作业作品，线下课堂教师进行教学，学生进行讨论等。

（2）成果导向教学方法。学生的成果为自己小组经营视频号的logo设计。

（3）翻转课堂。学生完成logo设计后进行讲解汇报，教师课堂上进行针对性点评。

（4）问题教学法和小组教学法。教师设置系列情景问题，学生以小组形式完成logo设计。

3. 教学过程

（1）课前

教师完成案例视频剪辑，准备作业等资料，将相应资料发放给学生。为了更好地吸引学生，视频采用了“喜欢 = 熟悉 + 意外”这一方法，首先从我们熟知的文学家鲁迅入手（熟悉），然后指出鲁迅是一位擅长平面设计的“全才”，再给出《觉醒年代》中鲁迅设计北大校徽的视频片段。

（2）课中

第一步：任务导入——“经营一个视频号”要做哪些事情？

给出教师经营视频号的内容，引导学生思考经营视频号要做哪些事情。教师根据学生的提炼总结：经营 = 产品 + 营销，需要完成视频制作（产品），还需要进行视频宣传推广（营销）。由此指出标志设计的重要性。

第二步：教学实施——小组讨论和完成自己小组的 logo 设计。

学生对照一些经典设计，尤其是发放给学生的视频中的北大校徽的设计，讨论设计手法，教师进行总结。学生根据 logo 设计手法，结合自己视频号的主题，采用想象和联想完成自己小组的 logo 设计。过程中教师引导学生进行协作，要求学生进行头脑风暴，培养学生团队合作和创新创意的能力。

第三步：作品评价——学生汇报，教师点评。

学生展示和讲解自己小组的 logo 后，其他小组成员进行提问，说出自己的看法。同时，教师应用想象和联想挖掘整个设计中正面和正能量的信息，摒弃学生作品中负面的内容。之后，教师从设计手法、立意和细节等方面给出自己的看法。在此过程中，教师引导学生进行润物细无声的思政活动。从学生设计 logo 的立意角度指出使命愿景对企业的重要性；从学生作品中挖掘具有创新创意的元素，培养学生勇于创新的精神；从学生成果展示的细节出发，找到缺失和不足，培养学生不断进取、精益求精的企业家精神。

（3）课后

学生对自己小组的视频号 logo 进行调整和修改，融合视频号主题，赋予更多正面的含义。然后再次提交自己的作品。学生通过总结自己的 logo，调整迭代自己的作品，不断完善任务的细节，培养自己的工匠精神。

4. 教学资源

（1）基本教学资源：《觉醒年代》相关视频及背景情况介绍；鲁迅先生的生平和特长；腾讯等企业的 logo 和背后的含义；“学习通”线上教学平台整合的资源、本次课微课视频、教案和演示文稿、作业测验等。

（2）拓展教学资源：logo 设计手法；拓展微课“起名小技巧”等。

（四）教学评价

1. 考核内容综合化

价值目标（30%），主要是对民族责任感、时代紧迫感的考核；知识目标

（30%），主要是对 logo 设计手法的考核；能力目标（40%），主要是对学生完成作品的考核。

2. 考核形式多样化

一方面，包括线上线下的课前课后作业、讨论情况、问题回答、视频观看、作品创作、展示和讲解等形式；另一方面，包括个人考核和小组考核，教师对学生评价和学生小组互评等形式。

3. 考核过程全程化

从课前作业和资料阅读，课中学习和讨论过程、团队配合与协调，课后作品作业评价等方面进行考核。

（五）创新与反思

1. 创新之处

本案例充分体现了思政教育要求的“小”切口、“小”素材、“小”细节、“小”问题。从课程内容形象标识设计切入，节选历史剧《觉醒年代》的一段素材，以北大师生对鲁迅先生设计的校徽的评价细节为知识点，解决学生不会进行 logo 设计的问题。学生通过这一案例，完成了能够代表自己团队的 logo 设计，如图 2 所示。

创新来自于“豌豆公主”，即教师要时刻保持对教学领域的敏感。同样是一件事情，一个故事，或是一部电视剧，不同的人有不同的理解和看法。无论是思政教学还是学生感兴趣的话题与内容，教师可以从自己的教学领域进行解读，这样才能做到“以学习者为中心”的教学。因此，平时生活、工作甚至娱乐中的体验和积累对于教学创新非常重要。

2. 教学反思

对本思政教学案例进行教学时，可以给出更多的相关案例，这样学生在设计 logo 作品时可以赋予 logo 更多的意义。如何对价值目标的考核实现量化是目前本思政教学案例面临的一个难题。

图 2　学生设计的企业 logo 和释义

教学案例二　视频号主题选择——从“想做，能做，可做”感悟“诗和远方”的人生规划

（一）教学任务

项目一　“视频号主题确定和上线”之任务　视频号主题选择

（二）课程思政教学设计

本次教学任务为进行视频号的主题确定，在完成“我该选择何种主题”时引入该课程思政案例。

针对部分学生“躺平”的思想，点燃学生拼搏的精神，引导学生从“眼前的苟且”到“诗和远方”。指出学生选择视频号的主题要在道德法律约束条件下进行，不能为了流量和点击率不择手段。一方面，课堂上针对一些学生对未来感到迷茫，目前做事激情不够，缺少拼搏精神的“躺平”思想，要加强学生的社会责任感和勇于创新的精神教育；另一方面，针对资本的逐利性，指出项目选择时的道德底线，选择不合法的视频号主题进行批判，提升学生的职业伦理和职业道德，使其树立法治观念。

案例从 2021 年咸鱼网发布的一份《创业避雷指南》开始讲起，指出这份数据的问题所在，旨在培养学生的科学精神。接下来说明选择项目的起点：想做，我有一个梦想。在此润物无声地引入思政元素：马丁 · 路德 · 金的愿景是人人生而平等；周恩来的愿景是中华之崛起；乔布斯的愿景是改变世界。同时给出马丁 · 路德 · 金的经典演讲——《我有一个梦想》，让学生感受为梦想而奋斗的激情。然后指出确定项目主题的限制条件：可做、能做。插入学生熟知的人物罗永浩的一段视频，说明罗永浩的可做能做：通过改善人类的生活品质来获取利润，而不是处心积虑地攫取利益。最后是用多名企业家的创业经历说明项目是“想做、可做和能做”的交集。

（三）教学实施

1. 教学目标

（1）价值目标：以伟人和企业家的愿景和经历激发学生的社会责任感、职业道德和创新精神。

（2）知识目标：知道“该做什么”由“想做、可做、能做”决定，理解“想做、可做、能做”的含义。

（3）能力目标：能够运用“想做、可做、能做”，结合愿景、能力和资源等确定自己视频号的主题。

2. 教学方法

采用线上线下混合式教学，主要运用以任务驱动为核心的成果导向教学方法，采用翻转课堂的形式，并辅以问题教学法和小组教学法等。具体来看：

（1）线上线下混合式教学。线上教师应用“学习通”平台发布视频、作业等资料，线下教师课堂教学，学生进行学习和讨论等。

（2）成果导向教学方法。学生的成果为自己小组经营视频号的主题方向。

（3）采用翻转课堂，学生确定视频号主题后进行讲解汇报，教师课堂上进行针对性点评。

（4）问题教学法和小组教学法。教师设置系列情景问题，学生以小组形式完成视频号主题选择。

3. 教学过程

（1）课前

教师完成案例视频剪辑，准备作业等资料，将相应资料通过“学习通”平台发放给学生。“学习通”平台围绕两方面进行调查：

① 有多少学生甘愿做“咸鱼”，躺平过一生？

② 有多少学生对视频号有兴趣，会使用何种视频剪辑软件？

教师布置任务，引导学生思考：你们可能会选择的视频号主题是什么？为什么选择这种主题？

（2）课中

第一步：任务导入——如何进行“视频号主题选择”。

对课前进行的调查进行分析，给出 2021 年咸鱼网发布的《创业避雷指南》引发学生进行思考。从“我有一个梦想”到使命愿景，从“眼前的苟且”到“诗和远方”，从“别人笑我太疯癫，我笑他人看不穿”到“桃花仙人种桃树，又摘桃花换酒钱”，指出“该做什么”是“想做、可做、能做”三者的交集。播放剪辑好的一些视频，调动学生的学习积极性。

第二步：教学实施——小组讨论和完成自己小组的视频号主题选择。

教师讲解“该做什么”由“想做、可做、能做”决定，“想做”意味着使命和愿景，“能做”代表着认清自己，“可做”则要求遵纪守法。学生小组进行讨论和畅想，自己小组的项目有什么样的愿景，并分析自己所拥有的资源和能力。学生在总结自己小组“想做、可做、能做”的基础上找到交集，确定自己小组项目的主题有哪些可选方向。教师引导学生进行团队协作，强调在确定项目主题时要从大处着眼，从小处着手。

第三步：作品评价——学生汇报，教师点评。

学生汇报项目主题，包括为什么选择这一主题、自己拥有的资源和能力有哪些等，其他小组成员聆听后说出自己的看法。教师从学生的汇报中提炼关键信息，强调在考虑创新的同时，培养自己的职业道德和职业素养。

教师结合自己经营的视频号，进一步说明使命愿景对企业经营的重要性，资源能力对企业发展的约束性。在此基础上进行知识迁移，说明“想做、可做、能做”不仅是项目选择的方法工具，也是个人进行职业生涯规划的方法，还是企业家精神的关键点。

（3）课后

布置作业，用“想做、可做、能做”确定自己的职业生涯规划，加深学生对知识点的理解。布置任务，学生在确定自己的项目主题方向后，搜集有关资料，准备完成下一个任务。

4. 教学资源

（1）基本教学资源：“如何选择经营项目”微课视频；“马斯克的愿景”微课视频和相关资料；“2021 年创业避雷针”微课视频和相关资料；超星学习通线上教学平台整合的资源、本次课程教案和演示文稿、作业测验等。

（2）拓展教学资源：《我有一个梦想》演讲、“罗永浩采访”和“好运气的重要性”等资源。

（四）教学评价

1. 考核内容综合化

价值目标（40%），主要是对树立使命愿景和勇于创新的企业家精神的考核；知识目标（40%），主要是对用“想做、可做、能做”确立项目相关知识的考核；能力目标（20%），主要是对学生选定视频号主题的考核。

2. 考核形式多样化

考核包括线上线下的课前课后作业、讨论情况、问题回答、视频观看等形式，兼顾个人考核和小组考核，教师对学生评价和学生小组互评等。

3. 考核过程全程化

从课前作业和资料阅读，课中学习和讨论过程、团队配合与协调，课后作业和任务等方面进行考核。

（五）创新与反思

1. 创新之处

经营企业，使命愿景为方向，道德法律为底线。本思政案例包括了上述两方面，这也是本门课程后续项目任务的基础。教学中从学生熟悉的事物入手，例如对“躺平”“咸鱼”思想进行分析；使用通俗的语言，例如“我该做什么”

由“想做什么、能做什么、可做什么”的交集确定；运用时髦的话题，例如以“眼前的苟且”“诗和远方”解读“使命”“愿景”。内容和形式上做到了以学生为中心的教学，润物无声地进行了思政活动。学生通过本案例的学习，既激发了创新创业的激情，也清楚了道德法律的约束，对项目主题选择有了方向，为完成企业经营项目奠定了基础。

2. 教学反思

学生经营一个项目是一个长期的过程，需要学生具备综合能力。对多数学生而言，面对困难不屈不挠并非易事，匠人精神说起来容易做起来难，企业家精神更需要一个长期培养的过程，因此需要针对学生项目的经营状况，制定更为科学合理的激励考核方式。

四、选用教材与参考资料

（一）选用教材

杨志宁 . 云教材企业经营创新 [M]. 北京：北京航空航天大学出版社，2022.

（二）参考资料

1. 杨志宁，姜洪 . 基于“四片两感”的网络课程建设及教学应用探索——以《企业经营创新》课程为例 [J]. 深圳职业技术学院学报，2021，20（5）：75–80.

2. 学银在线慕课，企业经营（运营）创新（第二期）
https://www.xueyinonline.com/detail/223213278

3. 授课教师自己经营的视频号
https://www.ixigua.com/home/1367388071658343/?list_entrance=search2

4. 革命历史题材电视剧《觉醒年代》
https://movie.douban.com/subject/30228394/

5. 目标感太弱怎么办？如何做目标管理？
https://baijiahao.baidu.com/s?id=1720023303010707810&wfr=spider&for=pc

6. 马丁・路德・金 I HAVE A DREAM 我有一个梦想
https://www.bilibili.com/video/av47340227/

7. 鲁迅设计的北大校徽好在哪？从北大校徽到鹅厂图标

https://www.ixigua.com/7040659520078479886?logTag=60b89c0213 ff4adbd843

https://www.ixigua.com/7041183322763952654?logTag=b585f886c f1d2cd2c05d

案例编写人：杨志宁（管理学院）

“物流运输技术与实务”课程思政教学案例

一、课程定位

“物流运输技术与实务”课程是现代物流管理专业必修的专业核心课，也可作为港口与航运管理等专业的选修课程，是理论性和实践性均较强的一门综合性课程。

本课程旨在培养学生爱岗敬业、勇于创新的劳动精神和精益求精、不断探索的工匠精神。本课程支撑学生掌握有关运输工具、运输线路、运输节点等基础知识，让学生在熟悉当地运输市场的基础上，分析不同的运输需求，通过典型运输需求分析，掌握寻找客户、挖掘客户的方法，同时制定出较为科学、合理的运输方案；作为承运人，提高组织货物、安排运输工具、选择路线、调派人员、规避风险的能力。

二、课程思政整体设计思路

（一）课程思政整体设计理念

现代物流管理专业坚持职业教育产教融合的办学特色和为深圳经济社会发展服务的定位，确立新时代物流与供应链行业人才培养方向，为全球物流和供应链体系构建和运营输送关键人才。“物流运输技术与实务”课程重点培养学生运输体系的构建，具备运输商务和运输操作相关岗位的职业能力，具备运输报价和运输方案设计的综合能力，为深化国际合作打造全球物流和供应链体系，构建符合“一带一路”倡议建设需要的物流服务网络，主动参与国际分工，积极融入全球供应链，提升中国在全球价值链中的地位；同时以国内大循环为主体，全力扩大国内需求，提升国内干线运输和快递服务质量，以降低物流成本为目标，树立行业自信和货通全球的理想信念。

课程以真实运输需求任务为驱动，采用教、学合一的教学设计，培养学生善于实践、勇于探索的创新意识，引导学生塑造精益求精、追求卓越的职业精神，增强理想信念，厚植科技报国之志。通过校内教育与校外实践结合，专业教师与思政教师、企业教师协同，实现课程思政建设与专业教育质量的双向提升。

课程围绕“讲好物流故事，贯彻‘一带一路’精神”的主线实施价值塑造，着力从全球物流与供应链的发展与应用中挖掘思政元素，凝练成以“物流报国之理想信念、精益求精之工匠精神、敢闯会创之开拓意识”为核心的课程思政建设目标。

（二）课程思政整体设计框架

聚焦物流与供应链，以运输商务岗位为基础，涵盖运输操作等岗位能力，以具有代表性的三类真实企业运输需求为载体，从课程的知识、能力和价值三位一体的教学目标出发，立足价值目标核心，确立“讲好物流故事，贯彻‘一带一路’精神”一条主线，挖掘课程思政教育切入点，依托“运输基础发展史（运输工具、运输线路不断提升）、快递企业成长史（顺丰成长壮大）、国际干线开拓史（中欧班列、海商法）”等思政素材展开案例设计，将课程内容分解为八个分别对应若干实践任务和知识技能点的项目，针对每一个项目进行思政素材与教学内容的整合优化，形成以价值塑造为内涵、以实践任务为骨架、以知识技能点为内容的“物流运输技术与实务”项目化课程体系。

项目一主要围绕运输基础知识，结合运输方式、运输节点、运输工具、运输线路等知识点、技能点，融入国内近几十年的交通运输伟大成就，结合深圳运输环境，重点培养学生了解深圳运输产生、发展的各个关键环节，掌握深圳交通运输环境的特点和优越性。

项目二至项目四聚焦典型的运输需求，深入了解三类真实完整的运输需求，每类运输需求都包含了行业运输需求、身边的物流人、行业认知、专业技能、运输业务流程等内容。通过项目学习，使学生注重学思结合、知行统一，培养学生善于解决问题的实践能力，增强勇于探索的创新意识。项目五为运输商务技能，包括运输调研、运输开发计划、运输招标与投标、运输合同签订等多个环节。

项目六至项目八讲述典型的运输解决方案和运输报价，全面提高学生运输的报价、调度及异常处理能力，以实际运输工作任务为载体，培养学生完成各类运输任务的能力。通过良好的校企合作模式，确保学生工作与学习完全对接，确保学生分析、解决问题的能力提高。课程凝聚了教师与企业兼职教师多年合作产品开发的设计经验，以"深职匠心"理念培养学生逻辑严谨、耐心细致、团结协作、精益求精的职业素养和工匠精神。课程思政教学内容设计如图 1 所示。

三、课程思政教学案例

教学案例一　运输线路

（一）教学任务

项目一　"走进运输，熟悉运输"之任务 1.4　高速、航线还是中欧班列

（二）课程思政教学设计

本次教学任务是讲解五种运输方式的航线和线路，展示中华人民共和国成立以来在铁路运输、高速公路、海运等基础设施上的伟大成就，使学生掌握常见的铁路运输线路、公路主干道、"一带一路"等路线的走向和主要经由，掌握十二大航区及远东与这些航区之间的主要基本港及行经。

这个案例呈现了国内经济建设蓬勃发展，以此激发学生的民族自豪感；线路修建过程也展示了中国在盾构机、航线清淤等设施设备上的研发和创新能力，引导学生认识到虽然我国在各类设备设施上已经取得了长足的进步，但是要通过打造"一带一路"通道将中国的建设能力拓展到国际，仍有很长的路要走。一方面要持续提高产品竞争力，另一方面要不断提升经济的辐射能力。以此使学生树立技术强国的远大理想信念。

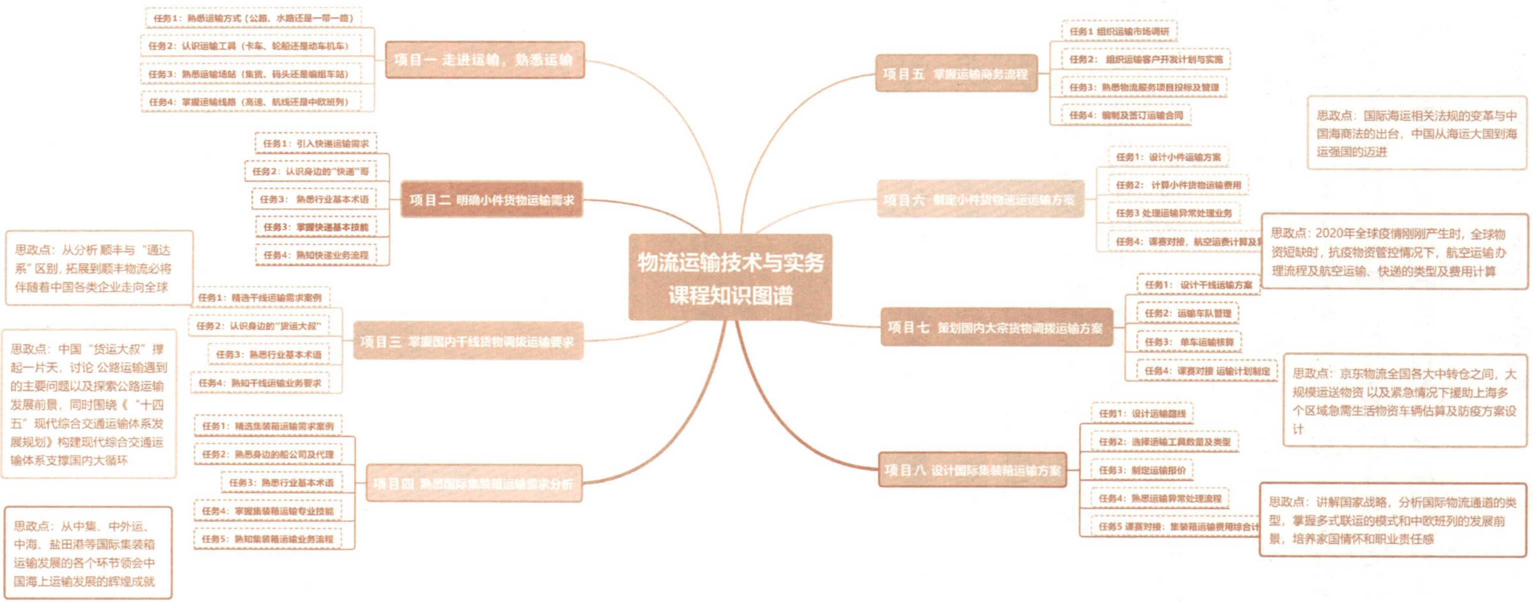

图1 "物流运输技术与实务"基于课程思政的教学内容设计

（三）教学实施

1. 教学目标

（1）价值目标：通过介绍中国铁路、高铁、高速公路、航空运输及海运的发展现状，尤其是中国高铁已经发展成为中国的一张亮丽名片，让学生树立民族自豪感。通过中国交通运输设施设备发展取得的伟大成就，增强学生的专业认同度和自豪感。

（2）知识目标：了解公路国道、高速公路等类型和编号规则，掌握铁路“八纵八横”通道及重要的铁路节点，掌握东中西三条铁路中欧班列路线，掌握海运航区及中国进出口的主要航线。

（3）能力目标：在世界地图上勾勒从中国东南沿海到其他主要航区的航运线路，在世界地图上勾勒中欧班列及其他“一带一路”路线，在动手画线的过程中熟悉线路周边国家和城市，以及了解当地进出口产品的特点。

2. 教学方法

采用线上线下混合式教学，以任务驱动为核心，主要运用启发教学法、问题教学法和小组教学法，并辅以官方网站、视频资源、案例等多种资料。

3. 教学过程

第一步：任务引入——提出问题。

我国经济总量排名全球第二，同时是世界上人口最多的国家，每天都有很多货物和人员通过交通运输系统进行运输和输送，需要各类运输系统来解决这一最大的运载量问题，运输线路是运输系统中的重要环节。

第二步：国家交通网络与通道发展现状分析（思政与专识结合）。

学生根据资料介绍，明确我国“四纵四横”高铁网，“八纵八横”铁路网，“五纵七横”高速公路网络，以及海运空运企业及线路，引出我国高铁发展和综合交通发展取得的伟大成就。展示中欧班列从开行到目前运行的整体情况，对国家经济发展及周边辐射起到了积极的作用。除了这些国际国内大通道之外，还有中蒙俄经济走廊、中亚经济走廊、孟中印缅经济走廊、中国—中南半岛经济走廊。

第三步：教师讲评——思政点睛。

在小组查询资料和讨论之后，教师进行集中讲解，利用网络上收集的各类交通运输视频，船务公司、航空公司开辟线路等讲解企业的成长过程和线路开辟的各种艰辛，以及目前服务产业如何走上良好的发展道路。

价值引领：学生应该如何选择合适的岗位，熟悉岗位的工作流程，以及如何根据国家布局的大方向从高铁快递、中欧班列以及中老铁路等各类通道的进出口业务中挖掘新业务，逐渐掌握课程知识与技能，为今后国家的发展打下坚实基础。

第四步：聚焦任务——知行合一。

动手实践：在各类交通地图上勾勒各类线路的行经，了解当地的经济文化发展状况、进出口业务的基本情况，试图从中挖掘新的业务。针对美国对中国企业进出口的制裁，国内产业要不断发展提升，在稳住中美贸易的同时，打通中欧班列沿线各类物流通道，逐步实现中国经济辐射范围更广的目标，减少对美国技术和产品的依赖。同时研究国家最新的交通路网规划和大的通道建设推进情况，增强交通强国的使命感。

第五步：课后作业——巩固提升。

课后布置拓展任务，查阅盐田港官网和“铁路 12306”APP，找到公司的最新线路和价格构成，为随后的运输方案选择和决策打下基础。

4. 教学资源

（1）基本教学资源：一带一路全景地图、世界海运地图、中国交通地图、中国高铁路网规划图；铁路 12306 公司基本情况、深圳机场航线、盐田港或者盐田国际官方网站；中老铁路开通运行、鹏新欧铁路开通等视频照片资料；线上教学平台全部微课视频、本次课教案、本次课教学演示文稿、作业测验课程教学演示文稿等。

（2）拓展教学资源：中央电视台播放的“一带一路”沿线节目；中远、中海等船务公司的官网。

（四）教学评价

评价采用显隐结合的方式，以知识、能力、价值构建三位一体评价目标体系，从课前、课中、课后构建全流程评价过程体系。

线上教学平台布置课前测试、课后作业，重点考核对知识点的掌握与理解；

课中重视教学任务完成的情况，侧重实践能力的考核，小组互评与教师评价结合。

本次任务的考核重点：各类线路的勾勒及线路节点背后的货源情况，学生了解中国交通建设的伟大成就，掌握高铁线路、高速公路网络、铁路运输网络，中蒙、中欧、中印等各类通道的走向，从远东到达其他航区的线路和经由等的情况。

（五）创新与反思

结合课程教学项目的载体，融入与课程息息相关的各类话题，不仅能拓展学生专业视野，同时能激发学生的民族自信与爱国情怀。通过任务驱动教学法，强化学生对知识的理解运用，通过动手在地图上勾勒线路，使学生感受到专业技能的意义，做到知行统一，实现价值塑造与知识传授、能力培养的有机统一。

教学案例二　小件货物运输方案设计

（一）教学任务

项目六　“小件货物运输方案”之任务 6.1　小件货物运输方案设计（小件货大门道）

（二）课程思政教学设计

本次教学任务是完成小件货物运输方案设计，要求学生在熟悉各类国内小件货物运输的类型及服务价格的基础上，掌握各种运输类型的优劣势，确定小件货物的承运人，同时针对自身定制化的需求确定方案思路，并确定运输费用。其中很重要的一部分就是国外快递企业及国内快递企业的选择。

在讲解过程中要对比国内的快递企业与国际四大快递企业，通过快递企业的发展定位和发展史，以及快递企业发展与背后的快递行业需求的关系，厘清中国快递企业未来的发展方向和进程。

通过顺丰与“通达系”的对比，掌握两类企业的不同定位及不同发展前景，顺丰对标的企业是国际四大快递，前景光明，但是道路曲折。而随着中国的企业不断走向全球，顺丰也会逐步在各地市场站稳脚跟。同时，随着跨境电商不断深入发展，物流渠道呈现多样化的趋势，中国物流的前景非常广阔。

学生要努力在快递技术和服务上不断提高竞争力，树立技术和服务强国的远大理想信念。

（三）教学实施

1. 教学目标

（1）价值目标：通过对顺丰、德邦发展现状和前景的分析，让学生树立行业自豪感，同时辩证地看待国内快递业和国际快递的差距，我们目前还只是刚刚走出去，随着中国各类企业逐步走出去，快递企业竞争力会越来越强。跨境电商的兴起加速了中国企业走向全球，也加快了快递的国际化。通过这个任务的学习,学生可以掌握各类小件货物的运费计算以及了解快递企业的光明前景，从而激发学习的紧迫感和行业的自豪感。

（2）知识目标：了解国内快递、零担运输，跨境电商的各类物流渠道、适用范围，运费的构成及计算过程；掌握国际空运运价体系及报价方式；掌握解决企业小件物流需求的方法步骤。

（3）能力目标：掌握顺丰与“通达”系快递之间的差别，快递创业的基本方法，跨境电商企业物流模式的选择；掌握国际小件货物空运的运价体系和运费计算及报价。

2. 教学方法

采用线上线下混合式教学，以任务驱动为核心，主要运用启发教学法、问题教学法和小组教学法，并辅以官方网站、视频资源、案例等多种资料。

3. 教学过程

第一步：任务引入——提出问题。

列举日常生活中各类小件货物的运输需求，对比美国和国内的小件物流需求，国内快递时效快价格低，如何根据不同货物需求选择物流方案，已成为很多企业能否降低成本、提高竞争力的关键。

第二步：顺丰与“通达系”对比分析（思政与专识结合）。

顺丰速运（集团）有限公司于 1993 年 3 月成立，总部设在深圳，是国内的快递物流综合服务商，经过多年发展，已初步具备为客户提供一体化综合物流解决方案的能力，不仅提供配送端的物流服务，还延伸至价值链前端的产、供、销、配等环节，从消费者需求出发，以数据为牵引，利用大数据分析和云计算技术，为客户提供仓储管理、销售预测、大数据分析、金融管理等一揽子解决方案。顺丰采用直营的经营模式，由总部对各分支机构实施统一经营、统一管理，保障了网络整体运营质量，是A股首家采用直营模式的快递公司。

快递“通达系”指的是圆通、申通、中通、韵达。截至2020年4月，阿里巴巴成为韵达股东之一，“通达系”都实现了和阿里的合作。

顺丰与“通达系”主要的服务对象与市场定位不同，经营管理方式也不同。顺丰主要的服务对象是传统的商务件和高端的电商服务，“通达系”快递主要服务于电商市场，凭借电商市场的优势及阿里的加持，市场占有率不断提高。经营管理上，顺丰所有的网点都采用了直营模式，“通达系”则采用加盟模式。

通过分析可以初步得出，顺丰物流是综合物流服务商，可能是目前可与国际四大快递竞争的杰出代表。

顺丰最引以为傲的就是快递速度，不管是布局货运航空和高铁，还是天网地网信息网三网合一的系统架构，都是为了提升快递的速度。而且顺丰每个网点每天的工作都井然有序，力求每个工序上精益求精。顺丰每个网点每天都会到四班车，每个网点的时效都是“收一派二”，在收件上，网点每天都有三班发货，客户下单后，快递员必须在一个小时内收货，把货物包装好，并且要在当班次将货物发走。每天“到四发三”是顺丰能将速度做到第一的基础。转运中心、干线运输等环节各类物流技术的不断投入，也为顺丰速度提供了保障。

第三步：教师讲评——思政点睛。

学生讨论之后，教师进行集中讲解，利用网络上收集的各类小件货物运输视频，分析顺丰及“通达系”发展的艰辛，物流行业对国民经济的贡献以及国内电商服务的领先优势。这些企业将来会成为中国企业走出国门、服务全球的中流砥柱。

价值引领：学生应该从快递的细分行业去选择合适的岗位，掌握岗位的工作流程，不能简单地认为顺丰就是做快递的，快递就是送货的。为了服务中国成为制造强国，在服务企业走向“一带一路”的背景下，思考物流企业如何做好物流服务，并不断深化掌握课程知识与技能，为今后国家的发展打下坚实基础。

第四步：聚焦任务——知行合一。

动手实践：通过引入国赛真实运输试题，了解小件货物运输需求的真实情景，列举不同运输服务，在此基础上进行运费计算和价格比对，明确各类小件货物运输的优势和选择依据。

第五步：课后作业——巩固提升。

根据课中分享的货运代理国赛材料，梳理出运输需求信息，整理出运输方案并报价，同时根据计算的结果和选择依据合理地填写运单。

4. 教学资源

（1）基本教学资源：国赛公布的2021年货运代理试题、航空运价表、快递基本报价单；顺丰与“通达系”区别微课；线上教学平台全部微课视频、本次课教案、本次课教学演示文稿、作业测验课程教学演示文稿等。

（2）拓展教学资源：跨境电商平台介绍、世界航区划分、航空危险货物组织。

（四）教学评价

评价采用显性评价，以知识、能力、价值构建三位一体评价目标体系，从课前、课中、课后构建全流程评价过程体系。

线上教学平台布置课前测试、课后作业，重点考核对知识点的掌握与理解；课中重视教学任务完成的情况，侧重实践能力的考核，小组互评与教师评价结合。

本次任务的考核重点：运费计算过程及报价，重点评价小件货物运输的选择类型，每个类型运输计算的过程和结果，最后在这个基础上，综合考虑快递选择的依据。

（五）创新与反思

以课程快递与空运教学项目为载体，融入与课程息息相关的快递企业的选择及运费计算相关话题，不仅能拓展学生专业视野，同时能激发学生的民族自信与爱国情怀。通过任务驱动教学法，强化学生对知识的理解运用，通过动手计算运费及报价掌握专业技能的意义，做到知行统一，实现价值塑造与知识传授、能力培养的有机统一。

四、选用教材与参考资料

[1] 孟军齐，姜洪 . 运输技术与管理 [M]. 广州：广东高等教育出版社，2016.
[2] 仪玉莉 . 运输管理 [M]. 北京：高等教育出版社，2014.

案例编写人：孟军齐（管理学院）

“数字艺术概论”课程思政教学案例

一、课程定位

“数字艺术概论”是动漫设计、动漫制作、游戏设计、数字媒体艺术设计、广播影视节目制作等专业的一门专业基础课，旨在培养学生热爱中华优秀传统文化，具备爱岗敬业、勇于创新的劳动精神和精益求精、科技强国的工匠精神。课程适应当前数字内容应用的发展需求，培养数字内容艺术＋技术专业人才，让学生对数字艺术的源流、特征有清楚的认识，把握数字艺术未来的发展动向，最终实现对数字媒体艺术的总体把握及艺术鉴赏能力的提升。课程使学生了解数字内容行业、企业、职业要求，提高学生的职业能力和职业素养，为后续的专业课学习打下良好的基础。

二、课程思政整体设计思路

（一）课程思政整体设计理念

动画设计、数字媒体艺术、游戏设计等数字艺术专业坚持职业教育产教融合的办学特色和为深圳文化发展服务的定位，确立新时代数字内容产业人才的培养模式，为动画、游戏、影视等领域输送关键人才。“数字艺术概论”课程重点培养学生掌握数字艺术的基本知识，具备数字艺术相关岗位的职业能力，提升专业认同感和职业使命感。课程将弘扬中华优秀传统文化与数字艺术创新发展紧密结合，围绕“讲好中国故事”的主线实施价值塑造，着力从数字艺术产业发展与应用中挖掘思政元素。

课程把思政内容与教学内容紧密结合，在教学过程中安排学生分小组、分项目完成一定数量的实践任务，从而达到培养应用能力、协作能力和创新能力的目标。把思政内容与知识点相对应，选取贴近学生生活、弘扬家国情怀、体现时代精神的案例，在课程教学中教育引导学生立足时代、扎根人民、深入生活，树立正确的艺术观和创作观；反对盗版，坚持原创，培养社会担当意识；通过校内教育与校外实践结合，专业教师与思政教师、企业教师协同，实现课程思政建设与专业教育质量的双向提升。

（二）课程思政整体设计框架

聚焦数字艺术领域，以职业岗位能力为起点，从课程的知识、能力和价值三位一体的教学目标出发，立足价值目标核心，确立“讲好中国故事”一条主线，挖掘课程思政教育切入点，依托优秀原创数字艺术作品、校园故事等思政素材展开案例设计，将课程内容分解为 7 个分别对应若干实践任务和知识技能点的板块，进行思政素材与教学内容的整合优化，形成以价值塑造为内涵、以实践任务为骨架、以知识技能点为内容的“数字艺术概论”课程体系。

课程注重弘扬传统文化，鼓励学生增强文化自信。如第 2 板块数字艺术发展历史的课程讲授中，重点分析了《大鱼海棠》《大圣归来》等国产原创动画的优缺点，倡导原创精神，培养学生的文化认同。第 6、7 板块着眼于数字内容产业的现状与未来，聚焦产业、行业、职业岗位，让学生置身于真实的数字艺术岗位工作之中，注重学思结合、知行统一，培养学生的职业能力和职业素养，以及精益求精的工匠精神、勇于探索的创新意识和原创精神。

课程坚持以学生为中心的人本化教育原则。教学过程采用视频教学、嵌入式测试、课后测试、同伴互评、课程讨论区、线下互动、教学改进等形式，线上线下相结合，创建一个精彩的学生学习社区，给学生足够的思考、练习机会，嵌入式课程测试与评估，做到师生互动、生生互动。程序教学上遵循积极反应原则、小步子原则、及时反馈原则、自定步调原则，使学生真正成为学习的主体，增强学生的学习能力。课程思政教学内容设计如图 1 所示。

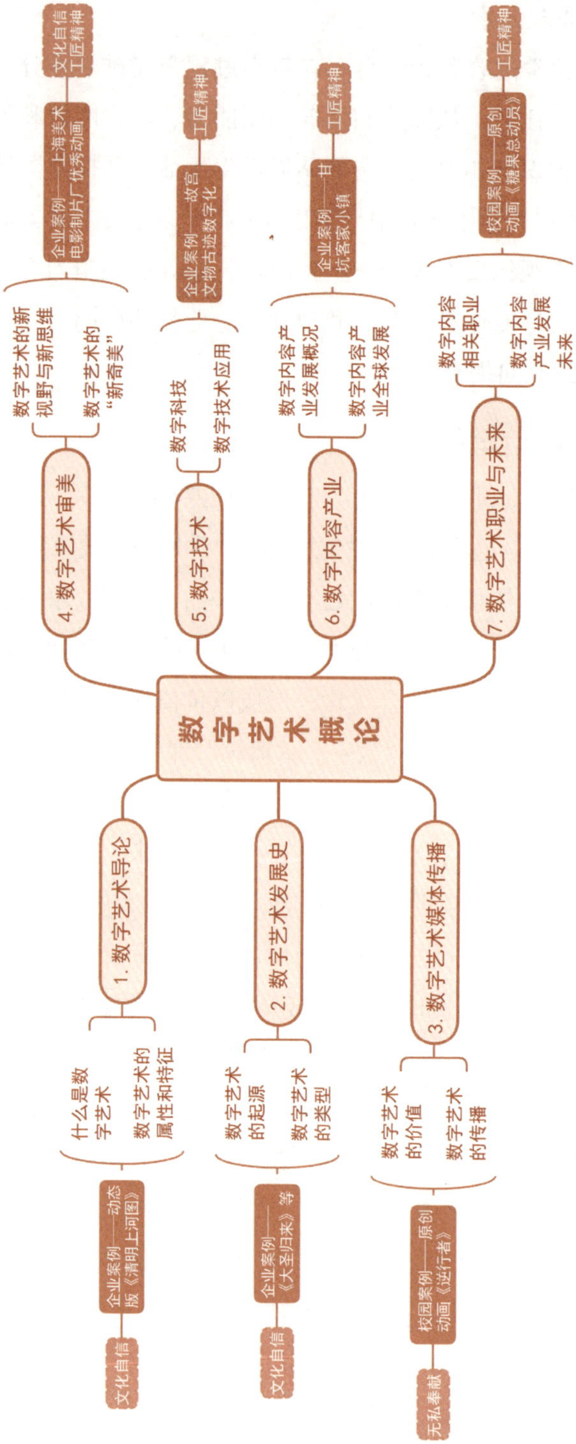

图 1 “数字艺术概论”基于课程思政的教学内容设计

三、课程思政教学案例

教学案例一 "汲取传统文化的数字动画《大圣归来》"——倡导原创精神，培养文化认同

（一）教学任务

板块 2　"数字艺术发展史"之任务 2.2　数字艺术的类型

（二）课程思政教学设计

本次教学任务是讲解数字艺术发展历史，在介绍"数字动画发展"时引入该课程思政案例。针对当前动画产品粗制滥造，抄袭、同质化严重的现状，课程重点分析了《大鱼海棠》《大圣归来》等国产原创动画的优缺点，鼓励学生独立思考，进行批判性思维训练，倡导原创精神，培养文化认同。针对当代青年缺少社会责任感，学生动画作品缺乏精神支撑和人文关怀的现象，本课程案例与当前经济社会发展的热点问题相结合，鼓励学生创作源于生活、高于生活的原创作品。

（三）教学实施

1. 教学目标

（1）价值目标：坚持原创，扎根传统，文化自信。以立德树人为教学根本任务，坚持以学生为主体，激发学生热爱中华优秀传统文化的情怀，使其增强文化自信。课程把理论讲授与艺术鉴赏实践紧密结合，使学生了解数字艺术的历史和特征，增强艺术辨别力，树立正确的创作观。优秀原创动画、红色主题艺术作品、传统文化艺术等案例的运用，使学生增强文化自信、文化自觉，自觉抵御不良的文化倾向和社会风气，增强爱党爱国意识，为中华文化的伟大复兴贡献自己的力量。

（2）知识目标：把握数字艺术的特征和发展趋势。了解数字艺术的特征和发展趋势，对本专业历史、现实及未来发展的方向拥有清晰的认识；了解数字艺术对艺术思维变革的推动作用，数字艺术的美学特点、创作特点。

（3）能力目标：讲好中国故事，鼓励创作源于生活、高于生活的原创作品。提升学生团结协作、自主学习能力；培养和提高学生对数字艺术作品的欣赏能力，

对数字媒体艺术作品的分析能力，以及独立思考、批判性思维能力。推动中华优秀传统文化与数字技术的结合，思考如何讲好中国故事，鼓励创作源于生活、高于生活的原创作品。

2. 教学方法

采用线上线下混合式教学，以任务驱动为核心，主要运用启发教学法、问题教学法和小组教学法，并辅以官方网站、视频资源、案例等多种资料。

3. 教学过程

第一步：任务引入——提出问题。

学生课前观看红色主题动画、非遗数字化开发视频资料，理论联系实际，直面当前存在的数字艺术低俗化、扁平化等现象。教师以启发式教学引入本节课数字艺术现状、类型的教学内容。（线上视频资源）

第二步：案例探究——小组讨论。

讲解数字艺术的类型，主要运用的案例包括：世博会传统名画《清明上河图》的数字化转换、唐仕女图的现代化互动演绎、红色主题动画等，让学生分享看到这些作品的感受，从而了解数字艺术的不同类型：数字动画、互动艺术、数字展览等，以及传统文化艺术的数字化转化。引导学生在数字艺术创作中坚持正确的创作方向。

第三步：教师讲评——思政点睛。

在导入课程与案例展示环节，学生通过听讲、自主思考、讨论等方式对本节课的内容有了一定的了解。教师生动、深入地讲解知识点，采用讨论法、头脑风暴法展开讨论。针对讨论结果，教师集中讲解数字艺术类型的不同特点，重点分析优秀国产原创动画《大圣归来》，讲解该动画的剧情、角色、画面等方面体现的中华优秀传统文化元素，重点强调该作品基于传统文化故事的创新精神。

思政点睛：《西游记之大圣归来》是根据中国传统神话故事《西游记》进行演绎的 3D 动画电影，整部影片经历了 8 年的酝酿和 3 年的制作。影片的世界观架构在《西游记》小说原著的基础之上，根据中国传统神话故事进行了新的演绎。影片讲述已于五行山下寂寞沉潜 500 年的孙悟空被儿时的唐僧——俗名江流儿的小和尚误打误撞地解除封印后，在相互陪伴的冒险之旅中找回初心，完成自我救赎的故事。影片在国内公映后，即以优秀的口碑引发网友观众的追捧和媒体的广泛报道。《人民日报》认为该片是中国动画电影近10年来少有的现象级作品。《大圣归来》的成功使我们认识到，只有立足中华优秀传统文化，结合数字技术，秉承精益求精的工匠精神，才能创作出成功的数字艺术作品。（相关网站资料）

价值引领：学生应该如何创作数字艺术作品？怎样讲好中国故事？引导学生重视作品内涵，从传统文化中汲取养料，脚踏实地、一丝不苟、从易到难逐渐掌握课程知识与技能。

第四步：聚焦任务——知行合一。

小组讨论完成报告：在教师指导下，完成《大圣归来》与经典动画《大闹天宫》的比较报告。学生之间要注意协作学习，发扬团队精神完成任务。

总结升华：《大圣归来》画风写实，场景设定梦幻玄妙，画面美感十足。影片在3D动画技术中巧妙融合了东方美学取法大自然的淡彩风韵，如市井街头皮影戏、屋角一枝梅的烟雨等。而经典动画《大闹天宫》集中体现了中华优秀传统文化及美学精神，充满中国文化意蕴。引用习近平总书记关于中国文化的伟大复兴的论述，引导学生树立正确的人生观和艺术观，并且在对数字艺术的虚拟性、娱乐性知识点进行讲授时，特别结合当前文艺低俗化、盗版现象、流行文化的问题等，重点进行剖析。

要点展开：《大圣归来》塑造的孙悟空形象，与西方的超级英雄略有不同。在西方，美国队长信仰自由和正义，他坚强、勇敢，毅然承担起拯救世界的责任和使命；蜘蛛侠打击罪恶势力，为社会除暴安良；钢铁侠肩负拯救地球的责任。而在电影《大圣归来》中，大圣在拯救世界之前，先是拯救自己。这一点也契合了中国文化中的“一屋不扫，何以扫天下”的道理。

第五步：课后作业——巩固提升。

课后布置拓展任务：查阅数字艺术网站，拓宽视野，了解数字艺术的类型和特征，最终完成数字艺术与传统艺术的比较报告，增强学生的分析能力和团队合作能力。

4. 教学资源

（1）基本教学资源：《大闹天宫》《大圣归来》《大鱼海棠》等优秀国产

动画；《故宫》《我和我的祖国》等影视作品和纪录片；习近平总书记关于传统文化伟大复兴的讲话视频；线上教学平台全部微课视频、本次课教案、本次课教学演示文稿、作业测验课程教学演示文稿等。

（2）拓展教学资源：阅读资料《数字化生存》等；特色微课："数字艺术的特征"（含思政案例融入的教学微课）等。

（四）教学评价

评价采用显隐结合的方式，以知识、能力、价值构建三位一体评价目标体系，从课前、课中、课后构建全流程评价过程体系。

1. 显性评价方式

线上教学平台布置课前测试、课后作业，重点考核对知识点的掌握与理解；课中重视教学任务完成的情况，侧重实践能力的考核，小组互评与教师评价结合。本次任务考核重点：数字艺术类型思维导图绘制。

其中，对数字艺术类型的掌握情况占评分的 80%；思维导图制作，格式、美观性及完成态度等方面占 20%。

2. 隐性评价方式

从学生对中国风原创动画发展的学习和讨论中，观察学生对数字艺术类型特征及相关优秀数字艺术作品的认识态度，评价学生通过本次课学习在思想意识上的收获。

（五）创新与反思

结合课程教学项目的载体，融入与课程息息相关的话题，不仅能拓展学生专业视野，同时能激发学生的民族自信与爱国情怀。通过任务驱动教学法，强化学生对知识的理解运用，感受学习的快乐，做到知行统一，实现价值塑造与知识传授、能力培养的有机统一。

在数字动画艺术实践部分，由于对动画角色理解不足和创造能力有限，部分学生在运用创新技能进行动画角色构想方面，还存在不知道如何下手的问题。今后，教师要有针对性地在课堂上加强指导，拓宽学生视野，引导学生从优秀原创动画作品中观察、学习、积累角色创设经验，切实提高职业能力和素养。教师在更好地引导教学方面需进一步努力。

教学案例二 《糖果总动员》走上央视——从数创学院师生原创动画感悟精益求精的工匠精神

（一）教学任务

板块 7 “数字艺术职业与未来”之任务 7.1 数字内容相关职业要求

（二）课程思政教学设计

本次教学任务是了解数字艺术的职业要求。课堂上带领学生观看数创学院师生历时 6 年创作的动画系列片《糖果总动员》，通过讨论，对原有动画角色进行改进，企业专家从市场角度进行点评指导，最后学生完成动画角色分析作业。学生在课堂上体验了动画师创造动画角色的全过程，进而深化了对数字艺术职业岗位及要求的认识。

（三）教学实施

1. 教学目标

（1）价值目标：培育职业情怀与工匠精神。课程把理论讲授与艺术鉴赏实践紧密结合，使学生了解数字职业、岗位要求，增强学生的艺术辨别力。优秀原创动画等案例的运用使学生增强文化自信、文化自觉，自觉抵御不良的文化倾向和社会风气。动画《糖果总动员》表现了友情、诚信、奉献、团结等主题，紧贴时代脉搏，能够培养学生自主学习、规范操作的能力，培育职业情怀。

（2）知识目标：了解数字艺术的行业职业岗位要求，对本专业未来发展的方向拥有清晰的认识。

（3）能力目标：讲好中国故事，提高原创作品创作能力。提高学生的团结协作、自主学习能力；培养和提高学生对数字艺术作品的欣赏能力，对数字媒体艺术作品的分析能力，以及独立思考、批判性思维能力。

2. 教学方法

采用线上线下混合式教学，以任务驱动为核心，主要运用启发教学法、课堂练习法和小组教学法，并辅以纪录片、新闻报道、应用案例等多种资料。

课程采用互动式教学和创意教学，选用研讨会、案例分析、角色扮演、启发性游戏、小组讨论、情景模拟等多样的教学方式。在课堂上教师安排学生开展虚拟性创新实践，引导学生按照现实中的动画岗位、工作模式、行业规则来进行角色扮演，提前感受未来自己在数字艺术职业岗位中可能会遇到的问题，并且给予学生科学的指导和建议。变枯燥乏味为兴趣动力，让学生更积极地、更自主地投入到教学环节中。

3. 教学过程

第一步：任务引入——提出问题。

观看动画《糖果总动员》片段，并提出问题：制作一部动画片需要哪些岗位配合完成？数字艺术职业岗位要求有哪些？

第二步：案例分享——思政融入。

交流分享：请学生联系自身专业和知识能力储备各抒己见，教师引导学生总结归纳数字艺术职业岗位要求。

小组讨论：分析《糖果总动员》动画的创新点及各岗位（如动画师、编剧、后期剪辑、声音师等）的能力要求。引导学生从角色创新理念、时尚元素、表现、个性等角度讨论动画角色的创新点。

思政融入：数字动画是数字艺术重要的组成部分。动漫作品的生命力就在于创新，没有独具匠心的想象和创造，就没有动漫艺术的魅力。创新不是无中生有，而是植根于我们的生活和文化、我们已有的经验和作品。《糖果总动员》动画系列片主要讲述在充满魅力的糖果镇里，一群可爱的糖果精灵用智慧和力量共同创造快乐美好生活的故事。影片注重传播中华优秀传统文化和真善美，引导少年儿童树立正确的世界观、人生观。引导学生了解数字作品创作的流程和职业岗位要求，明白数字艺术创作的背后，是无数从业人员默默耕耘，以国家强大为己任，以科技创新为驱动，以精益求精、追求卓越的精神投入到创作工作中。身边师生的作品极大地激发了学生的学习热情。（辅之以相关视频资料）

第三步：教师讲解——师生互动。

设计问题：数字艺术职业岗位对个人素质的要求有哪些？

师生并进：教师讲解动画、影视、游戏等不同类型作品的特点和工作内容。课堂适时提问，教师要随时捕捉学生的掌握动态与接受程度，灵活把控节奏。

学生按照现实中的数字艺术岗位、工作模式、行业规则来进行角色扮演。沿着“实践—理论—企业专家指导—实践”这一思路，让学生更积极地、更自主地投入到教学环节中。从实践到理论再到实践，层层递进，引导学生了解职业岗位要求，培育职业精神。

第四步：企业专家连线点评（3分钟）。

连线：动画导演谈角色设计理念。请企业专家从行业、市场角度点评课前学生的作业。从商业、岗位的要求深入分享数字艺术职业岗位要求，重点落在职业精神的培育上。

第五步：聚焦任务——知行合一。

动手实践：在教师的引导下，学生在已有的《糖果总动员》动漫角色基础上持续创新，加入更多新颖的设计理念。对接实际岗位，以动漫角色设计过程为主线，完成“发现糖果剧集里角色的问题”“糖果剧集里角色理念创新”两个任务。

总结升华：以教材和专业人才培养方案为基础，将“创新是国产动画的生命线”的职业理念融入教学，把传统文化、职业精神等思政元素融入课程，鼓励学生讲好中国故事，致力于培养富于创新、勇于开拓、兼具知识与技能的新时代动画人才。

第六步：课后作业——巩固提升。

课后布置线上作业和线下实践，进一步加深对数字内容产业职业岗位的理解，自觉践行职业规范和精益求精的工匠精神。同时布置进阶任务，有能力的学生完成《糖果总动员》角色的再创作。

4. 教学资源

（1）基本教学资源：《糖果总动员》动画剧集视频；深圳原创动画图片；线上教学平台全部微课视频、本次课教案、本次课教学演示文稿、作业测验课程教学演示文稿等。

（2）拓展教学资源：上海美术电影制片厂经典动画视频；央视批评动画游戏低俗化新闻视频；特色微课（含思政案例融入的教学微课）。

（四）教学评价

评价采用显隐结合的方式，从课前、课中、课后构建全流程评价过程体系。

1. 显性评价方式

在教学平台布置课前测试、课后作业，重点考核对知识点的掌握与理解；课中侧重实践能力的考核，小组互评与教师评价结合。本次任务考核重点：《糖果总动员》角色分析报告。其中，对角色的分析情况占评分的 60%；对角色的创造性改进占 20%；演示文稿制作，格式、美观性及完成态度等方面占 20%。

2. 隐性评价方式

根据学生对动画《糖果总动员》角色创制的工作过程的体验，观察学生对动画职业岗位的认识态度，评价学生通过本次课学习在思想意识上的收获。

（五）创新与反思

思政素材与教学内容契合度高，学生身边的案例——师生原创动画作品能激发学生的自豪感与自信心，有利于培养学生的职业素养和工匠精神。通过任务驱动教学法，强化学生对知识的理解运用，感受学习的快乐，做到知行统一，实现价值塑造与知识传授、能力培养的有机统一。

部分学生对数字艺术职业岗位理解不足，教师要有针对性地在课堂上加强指导，拓宽学生视野，引导学生从优秀数字艺术作品中观察、学习、积累创设经验，切实提高职业能力和素养。教师在更好地引导教学方面需进一步努力。

四、选用教材与参考资料

（一）选用教材

王效杰，郑锦燕 . 数字艺术概论 [M]. 北京：商务印书馆，2017.

（二）参考资料

1.《大圣归来》后的中国动画电影崛起之路

https://kns.cnki.net/kcms/detail/detail.aspx?dbcode=CJFD&dbname=CJFDAUTO&filename=DZLU202206033&uniplatform=NZKPT&v=gLaDFCj mFgK6O0s_bToC6Uw2ltAUzGCb_ZgFCpUtXaDs1gC3Z4cxIOobREAVjR

2. 中国数字媒体艺术的现状与发展趋势研究

https://kns.cnki.net/kcms/detail/detail.aspx?dbcode=CJFD&dbname=CJFD2012&filename=HHGX201224032&uniplatform=NZKPT&v=k_mLCAX HqfWVHwgOn9kHhzpLDZFlhJCU07FONle2hCHoS9WV4ZZg_brrfq0wRgH

3. 传承和弘扬中华优秀传统文化

http://www.cmse.gov.cn/kpjy/htzs/ttsj/202012/t20201218_47434.html

4. 云讲堂：百年历程中的伟大精神——工匠精神

http://theory.people.com.cn/n1/2021/0810/c40531-32187419.html

案例编写人：郑锦燕（数字创意与动画学院）

“纪录片策划与制作”课程思政教学案例

一、课程定位

本课程是广播影视节目制作专业高职三年制编导方向的专业拓展课程，通过本课程的学习和训练，学生将开阔视野，拓展思路，明白纪录片艺术创作的规律，掌握纪录片的前期策划、拍摄准备、素材采集、解说词撰写等工作的流程和技巧，能够架构纪录片的叙事结构，并且掌握纪录片的后期制作技术，具备独立完成影视制作前期策划、组织拍摄、后期编辑的职业能力。同时，培养学生树立爱国思想，具有传媒工作者的家国情怀、民族自豪感和职业荣誉感；具有民生意识，注重人文关怀；具有“纪录片人”的社会责任心；具有爱岗敬业、勇于创新的劳动精神和精益求精、文化自信的工匠精神以及良好的人文素养和职业道德。

二、课程思政整体设计思路

（一）课程思政整体设计理念

广播影视节目制作专业坚持职业教育产教融合的办学特色和为深圳经济社会发展服务的定位，培养理想信念坚定，德、智、体、美、劳全面发展的社会主义现代化建设事业需要的建设者和接班人。本专业围绕国家以及深圳影视行业产业重大需求，面向影视传媒、影视动画、数字媒体艺术行业的影视内容策划人员、影视制作专业人员、影视摄制人员等职业群体，培养主动适应媒体融合发展需要，扎实掌握本专业知识和技术技能，能够从事影视编导、影视摄像、影视摄影、影视剪辑、影视特效合成、影视栏目包装、录音配音、电脑音乐制作、影视传播、广告设计、文化创意、新媒体内容生产等工作，具备一定的人文素养、科学素养、创新意识、工匠精神和较强的就业创业能力、可持续发展能力与国际视野的复合式、创新型、高素质技术技能人才。“纪录片策划与制作”课程重点培养学生掌握非虚构纪实影片策划与制作的基本知识,具备影视编导、策划等相关岗位的职业能力，提升学生的专业认同感和职业使命感，使学生树立文化自信，以及守正创新、培根铸魂的理想信念。

彰显改革创新的时代精神的“特区电影”为深圳的影视制作行业提供了宝贵的精神财富，课程以此形成创新实践引领、特区精神铸魂的课程思政育人模式。坚持正确方向，将人民作为纪录片的表现主体，将创新精神贯穿创作全过程，并从中挖掘思政元素，将纪录片引领风尚、教育人民、服务社会的文化价值、艺术价值、社会价值作为课程思政建设目标。

课程以纪录片制作的全流程布局，进行项目化任务式教学。以“边做边学，边学边做”的教学设计，引用思政案例，融入个人与企业的真实项目，丰富育人载体，优化教学内容，引导学生记录和表达，培养学生深入生活、扎根人民的职业素养，着力提升学生的原创能力和不断拓展的创新意识，增强学生的理想信念，使其坚持正确的历史观、民族观、国家观、文化观，通过校内教育与校外实践结合，实现课程思政建设与专业教育质量的双向提升。

（二）课程思政整体设计框架

聚焦行业领域，以职业岗位能力为起点，以优秀的思政案例资源为基础，以个人和企业项目为载体,从课程的知识、能力和价值三位一体的教学目标出发，立足“培人生之根，铸民族之魂”的价值目标，确立“讲述深圳故事，弘扬特区精神”一条主线，挖掘课程思政教育切入点，将课程内容按照纪录片制作流程分解为五个分别对应若干实践任务和知识技能点的项目，针对每一个项目进行思政素材与教学内容的整合优化,形成以价值塑造为内涵、以实践任务为骨架、以知识技能点为内容的“纪录片策划与制作”项目化课程体系。

项目一主要是纪录片的基础理论知识，围绕纪录片的概念与形态类型等知识点，运用大量丰富的思政案例资源，融入中国纪录片史，让学生理解纪实影像的家国情怀；项目二至项目五结合国内国际的新形势、行业产业的新发展、大学生关注的新热点，引导学生关注乡村振兴、文化传承、社会服务、人文关怀等具有现实意义的思政题材，以个人或企业的真实项目为载体，按照纪录片制作的流程分解为四个大的项目步骤，详解思政案例，分析项目，制订策划方案。着眼较为复杂的真实项目，注重学思结合、知行统一，培养学生策划制作纪录片的实践能力，增强学生勇于探索的创新意识，以"深职匠心"理念培养学生逻辑严谨、耐心细致、团结协作、精益求精的职业素养和工匠精神。课程思政教学内容设计如图 1 所示。

三、课程思政教学案例

教学案例一　众里寻他千百度——纪录片选题确定之题材选择

（一）教学任务

项目二　"纪录片筹备"之任务 2.1.2　纪录片选题确定——题材选择

（二）课程思政教学设计

本次教学任务是纪录片的选题确定，根据媒体平台的属性以及大众传播的特点确定纪录片选题，在进行选题分析时引入该课程思政案例。

选取《话说长江》《再说长江》《百年小平》等纪录片，列举不同时代选题的时代特点。《话说长江》摄制于中国改革开放之初；《再说长江》看到时间的力量，看到改革开放之后中国的巨变。以此为案例，弘扬以爱国主义为核心的民族精神和以改革创新为核心的时代精神。

（三）教学实施

1. 教学目标

（1）价值目标：通过对纪录片选题内容的判定，让学生了解到好的选题应该具有时代性、人文性、新颖性，关注普通人物、弱势群体、边缘人群，关注民生，积极导入时事热点、地域性题材、中华优秀传统文化的传承与发展等思政元素，注重培养学生的宏观格局和思想深度，提高学生的社会责任感。

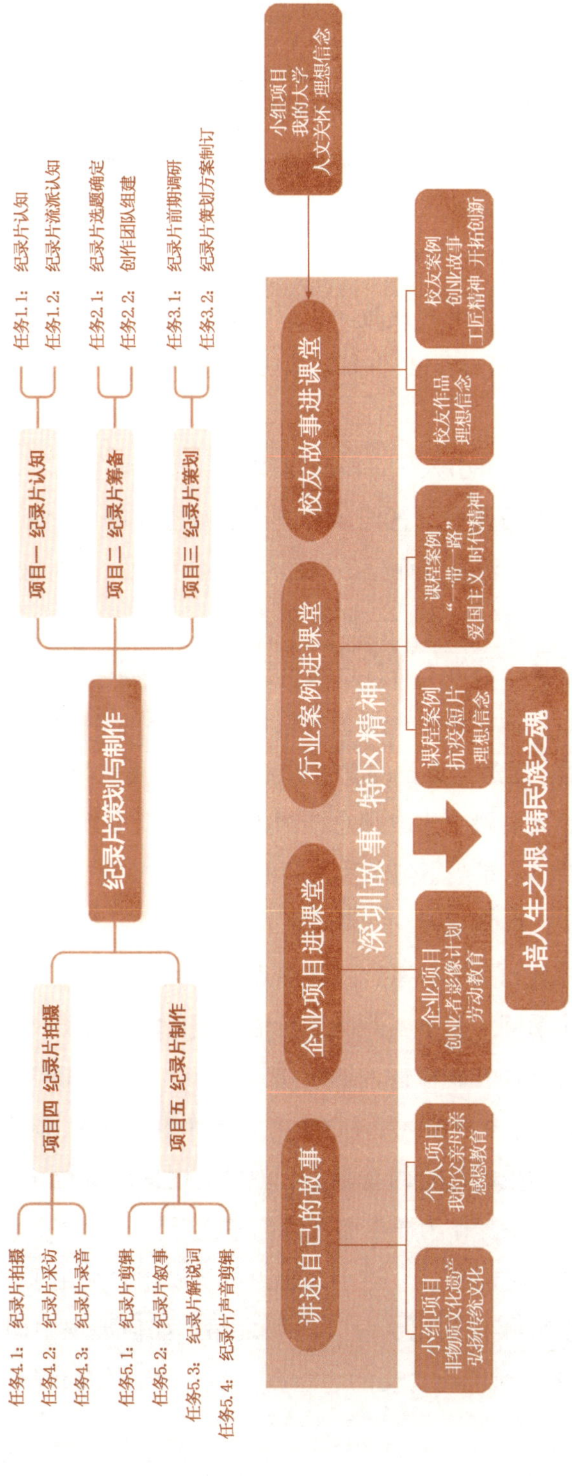

图 1 “纪录片策划与制作”课程思政整体设计框架

（2）知识目标：了解纪录片选题题材的应然性，不同传播平台的纪录片题材特点。

（3）能力目标：掌握寻找纪录片选题的方式，能够从内容角度判断一个题材是否适合拍摄纪录片，能够从影像叙事的角度判断一个题材是否能够拍摄纪录片。

2. 教学方法

采用线上线下混合式教学，以任务驱动为核心，主要运用启发教学法、问题教学法和案例分析法，并辅以官方网站、视频资源、案例等多种资料。

3. 教学过程

第一步：任务引入——调研媒体平台纪录片选题。

学生在课前调研央视纪录片频道、哔哩哔哩（B 站）纪录片、腾讯视频、优酷视频等平台流量或评分最高的前五名纪录片，分析这些纪录片的类型特色。

第二步：案例讨论——师生互动。

交流分享：请学生各抒己见，分享自己的结论——什么样的纪录片选题会受到欢迎。再让学生以小组为单位讨论与分享各自收集的素材和知识，达成二次互启学习。通过全方位的立体式分析，实现思政与课程你中有我、我中有你，不分彼此，高度融合。教师总结国内国际的新形势、行业产业的新发展、大学生关注的新热点是当下纪录片选题的重点方向。

第三步：教师分析——思政融入。

纪录片选题关注时事、关注热点，学生容易产生共鸣。学生结合自身的知识积累、生活阅历及事实判断、价值判断的能力对案例进行研究，既可增强学生学习的主动性和积极性，活跃课堂气氛，也可提高学生分析问题和解决问题的能力，提升综合素养，引导学生树立正确的历史观、国家观、民族观和文化观。

在肯定学生的结论的基础上，教师将时间维度拉长，以中国纪录片发展历程中优秀的纪录片作为样本加入讨论和分析。

在“选题的时代性”这个知识点的讲解中，采用了“丝绸之路”的案例。从 20 世纪 70 年代的纪录片《丝绸之路》如何展现中国人充满信心地走上改革开放之路；到世纪之交的《丝路，重新开始的旅程》展现在中国经济腾飞的背景下，中国人民对于美好生活的渴望，对未知世界的好奇，对内心信念的坚持；再到 2010 年以后的《一带一路》《对望：丝路新旅程》《丝绸之路经济带》，体现中国政府提出“一带一路”的倡议，高举和平发展的旗帜，积极发展与沿线国家的经济合作伙伴关系，通过纪录片讲述“一带一路”的意义和愿景。这样的例证不仅使学生掌握选题操作对于时代性的关注，也让学生了解了国家一路走来是如何进取和开拓的，那种不断探索和不断创新的进取精神使“丝绸之路”在不同时代散发着不同的魅力，从而激发学生的爱国之情与民族自豪感。

在选题的人文性这个知识点的讲解中，选择了中央电视台制作的 50 集系列纪录片《留住手艺》（2012）、百集电视纪录片《手艺》（2011—2017），两部纪录片既记录了那些即将消失的巧夺天工的传统技法，也记录了手艺人的坚守，引导学生关注地域特色的非遗传承和发展、生态保护、人文关怀等题材，从而认同本民族的文化体系，形成强烈的民族自豪感和认同感，增强文化自觉和文化自信。

第四步：聚焦任务——知行合一。

着手实践：讨论完毕后，在教师的引导下，学生留意自己身边的人和事，为本课程开题做准备。

总结升华：挖掘家乡地方文化背后的故事，导入脱贫攻坚的人物事迹、乡村振兴事业历程，基于学生自身情感认同循序渐进的选题操作能增强学生与课程思政的粘合性，从而更为显著地提升课程思政教育的育人效果，更好地使学生树立科学思维，同时培养学生高尚的情操和服务社会的意识，提升学生的专业修养、文化自信、民族自豪感、工匠精神、人文关怀精神。

第五步：课后作业——实地调研。

课后学生在家乡进行实地调研，自觉践行职业规范和勤奋的工作态度，以选题原则寻找确定可拍的人物与事迹，下节课进行选题阐述。

4. 教学资源

（1）基本教学资源：线上教学平台全部微课视频、本次课教案、本次课教学演示文稿、作业测验课程教学演示文稿等。

（2）拓展教学资源：中央电视台纪录片、哔哩哔哩（B 站）纪录片、腾讯纪录片、优酷纪录片。

（四）教学评价

优化课程考核方式，从知识、技能、价值等层面多元达标评价学习成果。探索线上线下相结合，诊断性评价、过程性评价、终结性评价相结合，以“学习成果”为导向的考核模式。线上教学平台布置知识点测试，重点考核对知识点的掌握与理解；课中重视教学任务完成的情况，侧重实践能力的考核，线上评论区数据、课堂表现、小组互评与教师评价结合。本次任务 2.1.2 的考核重点：纪录片的选题。最终对结课影片实行加权评分，见表 1。

表 1　结课作品评分

序号	内容	评判依据	分数
1	主题	时代性、人文性、故事性、新颖性	0 ~ 15
2	拍摄	基本拍摄技巧、纪实等拍摄手法的运用	0 ~ 20
3	采访	采访形式、采访内容	0 ~ 15
4	剪辑	主线明晰，有逻辑性，节奏流畅，舒张有致	0 ~ 20
5	故事	故事化的叙事应用	0 ~ 15
6	声音	音质清晰、音色合理	0 ~ 15
	总分	100	0 ~ 100

（五）创新与反思

教授过程中让学生走出书本，进行选题调研，可以是自己的父母，可以是家乡的手工艺传承人，也可以是先进模范人物，甚至可以是普普通通的小人物，多看多听多接触多体会，自己去感受生动的表现形式，自发产生情感，在开阔视野、增强实践能力的同时，提升人文素养和精神内涵，用更浅显易懂、直白生动的表达方式，弘扬社会正能量。

学生走出去，要获得别人的拍摄、采访许可还是有一定的难度，尤其是比较内向、不太善于表达自己的学生。要鼓励他们大胆沟通，同时要分享一些与人打交道的技巧，促使其将所学知识转化为内在认同，相信自己，终究可以迈出这一步。

教学案例二 “待到山花烂漫时”——在《武汉，我们等你》中坚信家国力量

（一）教学任务

项目五 “纪录片制作”之任务 5.2.3 纪录片叙事——节奏

（二）课程思政教学设计

本次教学任务是完成对纪录片节奏知识点的掌握，并对正在剪辑的项目进行节奏调整，在介绍“纪录片剪辑”时引入课程思政案例《武汉，我们等你》。

《武汉，我们等你》是新冠肺炎疫情在武汉暴发后，由来自武汉的媒体人二更、祝家老司机创作的抗疫短片。短片展现了疫情中空寂的武汉“不吵、不堵车”，像是被按下了暂停键，但是全国的驰援来了，党和国家领导人的慰问来了，全国各地的医护人员来了，基建人员来了，只为同一个目的——把武汉还给我们。令人振奋的音乐响起，“按下播放键的武汉”又回来了，影片结束在大家齐力高喊的“武汉加油”中，声音厚重坚定。

这个短片让万千网友“热泪盈眶”，并得到大量的转发。它给疫情中的人们带来感动、震撼，同时也更加坚定了人们在党和国家的领导下的抗疫决心。这个案例从理论体系看，短片节奏变化明显，舒张有致，是非常适合讲解纪录片节奏知识点的案例。同时，该案例在疫情期间的课堂被使用，使得同样身处疫情的学生体会到片中人物平凡而伟大的情感和行为，体会到在灾难面前，国家力量的强大和人民的向心力、凝聚力之强。

（三）教学实施

1. 教学目标

（1）价值目标：通过对《武汉，我们等你》短片的分析，了解纪录片的节奏，同时通过短片感受疫情中武汉的“暂停”与“播放”，体会到在灾难面前，国家力量的强大和人民的向心力、凝聚力之强，让学生增强民族自豪感，同时也坚定学生抗疫的决心。通过对项目纪录片的剪辑训练，完成影片的节奏设定和调整。

（2）知识目标：了解纪录片叙事节奏的种类，了解纪录片节奏的变化规律，掌握纪录片剪辑节奏的方法。

（3）能力目标：能够在纪录片后期编辑中，剪辑出合理的外部节奏和内部节奏。

2. 教学方法

采用线上线下混合式教学，以任务驱动为核心，主要运用启发教学法、问题教学法和案例分析法，并辅以官方网站、视频资源、案例等多种资料。

3. 教学过程

第一步：任务引入——提出问题。

依据纪录片拍摄的项目素材，进入后期编辑阶段。提出问题：影片框架搭建完成，如何形成纪录片的节奏？纪录片节奏有哪些？有什么样的表现形式？如何建构节奏，如何调整节奏？（线上视频资源）

第二步：案例分析——问题式教学。

观看《武汉，我们等你》，引导学生认识纪录片节奏，了解纪录片节奏类型（外部节奏、内部节奏、视觉节奏、听觉节奏）。学习重点和难点是节奏之间的转换，分析影片是如何进行节奏变换的。

第三步：教师讲评——思政点睛。

针对难点，教师进行集中讲解。从疫情的武汉到八方驰援的武汉，纪录片节奏是如何从慢变快的？首先是内部节奏，影片具有三幕式的结构，具有故事节奏的基因。此外，从视觉节奏上看，缓慢的节奏显示疫情中的武汉像是被按下了暂停键，空旷寂寥。74 号镜头“期待武汉重新按下播放键”之后，画面的主体无论是人还是车都鲜活起来，还加入延时镜头、快拉镜头，有些动作还使用了加速的效果，变快的节奏让我们看到了期待回归正常的武汉。从镜头剪辑上看，第一幕介绍武汉空城情况，平均镜头时长 1.4 秒；在第一情节点，也就是各方开始援驰武汉、为武汉加油之后，一切都有了能量，一切都生动起来，情绪处于攀升阶段，这个时候镜头平均时长 0.94 秒，显然节奏快了很多。

思政点睛：按了暂停键的武汉是缓慢的，按了播放键的武汉是充满活力的，是什么让这一切发生了变化？是党和国家的关怀，是八方驰援，是各行各业奋力的拼搏！在纪录片第 49 秒的时候，我们看到全国驰援武汉，背景音乐的节奏顺着滑行的飞机画面变快了，解说的语气也从之前的伤感变成叙述性的——“疫情从武汉到全国，支援从全国到武汉”，同期声采访和解说一唱一和，交替出现，画面与节奏一下充满了力量，而这力量随着节奏不断升华，在第1分09秒的时候，音乐随着吉他的一个拨弦升调了，更加提振人心，这个时候的画面内容转变为医护人员护理病人，施工现场正争分夺秒盖医院，病人康复出院，同期采访我们听到的是医生的信心、施工人员的奋战和康复患者的感激。在第1分28秒的时候，一句解说“别怕，再等一等！”，所有的节奏休止，随即一阵鼓点响起，一列高铁驶来，音效配合着高铁的轰鸣声，节奏瞬间加快，人群、大排档、樱花、热干面，24秒的时间近40个镜头，剪辑率增加了一倍，在以贝斯为背景的快节奏音乐里，间或加入情景同期声，我们看到一个按了播放键的武汉……

价值引领：这就是一个大国的力量。在灾难面前，强大国家的力量和人民的向心力、凝聚力，让我们能看到那么多逆行者纷纷奔赴武汉，使武汉的疫情迅速得到遏制，让观众对暂停的武汉充满恢复正常的期待。通过分析，让学生增强民族自豪感，也激发他们的家国情怀，从而使他们深刻体会到社会主义制度的优越性。

第四步：聚焦任务——知行合一。

动手实践：学生回到自己正在进行的项目，根据已掌握的纪录片节奏的所有知识点，为现在已经搭建起框架结构的纪录片设计节奏。鼓励小组学生头脑风暴，讨论决定纪录片的节奏模式，同学之间要注意协作学习，由导演定夺最终方案。

总结升华：总结纪录片节奏的类型以及节奏调整的方式，体验学习获得感。掌握节奏调整的方法，具有良好的审美能力和艺术探索精神和创新意识，能够根据项目的要求，创造性地开拓更加具有时代气息的艺术表现手法，养成注重细节、精益求精的工匠精神以及良好的协作精神。

第五步：课后作业——实施方案，巩固提升。

课后，学生依据讨论的节奏方案，在PR软件里对项目素材实施剪辑，进一步达到精剪状态。

4. 教学资源

（1）基本教学资源：线上教学平台全部微课视频、本次课教案、本次课教学演示文稿、作业测验题库等。

（2）拓展教学资源：《武汉，我们等你》视频、分镜头脚本、解说词；项目拍摄素材。

（四）教学评价

优化课程考核方式，从知识、技能、素质等层面多元达标评价学习成果。探索线上线下相结合，诊断性评价、过程性评价、终结性评价相结合，以“学习成果”为导向的考核模式。线上教学平台布置知识点测试，重点考核对知识点的掌握与理解；课中重视教学任务完成的情况，侧重实践能力的考核，线上评论区数据、课堂表现、小组互评与教师评价结合。本次任务 5.2.3 的考核重点：纪录片的节奏。最终对结课影片实行加权评分，对结课作品评分（同表 1）。

（五）创新与反思

结合课程教学项目的载体，融入与课程相关的思政案例，不仅能拓展学生的专业视野，同时能激发学生的民族自信与爱国情怀。通过任务驱动教学法和项目驱动教学法，强化学生对知识的理解运用，在自己拍摄的素材剪辑中感受各种剪辑方式的效果，做到知行统一，实现价值塑造与知识传授、能力培养的有机统一。

整理剪辑素材时，强调学生要注重条理性，做到细致认真，践行工匠精神。学生的实际运用和操作能力还有一定提升空间，教师在更好地引导教学方面需进一步努力。

四、选用教材与参考资料

（一）选用教材

赵鑫，刘峰，冯春燕，等 . 纪录片创作实用教程 [M]. 北京 : 中国传媒大学出版社，2019.

（二）数字教学资源

1. 深圳职业技术学院慕课堂——“纪录片策划与制作”

https://mobilelearn.chaoxing.com/widget/pcpick/main/index?courseId=217025141&jclassId=37933435&fid=1860&status=0&s=&cpi=0

2. 中国大学慕课——“纪录片策划与制作”

https://www.icourse163.org/spoc/learn/SZPT-1449646161?tid=1463346442#/learn/content

（三）其他教学资源

公众号：纪录片观察；中国纪录片研究中心；爱上纪录片；广州国际纪录片节；央视纪录；CNEX 纪录片。

微博：纪录片之家；微博纪录片；纪录片精选；口袋纪录片；Discovery 纪录片；纪录片之声；纪录片在线；中国纪录片推荐。

（四）参考文献

[1] 希拉 · 柯伦 · 伯纳德 . 纪录片也要讲故事 [M]. 孙红云，译 . 北京：北京联合出版公司，2015.

[2] 王竞 . 纪录片创作六讲 [M]. 北京：北京联合出版公司，2014.

[3] 黎小峰 , 贾恺 . 纪录片创作 [M]. 北京：中国国际广播出版社，2018.

[4] 迈克尔 · 拉毕格 . 纪录片创作完全手册 [M]. 北京：何苏六，等，译 . 4 版 . 中国传媒大学出版社，2005.

[5] 赵玉亮 . 纪录片创作实训 [M]. 广州：中山大学出版社，2014.

案例编写人：王卓慧（数字创意与动画学院）

“三维建模基础”课程思政教学案例

一、课程定位

本课程是数字媒体艺术设计专业的一门专业基础课，落实产教融合、德技并修理念，将知识传授、能力培养和价值观引导融为一体，帮助学生掌握扎实的三维建模知识和技能，能够根据各个领域的发展和需求，建模、制作出优良的三维模型，同时引导学生牢固树立崇尚劳动、热爱劳动、辛勤劳动、诚实劳动的劳动精神和执着专注、精益求精、一丝不苟、追求卓越的工匠精神，热爱中华优秀传统文化，培养爱国主义精神，增强“四个自信”。

二、课程思政整体设计思路

（一）课程思政整体设计理念

数字媒体艺术设计专业的人才培养理念是培育具备一定的人文素养、科学素养、创新意识、工匠精神和较强的就业创业能力、可持续发展能力与国际视野的复合式、创新型、高素质技术技能人才。

落实到课程的思政目标是以习近平新时代中国特色社会主义思想为指导，以《中共中央 国务院关于支持深圳建设中国特色社会主义先行示范区的意见》提出的发展更具竞争力的文化产业为建设方向，以培养又红又专、德技并修、全面发展的高素质技术技能人才为根本要求，以社会主义核心价值观为核心内容，着力构建全员、全过程、全方位的课程思政建设，切实落实立德树人根本任务。引导学生运用新技术创造性转化和创新性表达，弘扬中华优秀传统文化、以爱国主义为核心的民族精神和以改革创新为核心的时代精神。

课程思政的整体设计目标就是教学设计上遵循职业教育办学规律；以校企联动联建为实施路径，课堂教育与校外企业实践相结合，课程项目与企业岗位、技能大赛、技能证书相结合，深挖具有改革创新精神的典型大事件，结合教学案例融合探索创新精神、精益求精的数字工匠精神、科技报国大师精神，实现课程教学质量和思政建设的双向提升。

（二）课程思政整体设计框架

着眼 3D 虚拟数字资源的应用领域，以职业岗位能力为起点，以企业项目 + 虚拟项目 + 赛事项目（“三结合”）为载体，从课程的知识、能力和价值三位一体的教学目标出发，立足价值目标核心，挖掘不同领域课程思政教育切入点，依托“人物事迹、优秀作品背后的故事、赛事主题、党建历程、传统文化、企业发展”等思政素材展开案例设计。将课程内容分解为 9 个分别对应若干实践任务和知识技能点的项目，针对每一个项目进行思政素材与教学内容的整合优化，形成以价值塑造为内涵、以实践任务为骨架、以知识技能点为内容的“三维建模”项目化课程体系。

课程对标所属专业的国家标准，对接新职业的工作任务需要，结合 1+X 证书标准和技能大赛，校企共同制订专业人才培养方案，修订课程标准，重构教学模块为 3 个阶段、9 个项目。3 个阶段分别是基础阶段、课赛阶段和课岗阶段。基础阶段以袁隆平事迹作为导入内容，以农业农村为载体，运用三维模型制作技术构建基础场景模型。在项目中，学生深刻感受奉献意识，学习了解社会职业核心价值观，乡村振兴、脱贫攻坚的伟大成绩，坚定道路自信、制度自信；课赛阶段聚焦“中国航天日宣传海报设计大赛”等时事主题，融入中国传统文化设计理念，使学生感悟航天精神，熟练掌握基础建模技术，在提升参加各类赛事的核心竞争力的同时，传承中国传统文化，坚定文化自信，培养改革创新的时代精神；课岗阶段对接电商视觉、建筑可视化、工业造型、游戏、角色 IP 等行业实际岗位。3 个阶段教学任务从基础到进阶到高阶到综合，逐层递进。中华美育精神作为思政主线贯穿整个教学过程。

1. 基础阶段

项目一需要初学者认识制作软件，熟悉基础操作。通过融入著名画家丢勒的事迹，以“爱”之名开启美好的学习之旅，同时宣扬一丝不苟的工作态度，引导学生像画家一样用自己的双手做奋斗一生的事情，热爱专业，同时具备家庭美德和职业道德。

项目二围绕社会主义核心价值观，以袁隆平事迹展开，讲述其创建“乡村农场”，为乡村振兴宣传事业作出巨大贡献。

2. 课赛阶段

项目三和项目四为课赛结合项目，聚焦每年时事主题，展开设计任务，在掌握基础建模技术的同时，树立文化自信和培养开拓创新的时代精神。

3. 课岗阶段

项目五至项目七在学生熟练软件操作和掌握基础建模方法的基础上，分别进入电商视觉、建筑可视化、工业造型、游戏、角色 IP 等行业领域，融入生活价值观、致敬经典、传统文化的创新传承等正能量引导，结合不同领域的规范要求，培养学生以新时代数字工匠精神完成符合验收标准的模型资源。

项目八为游戏 VR 模型，央视建党 100 周年特别节目《信物百年》中“马尾手榴弹”的数字还原。学生通过所学技术，360 度三维全景还原红色信物，让革命氛围充盈教室，让学生重回历史场景，鲜活、生动地传播红色文化。

项目九角色 IP 模型中，用新晋网红“三星堆”引导学生深入了解和学习璀璨的中华文化，从而坚定文化自信。融入 VR、AR 技术，让传统文化同当代技术巧妙结合，以新时代“正确打开方式”创新创意地传播考古发现和民族文化，增强学生的专业认同感和使命感。

课程思政的教学内容设计如图 1 所示。

三、课程思政教学案例

教学案例一 国潮回归——神秘三星堆盲盒

（一）教学任务

项目九 “角色 IP 类模型”之任务 1.2 角色面部模型制作

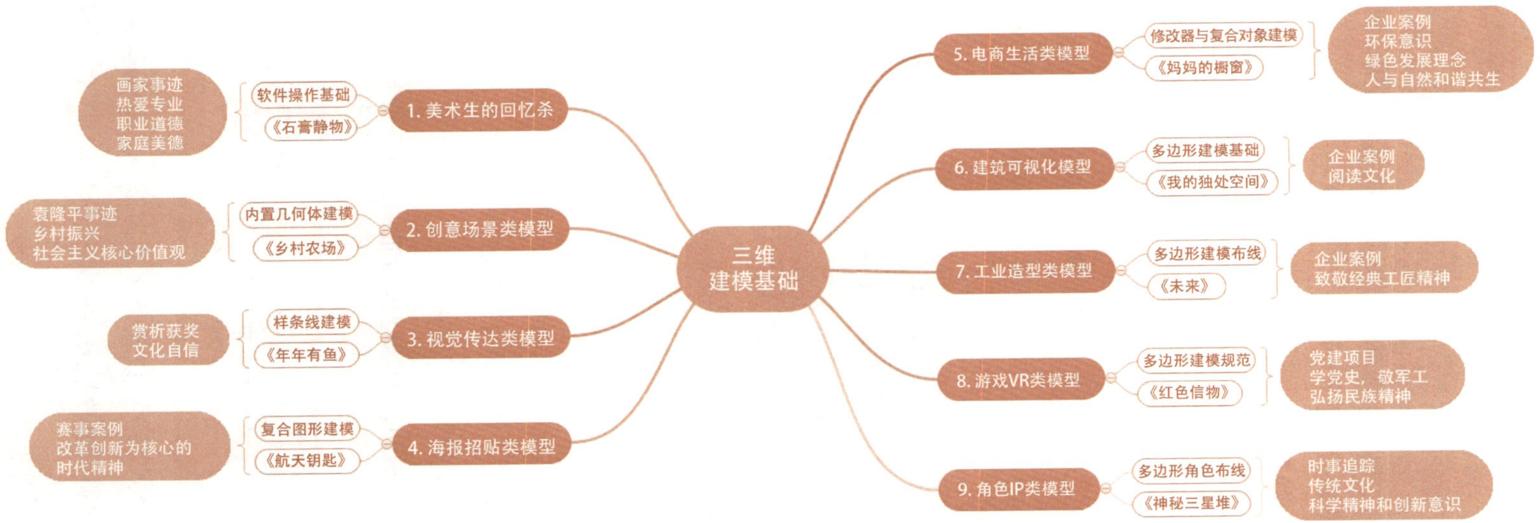

图 1　“三维建模基础”基于课程思政的教学内容设计

（二）课程思政教学设计

本次教学任务是完成角色面部模型的布线制作，选用“三星堆面具”作为思政案例。

选用“三星堆文物面具”，设计原因有三：一是角色模型的制作，对于零基础学习者来说，最好的学习途径是从头部布线训练起，从简单的角色形象训练起。由面部布线延展到头部、身体、服饰等循序渐进地来完成角色整体形象。文物面具作为角色模型训练的基础案例非常合适。二是文物可以让学生更好地了解传统文化，充分发掘文物背后的故事、历史价值、历史地位，让文物不再冰冷和高不可攀，通过数字化还原让文物传承变得鲜活起来。文物传承之所以重要，是因为它是一个国家的印记，如果没有了这些特殊的印记，那么这个国家就没有自己的根和魂。三是“面具”作为教学案例，就是将中国传统文化元素与现代数字化实践教学有机结合起来。在考核建模技能和知识点的同时，润物无声地普及了中国传统文化。同时，能发挥学生无尽的想象力，衍生后续完整的角色设计和应用，做出学生自己的盲盒，体现深职院文创盲盒典型性应用影响力。

（三）教学实施

1. 教学目标

（1）价值目标：通过介绍三星堆文化，让学生认识华夏文明中神秘的、威严的特色器物，心生敬畏崇钦。同时，致敬考古工作人员发掘、提取工作的严谨与精细，以此培养学生的数字工匠精神。

（2）知识目标：了解角色面部结构与肌肉走向，掌握角色面部建模的方法与技巧。

（3）能力目标：学生具备认真、严谨、细致的工作作风和反复推敲布线方案的工作能力。

2. 教学方法

采用线上线下混合式教学，以任务驱动为核心，主要运用启发教学法、问题教学法、对比教学法和小组教学法，并辅以“学习强国”APP、新闻等各类网站、视频资源、案例等多种资料。

3. 教学过程

第一步：任务引入——提出问题。

慕课网平台后台展示预习情况（线上视频资源），并发布以下两个问题：①三星堆文物在古蜀社会中占何种地位？古蜀人如何使用它？②角色面部布线的基本原则是什么？以问题引导步入正题：对古蜀先民而言，青铜面具肯定具有非同一般的意义；三星堆的新发现将为我们了解三星堆先民的社会和精神世界提供新的契机。（线下视频资源：文物解读新闻）我们作为数字艺术工作者，要结合自己的专业与古人来一场穿越数千年的对话。

第二步：案例探究——小组讨论。

每个小组分发一份“面具”照片和若干透明 PVC 塑料纸，小组在组长带领下比对文物照片，用布线原理的理论知识作指导，绘制“面具”的布线线稿。小组成员对比线稿图找差距，并确定正确的布线方案，上台汇报讨论结果。

第三步：教师评讲——思政点睛。

教师对每组进行点评，对于方案准确无误的小组给予赞赏并作为班级学习典范；对于方案有误的小组，采取对比教学法找差距，结合布线原理指出问题和解决方法，帮助学生真正理解和消化知识，而不是死记硬背；对于不规范的方案，则进行思政点拨：考古工作人员小心翼翼地挖掘每一件古物，发掘历时半年之久，反复推敲和论证提取方案，他们以一丝不苟的态度认真对待工作的使命感值得我们学习，我们要同样严肃地对待角色面部布线的工作，以这种心态看待正在制作的模型。

第四步：聚焦任务——知行合一。

动手实践：在教师的示范带领下，学习角色面部建模的思路，选择最优的布线方案一步步制作模型。小组成员互帮互助，完成优秀的三星堆面具模型复原任务。有需要的学生可以单独观看慕课网录制的操作视频，自行查漏补缺。

总结升华：通过“面具”案例的训练，总结得出人物角色面部布线的一般规律。教师可列出不同人物角色的图片资料，通过提问互动、点评模型等方式让学生具备分析与举一反三的能力，体验学习获得感，树立逻辑严谨、条理清晰的科学精神和精益求精的工匠精神。

第五步：课后作业——巩固提升。

以“面具”作为起点，设计三星堆文物角色创意，开发盲盒应用。同时，承上启下地引出任务三的话题与教学内容（完整的角色制作）。

4. 教学资源

（1）基本教学资源：深圳乐宜文化基本情况介绍；教师走访企业图片；IP 产品应用相关图片；线上教学平台全部微课视频、本次课教案、本次课教学演示文稿、作业测验课程教学演示文稿等。

（2）拓展教学资源：角色模型布线规范；角色模型赏析资料；特色微课等。

（四）教学评价

评价采用显隐结合的方式，以知识、能力、价值构建三位一体评价目标体系，从课前、课中、课后构建全流程评价过程体系。具体教学评价权重见表 1，评分标准见表 2。

表 1　教学评价权重

考核方式	过程性考核（60 分）			终结性考核（40 分）	增值性评价（10 分）
	平时考勤	项目训练	网络学习	期末考试（闭卷或开卷）	大赛获奖、职业资格证书获取等
分值设定	10	30	20	40	10
评价主体	系统 教师	教师 学生互评	系统	企业专家高年级学长专业教师	专业教师
评价方式	线上线下结合	线下	线上	线下线上结合	线下

表 2　考核项目评分标准

考核方式	考核项目	评分标准（含分值）
过程性考核	平时考勤	迟到、早退一次计负 2 分，旷课一次计负 5 分（共 5 分）
	项目训练	线下 3 次实操考核（各 10 分，共 30 分）：设计方案（包括资料图、参考图）10%；模型制作精良、布线合理 40%；模型规范 30%；提交规范 20%
	网络学习	在线视频 40%，讨论交流 30%，在线测验 30%（共 20 分）
终结性考核	期末考试闭卷（开卷）	—
增值性评价	大赛获奖	与课程相关设计类大赛，一类赛项一等奖 10 分、二等奖 7 分，二类赛项一等奖 7 分、二等奖 4 分（每人增值性评价总分不超过 10 分）
	职业资格	证书获取与课程相关的职业资格证书获取，一项 5 分（每人增值性评价总分不超过 10 分）

1. 显性评价方式

线上教学平台布置课前测试、课后作业，重点考核对知识点的掌握与理解；课中重视教学任务完成的情况，侧重实践能力的考核，小组互评与教师评价结合。本次任务 1.2 的考核重点：角色面部布线的规范。对学生的价值精神体认“数字工匠精神”进行记录并持续跟踪，最终形成学生态度发展轨迹报告。

2. 隐性评价方式

从学生对“面具”制作的认知与实践等方面观察学生分析角色、理解布线原理、总结人物头部布线规律的能力，评价学生通过本次课学习在思想意识上的收获。

（五）创新与反思

结合课程教学项目的载体，融入与课程息息相关的技术话题、文物探究话题，不仅能拓宽学生的专业视野，同时能激发学生的文化自信和民族自豪感。通过任务驱动教学法循序渐进地强化学生对知识的理解运用，使其在实践中感受学习的快乐，做到知行统一，实现价值塑造与知识传授、能力培养的有机统一。

在制作角色模型的过程中，强调学生要注重工作步骤的条理性，做到细致认真，践行工匠精神。学生的实际运用和操作能力、理论与实践相结合的能力还有一定提升空间，教师在更好地引导教学方面需进一步努力。

教学案例二 红色信物——聚焦革命历史坐标

（一）教学任务

项目八　“游戏 VR 类模型”之任务 1.2　次时代硬表面游戏道具模型制作

（二）课程思政教学设计

本次教学任务是完成 PBR 次时代硬表面游戏道具模型制作，选用红色信物“马尾手榴弹”作为思政案例。

进入新时代，面对新形势，如何更好地宣传军工历史、弘扬军工文化，引导更多的年轻人投身国防事业，成为军工宣传工作面临的一道时代课题。习近平总书记在全国宣传思想工作会议上指出，要推动中华优秀传统文化创造性转化、创新性发展，继承革命文化，发展社会主义先进文化。课堂上带领学生观看纪录片《军工记忆》片段，听一批亲历或见证重大历史事件的军工人讲述其亲身经历和难忘故事，以小见大反映国防科技工业从无到有、从弱到强的发展历程和伟大成就，激发学生参与本院李亮院长的系列 VR 党建游戏项目的热情，让更多的年轻人能够深入了解烽火硝烟的战争年代和数不尽的英雄，发扬红色传统，传承红色基因。

（三）教学实施

1. 教学目标

（1）价值目标：通过介绍马尾手榴弹的来源和故事，让学生感受马尾手榴弹的设计所蕴含的军工人的大智慧。勿忘历史，铭记红军战士为我们创造壮美山河所付出的代价。学生在增强民族自豪感之时，应具备游戏模型师的职业素养，以及精益求精的工匠意识。

（2）知识目标：了解次时代游戏模型制作的流程与规范。

（3）能力目标：学生具备认真、严谨、细致的工作作风和反复推敲布线方案的工作能力，以达到该领域模型验收的标准。

2. 教学方法

采用线上线下混合式教学，以任务驱动为核心，主要运用启发教学法、问题教学法、对比教学法和小组教学法，并辅以“学习强国”APP、新闻等各类网站、视频资源、案例等多种资料。

3. 教学过程

第一步：任务引入——提出问题。

慕课网平台后台展示预习情况（线上视频资源），并发布问题：我们不是生活在一个和平的年代，而是生活在一个和平的国家，感谢为我国国防事业做出贡献的军工人。请说一说你印象中最为深刻的军工成就，分享背后故事，向“中国军工人”致敬。（线下视频资源：史料解读新闻）我们作为数字艺术工作者，要结合自己的专业做好每一件军工物品。

第二步：案例探究——小组讨论。

每个小组分发一份“红色信物”及其史料。仔细观察与分析物件三维模型还原的工作步骤、技术、难点和解决方案。组长提出统一的规范要求，包括中模、高模、低模的布线规则，模型与材质贴图的命名规范，提交规范，人员分工等。上台汇报小组工作计划。

第三步：教师评讲——思政点睛。

教师对每组进行点评，对于工作流程安排妥当的小组给予赞赏并作为班级学习典范；对于模型制作方案与史料不符或工作安排不妥当的小组采取对比教学法找差距，指出问题和解决方法，帮助学生真正理解和消化知识；对于没有正确认知军工文化，没有做好相关材料充分准备的小组，则进行思政点拨：通过《我和我的祖国·相遇篇》中的邓稼先，动漫电影《江南》中“少年强则国强”的励志故事等案例的讲述，唤起学生的爱国情怀，致敬老一辈用生命换回现在美好生活的军工人。我们更应该用实际行动做好代表“红色信仰”的历史模型。

第四步：聚焦任务——知行合一。

动手实践：在教师以“马尾手榴弹”为例的示范带领下，学生看到教师严格地按照企业验收模型的规范要求，一步步完成工作流程。制作过程中充分互动，让学生参与教师的制作，引导学生掌握次时代模型制作流程。部分学生可以单独观看慕课网录制的操作视频，自行查漏补缺。

总结升华：通过“马尾手榴弹”案例的训练，总结学习流程与规范。教师再次列出各组搜集的“红色信物”与图片资料，通过提问互动、点评模型等方式让学生具备分析与举一反三的能力，体验学习获得感，树立逻辑严谨、条理清晰的科学精神和精益求精的工匠精神。

第五步：课后作业——巩固提升。

以“马尾手榴弹”的案例作为次时代硬表面游戏道具模型的起点，使学生掌握独立制作道具模型的能力。举一反三，面对其他硬表面物品同样严谨地对待，尊重历史，反复推敲布线方案，达到模型验收标准。

4. 教学资源

（1）基本教学资源：深圳黑超游戏公司基本情况介绍；教师走访企业图片；游戏产品应用相关图片；线上教学平台全部微课视频、本次课教案、本次课教学演示文稿、作业测验课程教学演示文稿等。

（2）拓展教学资源：游戏道具、场景布线规范；游戏道具模型资源赏析资料；特色微课等。

（四）教学评价

评价采用显隐结合的方式，以知识、能力、价值构建三位一体评价目标体系，从课前、课中、课后构建全流程评价过程体系。

1. 显性评价方式

线上教学平台布置课前测试、课后作业，重点考核对知识点的掌握与理解；课中重视教学任务完成的情况，侧重实践能力的考核，小组互评与教师评价结合。本次任务 1.2 的考核重点：游戏硬表面道具模型制作流程与规范。对学生的价值精神体认“数字工匠精神”进行记录并持续跟踪，最终形成学生态度发展轨迹报告。

2. 隐性评价方式

从学生对“马尾手榴弹”制作的认知与实践等方面观察学生分析硬表面模型，理解布线原理，总结规则、规范、注意事项等的综合能力，评价学生通过本次课学习在思想意识上的收获。

（五）创新与反思

结合课程教学项目的载体，融入与课程息息相关的技术话题、历史故事话题，不仅能拓宽学生的专业视野，同时能唤起学生的爱国情怀和红色信仰。通过任务驱动教学法循序渐进地强化学生对知识的理解运用，在实践中感受学习的快乐，做到知行统一，实现价值塑造与知识传授、能力培养的有机统一。

在制作游戏道具模型的过程中，强调学生要注重工作步骤的条理性，做到细致认真，践行工匠精神。每一组学生因选择不同的红色信物，难易程度不同，会影响整体教学进度。因此，教师应更加合理地安排制作的模型案例，避免小组之间的落差，提升全班学习热情和个人学习的自信心。

四、选用教材与参考资料

（一）选用教材

郭宇 . 3D 动画模型——结构模板及布线准要 [M]. 重庆：西南师范大学出版社，2014.

（二）参考书目

1. 宋再红 . 三维角色建模实战 [M]. 沈阳：东北大学出版社，2018.

2. 刘明 . 虚拟现实 VR 模型制作项目案例教程 [M]. 北京：中国水利水电出版社，2018.

3. 刘正旭 . 模神——3dsMax 多边形建模完美表现 [M]. 北京: 电子工业出版社，2010.

4. 王琦 .Autodesk 建筑可视化设计师标准培训教材 [M]. 北京：人民邮电出版社，2009.

（三）参考资料

1. 1929 年秋，李强研制出了我党第一部无线电台

https://v.qq.com/x/cover/mzc00200w9qrf4g/j0039zn0yd4.html

2. 马尾雷手榴弹

https://tv.cctv.com/2021/05/19/VIDEg5wPDtElMLlMwwRm576W210519.shtml?spm=C55953877151.PjvMkmVd9ZhX.0.0

3. 火上春晚的三星堆青铜大面具，发掘背后故事

https://finance.sina.com.cn/jjxw/2022-01-31/doc-ikyamrmz8519983.shtml

案例编写人：许　蕤（数字创意与动画学院）

“知识产权理论与实务”课程思政教学案例

一、课程定位

“知识产权理论与实务”课程是法律事务专业的一门专业基础课，旨在培养学生保护创新的法治精神和共享共治的产权保护精神。此课程依托马克思主义知识产权理论体系，根据司法实践的知识产权工作流程，从系统论和整体论的角度设置课程教学环节，为新时代我国知识产权辅助人员岗位培养人才，在理论与实践相结合中锻造学生的职业素养和专业能力。

二、课程思政整体设计思路

（一）课程思政整体设计理念

“知识产权理论与实务”课程对标知识产权辅助人员岗位要求，依据马克思主义知识产权理论体系，根据司法实践中“申请—确权—运营—保护”的工作流程，构建了“六个融合”的特色课程思政模式。教学团队提炼课程思政建设目标：“实现知识产权强国战略，培养德法兼修知识产权辅助人才”；梳理课程思政核心元素“创新”（著作权）、“突破”（专利权）、“传承”（商标权）、“保护”（其他知识产权）；构建“中国成就”“文化自信”“突破垄断”“共治共享”“中华品牌”等思政建设内容；明确课堂辩论和角色扮演等思政元素融入方法；设置志愿服务和法律援助等思政实践项目。

此外，为实现课程思政建设的最优效果，课程制作了60个原创动画、30

个原创游戏和 300 分钟在线微课等信息化资源，在已建成的“知识产权理论与实务课程评价平台”基础上，增加了课程思政的教学评价模块。

通过“以中国道路引领深层价值，以家国情怀浸染品格底色”“以知识传授锻造职业素养，以时代精神激发责任担当”和“以岗位要求重构教学流程，以技能培养助力价值内化”相联结的课程思政建设方式，潜移默化地让学生在讲（课堂讲授）、查（查阅资料）、做（社会实践、现场调研、展示课件、微视频、数字故事）、演（演讲、报告、编剧演出）、论（讨论、辩论、论文、论坛）中，感悟到在国际形势日趋复杂、西方霸权日趋猖獗的当下，坚持并践行中国特色知识产权道路的紧迫感，从而树立积极学习知识产权专业知识的决心，坚定投身于中国知识产权事业的历史使命感和社会责任感。

课程思政建设体系如图 1 所示。

（二）课程思政整体设计框架

“知识产权理论与实务”课程根据专业人才培养方案，对接知识产权法务助理等多元化岗位需求，结合高校知识产权精英赛与法律职业资格考试的要求，重构本课程的教学内容为 5 个模块，分别为知识产权概述、著作权法律实务、专利权法律实务、商标权法律实务以及其他知识产权。考虑到知识产权作为无形产权的抽象性，每个模块教学内容的重点难点各有不同，课程思政建设也应当有所侧重，据此，课程组提出了以“六融六双”为特色的全方位课程思政建设模式，如图 2 所示。

其一，政校双元，加强课程设计。在既有课程设计的基础上，增进同中国（深圳）知识产权保护中心、深圳市司法局与深圳市中级人民法院的交流，强化政校合作以加强顶层设计适应性，搭建课程专业与思政内容设置合理框架。

其二，内外双融，充实教师队伍。首先，授课教师立足知识产权法律制度的特殊视角、理论与方法，紧密结合历史逻辑、知识逻辑和价值逻辑，优化创新课程的思政话语体系。其次，积极引入课程思政专家，重构知识产权课程思政教学目标、研究课程建设模式，指导授课教师优化课程思政的内容供给。最后，以赛促教、以赛促研，鼓励课程授课教师参加青年教学能力大赛、课程思政微课大赛、课程思政教学比赛，特别是全国职业院校教学能力大赛

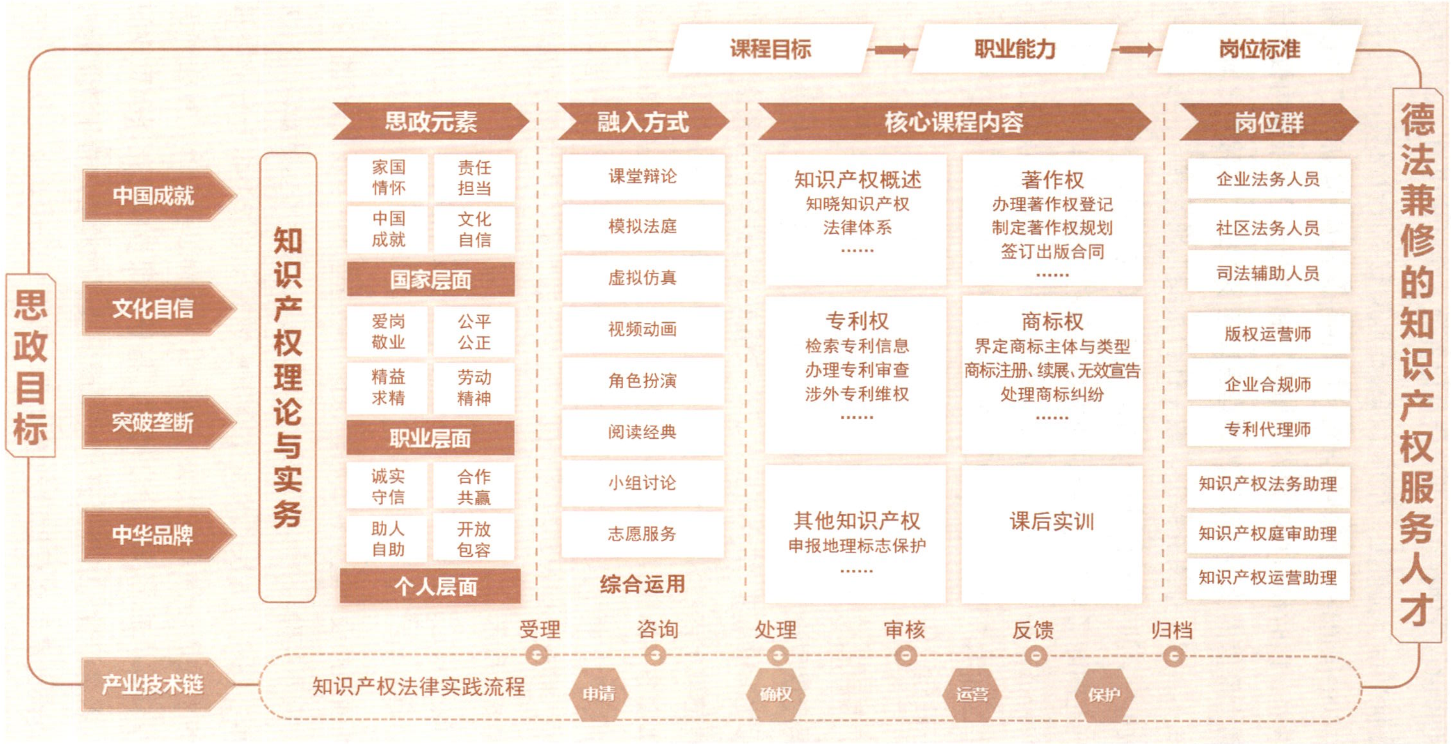

图 1 “知识产权理论与实务”课程思政建设体系

图 2 “六融六双”课程思政建设模式

等重量级赛事。

其三，目标双立，细化课程目标。课程应实现“立德”“树人”双目标，突出“德才兼备、以德为先”的教育理念，围绕“价值引导、知识传授、能力培养”相结合的育人理念，结合各模块实际情况细化知识传授，与价值引导同频共振。

其四，主辅双线，挖掘思政元素。课程项目设置基于“申请—确权—运营—保护”的知识产权岗位流程，平行设置了“创新—突破—传承—保护”的课程思政建设主线，挖掘思政元素，梳理知识产权中国成就、非遗传承文化创新、突破外国专利垄断、保护中华品牌发展、尊重知识产权权益等主题，讲好中国故事，全景展示知识产权的中国路径和中国方案。

其五，师生双行，拓展教学方式。授课教师拓展教学方式，让学生充分参与到课程思政教学中来。首先，依托法律人工智能体验中心和虚拟现实实训基地等特色教学资源，突破时空局限，打破既有课程模式。其次，在已有授课系统的基础上，融入课程思政教学模块，对学生思政案例关注程度、思政事迹感想、思政案例总结、课堂任务完成等进行分类别、多层次和差异化的评价数据收集。最后，设置融入课程思政要素的实训项目，拓展实践教学的手段方式。

其六，显隐双评，优化评价机制。课程采用知识评价（显性）和价值评价（隐性）相结合的全过程评价方式。课前通过调查问卷和个别访谈等方式，掌握学生对思政要素的理解，课中引导学生完成思政教学内容，课后系统观察学生的思想动态情况。

三、课程思政教学案例

教学案例一 “辩论之中见真章”——正确看待著作权保护期限，共享共治建设人类命运共同体

（一）教学任务

项目二 “著作权法律实务”之任务 2.1 走进著作权

（二）课程思政教学设计

本次教学任务在辩论结束的学习体会总结环节引入该课程思政案例。

本次教学任务的辩题：著作权保护期限是否应当延长。组织学生围绕此辩题展开辩论，引导学生在辩论结束后对我国著作权保护进行反思。作为一名法律学子，我们应当关注全球著作权治理体系的新变化，应当树立人类命运共同体的理念，应当坚守著作权法的立法初心。由此引出习近平总书记关于知识产权保护的“习语”：“既严格保护知识产权，又确保公共利益和激励创新兼得。”

这个案例旨在通过对著作权保护期限的讨论，激发学生建设人类命运共同体的责任感，引导学生正确看待著作权法对于积累人类共同的精神文明和财富的正向作用，进而树立平衡、普惠、开放、共享的知识产权保护观。

（三）教学实施

1. 教学目标

（1）价值目标：通过“以中国道路引领深层价值，以家国情怀浸染品格底色”的课程思政基本建设思路，潜移默化地让学生在讲、查、做、演、论中，感悟到在国际形势日趋复杂、西方霸权日趋猖獗的当下，坚持并践行中国特色知识产权道路的紧迫感，从而树立积极学习知识产权专业知识的决心，坚定投身于中国知识产权事业的历史使命感和社会责任感。

（2）知识目标：了解著作权保护期限的发展历史，掌握著作权保护期限长与短的意义与后果，理解著作权保护期限对于建设人类命运共同体的重要意义。

（3）能力目标：掌握辩论的基本技巧和方法，学会使用辩证法来对所辩辩

题进行正反两方面的论证与解释，在辩论过程中培养学生的逻辑分析与归纳总结能力。

2. 教学方法

采用线上线下相结合教学，以任务驱动为核心，主要运用课堂辩论教学法、问题教学法和小组教学法，依托法律人工智能体验中心和虚拟现实实训基地等特色教学资源，突破时空局限，打破既有课程模式。

3. 教学过程

第一步：任务引入——提出问题。

通过“书籍是人类进步的阶梯”“科学技术是第一生产力”等名言引出著作权保护对于人类文明进步的重要意义——著作权保护通过赋予作者创作之火和创作之心来实现对作者创作的保护。引导学生思考：为什么著作权会有保护期限？著作权的保护期限应该有多长？是否应当延长著作权的保护期限？

第二步：课堂辩论——正反讨论。

围绕辩题，带领学生进行“著作权保护期限是否应当延长”的辩论，以正反双方课堂辩论的方式对该主题进行深入探讨，引导学生进一步思考：我国著作权保护期限是否应当像大多数国家的做法那般进行延长？进行延长的现实依据是什么？进行延长会有怎样的现实后果或意义？

第三步：教师讲评——思政点睛。

自由辩论结束后，教师引导学生通过手机终端对辩论结果进行线上投票。教师进行集中讲解，引用习近平总书记关于知识产权保护的重要讲话，点出著作权保护对于建设人类命运共同体的重要意义，强调著作权法对于积累人类共同的精神文明和财富的正向作用。

思政点睛：著作权保护期限是否应当延长的问题，实际上是如何看待知识产权对人类文明贡献的价值问题。目前，以美国为代表的西方国家奉行知识产权霸权主义，对中国企业在著作权、专利权等领域实施技术封锁和技术禁运，使我们在技术进步和思想传播上受到了一定的限制，面临着不小的挑战。这种知识产权霸权主义对建设人类命运共同体也有很大的消极影响。我们应当认识到，建设人类命运共同体是全体人类的共同使命，而著作权的保护对于积累人类文明成果、传播知识、促进社会进步具有非常重要的作用。

第四步：聚焦任务——知行合一。

动手实践：在教师的示范带领下，学生掌握辩论的技巧和方法，注意将学习到的知识点融入辩论过程，正反双方要注意协作配合，以完成辩论。

总结升华：总结著作权保护期限是否应当延长的正反方观点。掌握著作权保护期限是否应当延长的要领，树立逻辑严谨、条理清晰的科学精神和法治精神，是新时代法科学生的必修功课。

第五步：课后作业——巩固提升。

课后布置拓展任务，检索法律数据库和相关网站，找到关于著作权保护期限是否应当延长的最新讨论，了解关于著作权保护期限的最新观点和趋势。

4. 教学资源

（1）基本教学资源：习近平总书记关于知识产权保护的重要讲话；线上教学平台全部微课视频、本次课教案、本次课教学演示文稿、作业测验课程教学演示文稿等。

（2）拓展教学资源：各国著作权保护期限的相关资料；《傅雷家书》案相关资料；中国知识产权保护中心相关情况介绍。

（四）教学评价

采用了贯穿式的课程思政评价方法与机制。课前通过调查问卷和个别访谈的方式摸排学生思想状况，在线采集学生的学习行为数据，对学生的学习态度与学习进度开展大数据实时预评价；授课时重复进行过程性评价，利用课堂辩论与案例分析等教学环节采集学生的态度与情感表现，教师在师生互评环节根据学生的职业素养、家国情怀等思政维度给出形成性评价；课后针对实训项目引入企业专家对学生的思政知识与行业认知状态进行真实性评价。在循环若干次前述形成性评价后，设置知识产权“小达人”“小卫士”“小勇士”三个层级式的终结性评价称号，直观展现学生的思想动态。

（五）创新与反思

针对知识产权课程特点，强调课程教学与学科育人相结合，增强学生的价值判断能力、价值选择能力和价值塑造能力，将思政元素有机融入法律职业辅助人才培养当中。

通过合宜的课程教学设计，全景展示知识产权保护的中国路径和中国方案。与时俱进，通过智能技术支撑打造课程思政金课。借助最新的法律 AI 和虚拟仿真技术，瞄准未来知识产权法务助理岗位需要，原创大量动画、游戏、视频等课程资源，探索智能化时代的课程思政新样态。

教学案例二 “实地调研话护航”——评析专利海外维权典型案例，探索专利保护中国特色道路

（一）教学任务

本次课选自模块三任务 7“专利海外维权”，教学内容包括我国企业专利海外维权的现状、问题、经典案例等。通过本任务的学习，激发学生对我国民族企业进行专利海外维权的兴趣，引导学生探寻我国企业专利海外维权的有效途径，增强学生的民族自信心和自豪感。

（二）课程思政教学设计

本次课以中国企业海外维权的经典案例为切入点，领会新时期我国专利海外维权的重要意义，激发学生学习专利海外保护的责任感和使命感。利用思维导图搭建专利海外维权的整体认知架构。借助中国科学院微电子研究所诉英特尔侵犯专利权案等资源，在情景模拟、案例展示和参观调研的任务中全面理解专利海外保护的价值、特点和途径。

（1）课前：通过典型案例学习中国企业在海外进行专利维权的历程，初步唤起学生的责任感和使命感；

（2）课中：进行专利海外维权的情景模拟，培养学生对我国突破西方国家专利霸权的认同度；

（3）课后：通过对专利维权服务机构的现场调研和尝试撰写专利诉讼禁令，强调在法律的框架下进行专利维权。

（三）教学实施

1. 教学目标

（1）价值目标：围绕国家“卡脖子”的芯片专利，培养学生的家国情怀，

认识专利海外保护的痛点、难点。理解海外维权的价值，树立海外维权的意识，培养规则意识，树立国家利益和国家安全理念。

（2）知识目标：理解专利海外维权的现状、概念、特点，熟悉专利海外维权的方式。

（3）能力目标：能区分专利海外维权的诉讼与和解方式，运用专利海外维权的方法分析时事问题。

2. 教学方法

采用线上线下相结合教学，以任务驱动为核心，主要运用课堂辩论教学法、问题教学法和小组教学法，依托法律人工智能体验中心和虚拟现实实训基地等特色教学资源，突破时空局限，打破既有课程模式。

3. 教学过程

第一步：任务引入——提出问题。

讲解案例“中国科学院微电子研究所诉英特尔侵犯专利权案”，指出作为芯片行业巨头的英特尔拒不承认抄袭中国科学院技术，向国家知识产权局提出复审的要求，双方僵持不下。2018 年 9 月，国家知识产权局给出答复，认为中科院对 FinFET 技术拥有持有权，英特尔确实存在侵权行为。引导学生思考中国企业和司法机构如何进一步加强专利权海外保护。这个案例旨在通过对民族企业进行海外专利维权的讨论，提出问题，引导学生总结中国企业专利海外维权胜诉的原因。

第二步：案例分析——引导思考。

教师进行案例分析，引导学生思考：专利海外维权究竟应该采用诉讼方式还是和解方式？如何才能在世界舞台上勇于维护中国企业合法权益？要求学生通过检索资料，梳理发言提纲，明确小组分工。

第三步：教师讲评——思政点睛。

通过学生发言，教师引导学生通过手机终端对发言评分进行线上投票。教师对维权方式和维权路径进行集中讲解，引用习近平总书记关于知识产权保护的重要讲话，点出专利权海外维权对打破西方国家技术垄断的重要意义，强调此次中科院的维权行动前前后后拖延了将近 3 年，英特尔的败诉也从侧面印证了美国依靠霸权主义支持自家企业横行霸道的时代已经一去不复返了。与此同时，中国专利海外维权遇到了巨大的挑战，这也启示我们中国企业必须提高自主创新能力，从而加强话语权。

第四步：聚焦任务——知行合一。

动手实践：教师发布专利诉讼禁令模板，让学生起草禁令。发布“参观维正知产保护中心发布海外专利禁令”的实训任务。强调实训要求，指导学生根据实训内容，分组完成参观调研和记录撰写实训项目。学生掌握调研提纲和专利诉讼禁令的构成要件，注意将学习到的知识点融入调研问题设计过程。

总结升华：通过撰写实训报告，让学生学会梳理法律事实，并根据法律条文撰写专利禁令，增强规则意识，提高实践能力，增强维护企业专利海外保护的信念。

第五步：课后作业——巩固提升。

课后集中观看中国专利海外维权纪录片《七百天的较量》，利用“学习强国”APP 推荐《中国专利的海外维权还需“亮剑”》，随后教师布置拓展任务，要求学生收集更多的专利海外维权案例，并总结相关案情，引导学生在课后思考中国企业和司法机构如何进一步加强专利权保护。

4. 教学资源

（1）基本教学资源：习近平总书记关于知识产权保护的重要讲话；线上教学平台全部微课视频、本次课教案、本次课教学演示文稿、作业测验课程教学演示文稿等。

（2）拓展教学资源：中科院诉英特尔案件相关资料；维正知识产权公司相关情况介绍与现场调研承诺。

（四）教学评价

本课程采用了贯穿式的课程思政评价方法与机制。课前通过调查问卷和个别访谈的方式摸排学生思想状况，在线采集学生的学习行为数据，对学生的学习态度与学习进度开展大数据实时预评价；授课时重复进行过程性评价，利用课堂辩论与案例分析等教学环节采集学生的态度与情感表现，教师在师生互评环节对学生的职业素养、家国情怀等思政维度给出形成性评价；课后针对实训项目引入企业专家对学生的思政知识与行业认知状态进行真实性评价。在循环若干次前述形成性评价后，设置了知识产权“小达人”“小卫士”“小勇士”三个层级式的终结性评价称号，直观展现学生的思想动态。

（五）创新与反思

针对知识产权课程特点，强调课程教学与学科育人相结合，增强学生的价值判断能力、价值选择能力和价值塑造能力，将思政元素有机融入法律职业辅助人才培养当中。

通过合宜的课程教学设计，全景展示知识产权保护的中国路径和中国方案。与时俱进，通过智能技术支撑打造课程思政金课。借助最新的法律 AI 和虚拟仿真技术，瞄准未来知识产权法务助理岗位需要，原创大量动画、游戏、视频等课程资源，探索智能化时代的课程思政新样态。

四、选用教材与参考资料

（一）选用教材

吴汉东．知识产权法 [M].7 版．北京：法律出版社，2021.

（二）参考资料

1. 中美知识产权辩论视频

https://video.sina.cn/news/2019-05-30/detail-ihvhiews5630209.d.html

2. 走好中国特色知识产权发展之路

https://baijiahao.baidu.com/s?id=1731229722753422270&wfr=spider & for=pc

3.《梅花烙》著作权维权案剪辑版视频

https://www.iqiyi.com/w_19rs4tsekd.html

4. 中国申请专利数一举打破美国霸主地位，然而中国专利的海外维权还需“亮剑”

http://wenhui.whb.cn/third/zaker/202102/22/393067.html

5. 700 天的较量

http://www.cctv.com/program/jjyf/20070424/101500.shtml

案例编写人：王　莹（经济学院）

“标准化与生活”
课程思政教学案例

一、课程定位

本课程是一门通识教育核心课程，作为深圳高校领域的新兴课程，在质量强国战略的大背景下，旨在培养学生标准化思维、科技强国、爱岗敬业、勇于创新、诚信服务、国家自信、德法兼修的思想政治素养与职业素养，掌握标准和标准化的概念、标准分类及适用范围、标准与标准化的意义与作用、国家标准化战略、标准化方法，了解衣食住行乐常用标准内容，具备运用标准及标准化方法解决现实问题与创新的能力，以及初步具备制定标准和编写标准的能力，为全校所有专业培养专业 + 标准化的复合型高技能人才。

二、课程思政整体设计思路

（一）课程思政整体设计理念

标准是经济活动和社会发展的技术支撑，是国家基础性制度的重要方面。标准化在推进国家治理体系和治理能力现代化中发挥着基础性、引领性作用。2021 年 10 月中共中央和国务院印发的《国家标准化发展纲要》指出，新时代推动高质量发展、全面建设社会主义现代化国家，迫切需要进一步加强标准化工作。要将标准化纳入普通高等教育、职业教育和继续教育，开展专业与标准化教育融合试点，造就一支熟练掌握国际规则、精通专业技术的职业化人才队伍。本课程的目的就是为全校各专业的学生在掌握专业知识与技能的基础上添加标准化理念、知识和技能，使他们成为专业与标准化融合的高技术高技能的复合型人才，希望他们为我国质量强国、全面建成社会主义现代化强国、实现中华民族伟大复兴的中国梦贡献力量。

本课程的课程思政整体设计理念：引导学生深入社会实践、关注现实问题，树立以标准创造美好生活、以标准促技术、以标准促质量、以创新和质量强国的理想信念，培养爱国敬业、勇于创新、诚信服务、严谨规范的思想政治素养与职业素养，增强学生的国家自信和民族自信，增强学生实现中华民族伟大复兴的责任感和使命感。

（二）课程思政整体设计框架

本课程的教学内容设计思路：遵循“必须”“够用”的标准选取教学内容，注重知识的“应知”、能力的“应会”、素质的“应备”。在强化学生对标准与标准化的基本概念、分类、作用、方法，以及国家标准化战略的了解与认识的基础上，选取与学生日常生活紧密相关的衣、食、住、行、玩中出现的现实问题，从标准的角度进行解答，从标准化的角度解决生活中出现的问题。课程采用专题化课程设计，共分为 8 个专题，分别是认识标准及标准化、标准化与社会发展、标准化与饮食、标准化与着装、标准化与居住、标准化与出行、标准化与文娱、标准化实践。每个专题从现实生活中选取具有代表性的困惑点和兴趣点，以案例解析为切入点，引导学生学习标准和运用标准，从而获得标准的知识和技能。

基于上述的教学内容设计进行本课程的课程思政设计，课程思政整体设计思路如下：本课程的核心主题“标准”和“标准化”本身就是思政元素，故本课程以标准与标准化的思政元素为主线，8 个专题课程内容蕴含的核心思政元素为标准创造美好生活、标准促技术、标准促质量、创新强国和质量强国；从选取的案例、论据材料等方面挖掘出的思政元素有技术创新、国家自信、文化自信、科技强国、质量强国、爱岗敬业、诚信服务、严谨规范等。这些思政元素为主线的分支，主线与支线整合形成以标准和标准化铸魂、创新与质量强国的课程思政育人模式。

课程思政教学内容设计如图 1 所示。

图1"标准化与生活"课程思政教学内容设计

三、课程思政教学案例

教学案例一 以标准促创新——激发技术创新的激情，承担技术发展的重任

（一）教学任务

专题二　“标准化与社会发展”之 2.1　标准跟技术的关系是什么？

（二）课程思政教学设计

本次课程介绍标准与技术之间的关系、标准化与技术创新之间的关系。标准化是技术创新的基础，是托起技术创新和产品创新的平台。标准具有促进技术创新、技术推广，传承、促进技术国际交流和发展等作用，但同时，标准也是技术壁垒的重要形式。课程知识点通过麦当劳、中国光伏行业的发展、美国制裁华为事件、美国禁止进口中国 KN95 口罩事件四个案例来讲解，将课程思政元素融入案例，通过学生对案例的分析、归纳和理解，实现价值增值的目标。

（三）教学实施

1. 教学目标

（1）价值目标：激发学生技术创新的激情，培养学生对标准化的浓厚兴趣，激发学生的国家自信，树立承担未来技术发展重任的愿望。

（2）知识目标：使学生知道标准化是托起技术创新和产品创新的平台，标准具有促进技术创新、技术推广，传承、促进技术国际交流和发展等作用，标准是技术贸易壁垒的重要手段。

（3）能力目标：了解标准对技术发展的重要作用后，能利用标准化方法进行技术创新。

2. 教学方法与手段

采用线上线下混合式教学，以问题为驱动，主要运用案例教学法、小组研讨法、启发教学法，并辅以专家事件分析视频、新闻报道、教学视频等多种资料。

3. 教学过程

（1）课前

让学生提前查阅中国光伏业发展史、美国制裁华为事件和美国禁止进口中国 KN95 口罩事件资料，了解更多案例的相关内容。

（2）课中

第一步，引出问题：你认为标准跟技术的关系是什么？

学生自由回答，以此调动学生的学习兴趣和求知欲。

第二步，案例分析和研讨。

① 发给学生 4 份资料，一份是麦当劳案例，一份是中国光伏业发展史，一份是美国制裁华为事件，一份是美国禁止进口中国 KN95 口罩事件资料。

② 将学生分成 8 个小组，每 2 个小组阅读相同的资料，对资料中蕴含的标准和技术问题进行讨论，并阐明标准与技术的关系和理由，以及对案例所述内容的感想。

思政融入：中国光伏行业发展史、美国制裁华为事件和美国禁止进口中国 KN95 口罩三个案例中都蕴含着多种思政元素，通过让学生分享对案例所述内容的感想，引导学生就标准与技术对行业和国家的意义进行思考。

第三步，小组研讨成果分享。

每个小组介绍研讨成果和对案例的感想，每组分享完后，教师在点评时融入思政元素。

思政融入：通过麦当劳案例得出标准化对技术的推广作用；通过中国光伏行业的发展案例说明标准化对技术发展与创新的作用，借此让学生了解我国光伏行业在世界的地位，我国光伏标准引领世界标准，以及我国对全球碳中和使命的大国担当与贡献；通过美国制裁华为事件的原因说明标准是占据市场先机与引领行业技术的法宝，从此案例中不仅看到民族企业在通信领域的技术领先于发达国家的光荣一面，同时也看到我国在芯片和操作系统等软件领域受限于人的一面，从而激发学生以技术创新发展为己任的使命感；通过美国禁止进口中国 KN95 口罩事件案例说明标准也可以成为技术壁垒，以达到某些政治和经济目的。

第四步，重点和难点讲解。

重点讲解：标准化促进技术创新，通过标准化对中国技术的贡献数据来说明标准化对技术创新的作用。难点讲解：标准是技术壁垒的工具，对美国制裁华为事件和美国禁止进口中国 KN95 口罩事件进行讲解，以专家对美国制裁华为事件的解读视频辅助讲解。

思政融入：从美国制裁华为事件和美国禁止进口中国 KN95 口罩事件可以看出，以美国为首的一些发达国家为了打压中国的崛起，以标准为手段压制我国高新技术的发展、限制我国产品进入他们的市场。为了突破困局，我们需要大力发展技术和进行科技创新，提高自身的技术标准要求，以达到引领世界标准与技术的水平，从而不再受制于他国。以此使学生树立为行业、为国家创造先进技术的责任担当。

第五步，课程总结。

总结本次课内容，标准化是技术创新的基础，标准化是托起技术创新和产品创新的平台，标准具有促进技术创新、技术推广，传承、促进技术国际交流和发展等作用,但同时标准也是技术壁垒的重要形式。在课程总结后,以央视"'中国标准'代表世界技术的发展方向"的视频点亮学生心中为行业、为国家创造先进技术的激情和梦想，以及树立国家自信和自我实现的信心。

（3）课后

在线上教学平台发布拓展学习资料。

4. 教学资源

麦当劳案例、中国光伏业的发展情况、美国制裁华为事件、美国禁止进口中国 KN95 口罩事件四个案例资料；"'中国标准'代表世界技术的发展方向"新闻视频；专家解读美国制裁华为事件的视频；线上教学平台全部微课视频、本次课教案、教学演示文稿等。

（四）教学评价

按照"考核内容综合化、考核形式多样化、考核过程全程化"的思路，探索形成过程性与终结性、显性与隐性相结合的多元化课程思政考核评价方式。评价采用显隐结合的方式，从课前、课中、课后构建全流程评价过程体系。

1. 显性评价方式

课前在“学习通”平台布置案例阅读材料，考核学生的完成情况；课中评价每个小组案例研讨成果的分享内容，采用小组自评、互评和教师评价相结合的方式，在课程总结后，通过“学习通”平台考核学生对重点知识点的掌握与理解；课后对学生在线上教学平台的拓展学习完成情况进行评价。

2. 隐性评价方式

评价学生在小组研讨过程中的积极性、参与度、对问题看法的价值取向、对待小组成员意见的态度等方面。

具体评价指标设计见表 1。

表 1　评价指标设计

<table>
<tr><th>评价方式</th><th colspan="11">显性评价 + 隐性评价</th><th>显性评价</th></tr>
<tr><td>评价过程</td><td>课前</td><td colspan="10">课中</td><td>课后</td></tr>
<tr><td rowspan="2">评价内容</td><td rowspan="2">阅读任务完成情况</td><td colspan="4">研讨成果分享</td><td rowspan="2">知识点考核</td><td rowspan="2">价值观</td><td colspan="4">研讨过程</td><td rowspan="2">拓展资源学习</td></tr>
<tr><td>观点</td><td>论证</td><td>感想</td><td>表达</td><td>积极性</td><td>参与度</td><td>价值取向</td><td>团体合作</td></tr>
<tr><td>分值比例</td><td>10%</td><td>20%</td><td>20%</td><td>10%</td><td>10%</td><td>10%</td><td>5%</td><td>2.5%</td><td>2.5%</td><td>2.5%</td><td>2.5%</td><td>5%</td></tr>
<tr><td>评价主体</td><td>每名学生</td><td colspan="4">每个小组</td><td colspan="7">每名学生</td></tr>
</table>

（五）创新与反思

1. 创新

创新点一：全方位、全过程的课程思政教育。全方位是指课程内容方面包含思政元素，课程内容为标准、标准化、技术，这些元素本身就是思政元素；课程选择的案例富含思政元素；课程评价包含思政元素的评价。全过程是指不仅是课中，课前和课后也都融入思政元素。创新点二：思政元素丰富，以标准促技术为主线，培养学生的科学精神和创新精神，使其树立国家自信；以树立科技强国、标准强国的使命感为支线，将多项思政元素融入教学当中。

2. 反思

课堂上安排小组分享时，只是分享了对本小组负责案例的看法，没有安排学生分享对其他小组案例的看法，其实学生课前对其他案例已有了解，如果分享与其他组不同的看法，更能激发学生思考，拓展学生的视野，也能活跃课堂气氛。思政元素较多，应进行一定的提炼。

教学案例二 我国食品标准并不比发达国家低——通过对比我国食品标准与发达国家的标准，树立国家自信

（一）教学任务

专题三　“标准化与饮食”之 3.1　发达国家的食品标准比我国高?

（二）课程思政教学设计

本次课程主要内容是介绍中国食品安全标准体系和中国食品安全法。每年的“3 · 15”国际消费者权益日报道的食品安全问题较多，学生对我国食品安全问题最关心，他们认为出现食品问题的原因可能是我国的食品标准缺乏或者标准技术水平低。社会上大多数人也认为国外发达国家或地区的食品标准比我国高，很多人宁愿大费周折从国外购买婴幼儿奶粉，也不愿意买国产奶粉。通过本次课，让学生对我国的食品标准有正确的认识，从而树立国家自信。

（三）教学实施

1. 教学目标

（1）价值目标：通过与发达国家食品标准的对比，使学生认识到我国食品标准技术水平并不比发达国家低，部分指标还严于发达国家，从而树立国家自信。通过食品安全法的学习，使学生了解法律，做遵纪守法的人。

（2）知识目标：了解我国的食品安全标准体系；了解我国食品安全法的主要内容；了解以奶粉和生乳为代表的我国标准与发达国家标准的对比情况。

（3）能力目标：对我国食品标准体系有了全面的、系统的认识后，能在生活中更好地运用食品标准，提高生活品质。

2. 教学方法与手段

采用线上线下混合式教学，以问题为驱动，主要运用案例教学法、小组研讨法、启发教学法，并辅以专家事件分析视频、新闻报道、教学视频等多种资料。

3. 教学过程

（1）课前

将学生分成 8 个小组，提前将中国、日本、美国、新西兰的奶粉和生乳标准共 8 份标准文本发给学生，每个小组阅读一份标准内容，为课程活动做准备。

（2）课中

第一步，抛出问题。

每年的“3·15”国际消费者权益日报道的食品安全问题较多，学生是不是对我国的食品安全不是很有信心？很多人从国外或香港代购婴幼儿奶粉，难道国外的婴幼儿奶粉标准比我国的高吗？进一步推断，是不是发达国家的食品标准普遍比我国高？

学生自由谈自己的想法，教师不做评价。

第二步，案例引入。

给学生播放两个视频，一个是介绍奶粉标准的视频。视频通过国内外奶粉标准的比较，得出结论：我国的奶粉标准高于国外发达国家，国人可以放心给婴幼儿吃国产奶粉。另一个视频介绍牛奶的标准，视频通过国内外生乳标准的对比，得出结论：我国生乳标准的几项重要指标比发达国家宽松得多，牛奶质量与荷兰、新西兰无法比。两个视频的观点完全相反，那么实际情况究竟如何？乳制品是人们日常最常饮用的饮品之一，以乳制品为代表的我国食品标准在国际上的水平究竟如何？请学生通过比较我国标准与日本、美国、新西兰国家标准自己得出结论。

第三步，标准内容研讨、比较，得出结论。

- 组成研讨小组：将课前阅读奶粉标准的 4 个组重新组成新小组，新的小组由分别阅读了中国、美国、日本、新西兰标准的 4 位成员组成，这 4 位成员分别来自原 4 个小组。阅读生乳标准的 4 个组按同样方式重新组成新小组。
- 标准内容比较：每个小组制作一份标准指标参数比较表，将标准的主要技术指标列出来，并将 4 个国家的标准指标参数值填写在表格中，通过比较得出小组结论。

● 小组结论分享：每个小组介绍 4 个国家标准的比较结果，以及小组得出的结论。

● 教师点评与讲解：对上述的活动进行总结和点评。实际上我国的食品标准指标并不比发达国家的标准指标宽松，有些指标还更严格。以我国食品标准与发达国家标准的比较数据为证，再举大米的例子，进行国内外标准的对比，进一步证明我国的食品标准技术水平。

思政融入：通过让学生将每日饮用的乳制品的国家标准与发达国家的标准进行对比，由他们自己得出结论，明确我国的食品标准在国际上的水平位置，从而树立国家自信。

第四步，重点和难点讲解。

重点为讲解我国食品安全法的主要条款，难点为讲解我国食品安全标准体系构成。从食品安全法和食品安全标准体系的角度说明我国是如何保障人们的食品安全的。

思政融入：通用食品安全法的学习，使学生了解法律，做个遵纪守法的人。

第五步，课程总结。

总结本次课内容，我国食品标准技术水平总体并不比发达国家低，绝大部分指标与国际标准持平。回应课程开始提出的问题："现在你们对我国的食品安全有信心了吗？""现在你们也都知道我国的食品标准并不低，并且从源头到餐桌都有标准规范，但每年的'3 · 15'国际消费者权益日报道的食品安全问题也都是真实的，请同学们思考这种现象是什么原因造成的？"以此问题引导学生课后查资料解答。

（3）课后

解答课堂结束前的问题，以及在线上教学平台发布拓展学习资料。

4. 教学资源

中国、日本、美国、新西兰的奶粉标准和生乳标准；2 个专家解读奶粉标准和生乳标准的视频；线上教学平台全部微课视频；本次课教案；本次课教学演示文稿等。

（四）教学评价

按照"考核内容综合化、考核形式多样化、考核过程全程化"的思路，探索形成过程性与终结性、显性与隐性相结合的多元化课程思政考核评价方式。评价采用显隐结合的方式，从课前、课中、课后构建全流程评价过程体系。

1. 显性评价方式

课前在"学习通"平台布置标准阅读材料，考核学生的完成情况；课中评价每个小组的国家标准对比分析结果和得出的结论，采用小组自评、互评和教师评价相结合的方式；课后对学生线上教学平台拓展学习的完成情况进行评价。

2. 隐性评价方式

评价学生在小组研讨过程中的积极性、参与度、对问题看法的价值取向、团队协助意愿。

具体评价指标设计见表2。

表2　评价指标设计

评价方式	显性评价 + 隐性评价										显性评价
评价过程	课前	课中									课后
评价内容	阅读任务完成情况	研讨成果分享				研讨过程				价值观	拓展资源学习
		标准	结论	感想	表达	积极性	参与度	价值取向	团体合作		
分值比例	10%	30%	20%	10%	10%	2.5%	2.5%	2.5%	2.5%	5%	5%
评价主体	每名学生	每个小组				每名学生					

（五）创新与反思

1. 创新点

本次课的课程思政目标是树立国家自信，使学生对我国的食品安全标准具备足够的信心。从学生的小组活动结论和分享来看，思政目标已达到。课程的案例、课程的主题都是学生自己心中一直存在的疑问，再加上两个关于乳制品的标准的视频观点完全相反，激发了学生强烈的学习兴趣。两个视频的观点到底正确与否，让学生自己通过对比中国的标准与发达国家的标准得出结论，消除心中的疑问，强化正确的观点。最后再将我国的食品安全法和从源头到餐桌的食品安全保障标准体系讲解给学生听，学生对我国的食品安全标准就更有信心了。整个课堂学习氛围很好，取得了良好的学习效果。

2. 反思

虽然消除了学生对我国食品标准技术水平问题的疑虑，但是除了标准，食品安全问题的决定因素还有很多，要使人们对食品安全真正放心，还有待其他方面因素的改进。这个涉及社会管理标准的问题，没有在课上讲解，留待学生自己去思考和解答。在最后的标准实践中，可以引导学生进行食品安全管理方面的标准化实操，与本节内容呼应，使课程整体更完整。

四、选用教材与参考资料

（一）选用教材

朱永双，陈明权，招刚，刘霞．标准化与生活（自编讲义）.

（二）参考资料

1. 深度讨论为什么中国的光伏发电行业是全球第一？

https://news.solarbe.com/202008/31/329866.html

2. 华为美国制裁事件始末（被制裁的这几年，华为失去了什么，得到了什么？）

http://www.shandonghsjx.com/news/show381791.html

3. “华为制裁事件”最全剖析：命门在哪里？最差的结果是什么？

https://baijiahao.baidu.com/s?id=1667165691022094649&wfr=spider&for=pc

4. 美国拒绝批准进口中国 KN95 口罩，外交部回应

https://baijiahao.baidu.com/s?id=1662760937328851350&wfr=spider&for=pc

5. 美国拒绝批准进口中国 KN95 口罩事件继续发酵，中国紧急出台出口新规

http://www.168tex.com/2020-04-05/1054208.html

6. [开讲啦] “中国标准”代表着世界技术的发展方向

https://tv.cctv.com/2017/10/22/VIDENeLRCDJ4JnxEjMHUm95z171022.shtml

案例编写人：朱永双（传播工程学院）

“版面设计”
课程思政教学案例

一、课程定位

本课程是传播与策划专业的一门专业核心课程，旨在培养学生的文化自信、规则意识，精益求精、诚实守信、主动学习、自我反思、工匠精神、岗位责任心等思想政治素养与职业素养；掌握版面审美、形式美法则、自由式设计、网格式设计、版面色彩 / 文本 / 图片设计等艺术设计基本理论和工作原理；具备明确的视觉传播边界概念和对视觉版面的鉴赏与辨别纠错能力；能用优秀的视觉设计提升传媒产品的传播力；能独立自主完成岗位典型工作任务；具备为不同媒体平台内容进行版面设计的能力。

二、课程思政整体设计思路

（一）课程思政整体设计理念

传播与策划专业围绕国家传媒行业产业重大需求，面向互联网和文化创意相关行业，针对新闻出版、文化传播、广告策划、创意设计、互联网服务等岗位群，培养复合式、创新型、高素质传播人才。任何信息内容的传播最终都要落实为视听形式，无论什么传播载体，都需要对信息内容进行视觉设计。视觉传播也属于媒体内容的一部分，能传递相当多的隐含信息。媒体向来是党和人民的喉舌。媒体传播需要正本清源，这种“言外之意”“潜移默化”的信息需要通过版面设计进行正确呈现。

“版面设计”课程重点培养非艺术类学生掌握视觉传播专业知识，将文化信息内容与视觉传播设计结合起来，用视觉美提升文化传播效果，秉持中国第一个“设计之都”——深圳所提倡的设计提升创新价值的理念。思政内容从艺术审美入手，将中华文化自信、艺术设计职业素养作为两大思政重点。秉持思政内容有机融入专业技能知识点、专业技能学习带动思政知识点铭刻于心的设计理念，以视觉设计传播中华艺术之美、提升职业素养、培养设计工匠为思政目标。通过学习，使学生自发树立文化自信、扭转“崇洋”的设计思想；职业素养分解到由简到繁的典型岗位任务、复杂的设计制作规范、跨岗位协作工作过程中，形成“思政嵌入专业技能”的教学模式。

课程依托传播行业专业岗位的典型工作任务，结合商业项目需求，遵循从简到繁、从小到大、从易到难的常规学习习惯，选取符合非艺术类学生认知特点与训练技能要求的实战项目任务组织课程内容，培养学生的岗位核心能力。课程负责人主持和参与开发相关设计类标准、引入相关国家和行业标准，将“规范化”概念植入学生思维。课程强调实物制作，学生身兼设计、打样两个岗位，切实感受岗位任务，提升协同、统筹、岗位交接等职业素养。在“艺术审美、职业素养”两大核心思政点的指引下进行具体思政目标的教学，实现课程教学质量和思政建设的双向提升。

（二）课程思政整体设计框架

思政整体框架设计围绕版面设计视觉元素、设计方法、设计实践等知识点，从课程价值塑造、知识传授、能力培养的教学目标出发，以中文版面设计为基础，在艺术审美中挖掘传统文化、中式风格等文化自信元素；在岗位认知中挖掘规范规则、知识产权、精益求精等职业素养元素；在项目实践中挖掘主动学习、实践出真知、自我反思等综合素养元素。

课程知识点教学均贯穿“艺术审美”教育，这也是本门课程的核心任务，以美学规律、中华传统、中国设计等为载体实现艺术审美提升。课程项目任务按版面形状、页面数量、尺寸大小、信息复杂程度、传播渠道区别等规范需求，安排四个各自独立的难度进阶型项目，通过岗位职责、行业规范、工匠精神来实现职业素养提升。学生在课程知识点学习、项目任务完成的过程中，实现自主学习、任务攻坚、不轻言放弃等个人学习工作综合素养的提升。最终培养学生成为学习时举一反三、融会贯通，面对各种岗位任务时能迅速给出解决方案的高素质人才。

课程思政教学内容设计如图 1 所示。

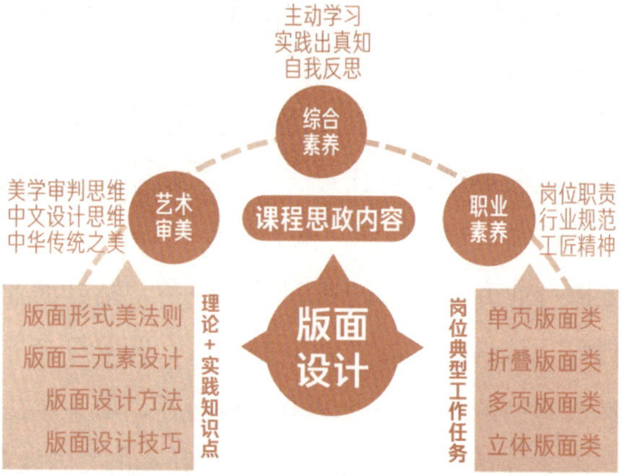

图 1 “版面设计”课程思政教学内容设计

三、课程思政教学案例

教学案例一 中文版面之美——建立汉字版面设计独有的审美自信

（一）教学任务

“版面文本元素设计”项目——中英文版面差别

（二）课程思政教学设计

本教学任务主要解决“大段文本版面设计”问题。学生自己搜集设计榜样作品，引入“中文版面之美”的概念。在设计初学者以及大众心目中，“中文设计看上去不如英文洋气”，以此为切入点，通过中英文字体字形在视觉上的优缺点分析，让学生认知中文设计的劣势所在，并给出解决方案。通过讲解中国汉字排版的直排美感、图形化美感、严谨紧凑美感等中文设计的独有优势和独特美感，传播中文汉字排版之美。在向学生传达中文设计应有的文化自信的同时，强调中国官方文字宣传规范，体现宪法法治精神。

（三）教学实施

1. 教学目标

（1）价值目标：充分理解中文和英文的排版视觉差异性，认识中文版面不可替代的美，明确传达在中国，版面设计应以官方文字汉字为主的法规概念。

（2）知识目标：理解中文排版和英文排版的内在视觉逻辑差别，理解中英文文本形式美感构成特征。

（3）能力目标：学会两种文字版面设计的侧重点，掌握以中文为主的文本版面设计技巧，提升中文版面设计的视觉美感。

2. 教学方法与手段

采用线上线下混合式教学，主要运用学生自学、微课讲授、课堂案例教学法，结合启发式、小组合作研讨相结合的教学方法。依托课件、视频微课、演示动画、实物案例、商业案例视频提升课程思政教学的交互性与有效性。

3. 教学过程

（1）课前：教学任务导入。

发布课件与视频微课"中英文版面差别"至学习平台，学生预习、做笔记。自行搜集以中文为主的版面设计作品。

（2）课中：教学任务实施。

第一步，课前预习内容小测试：从题库中选取 5 道客观题发布，检查学生的预习效果。根据答题情况进行重点答疑。

第二步，思政点睛：教师发布本堂课学习任务——文本要素的设计。用动画视频引入中文版面独特之美。提炼课件中的重难点进行讲授。

思政融入：通过网络课件中中文设计和英文设计作品的图片进行视觉比较，分析在当下很多人觉得中文设计比较土气的视觉原理和社会原因（图 2）。视觉原理引导学生通过设计手段解决，属于艺术审美提升。社会原因则与经济基础、文化自信正相关，通过知识点讲解，引导学生认识审美与经济、文化、社会地位的关系，利用课件中的中国传统设计案例，增强学生的审美自信和对中华文化的自信。

第三步，价值引领：学生讨论，教师引导讨论主题，提出"在中国用汉字

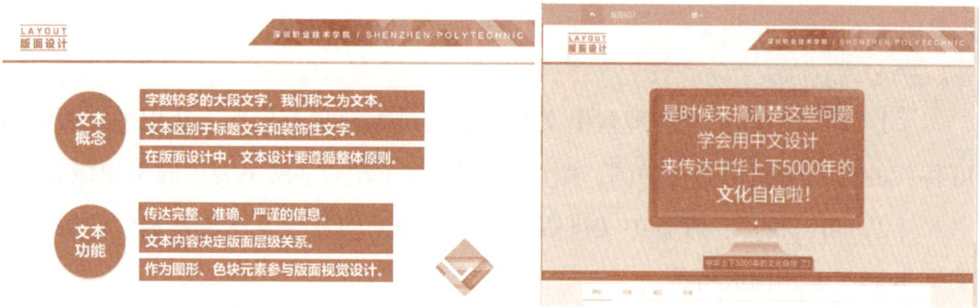

图 2　课堂课件展示

图 3　现代汉字中文版面设计

图 4　微课学习

进行视觉传播设计，在国家尊严、传播功能、审美传承三个方面的必要性”。

以课本作为实物案例，分析课本版面的视觉审美，让学生切实感受到，除了传统的汉字版面设计，现代的汉字中文版面设计同样可以很美，引导学生从现代的设计中发现传统审美的传承脉络（图 3）；从学生在教材中感受到的版面设计之美，引导学生领会版面设计美在信息传播中的功能性作用。结合学生自己搜集的实物作品，对照课程网站和手机推送的“中文版面之美”微课视频发起小组讨论（图 4），探讨这些实物作品采用的不同文字传递的国家尊严特征，引导学生体会宣传出版物使用的文字在传播时隐含的国家尊严重要性。

第四步，思政点睛 + 价值引领串讲总结。

教师结合学生讨论及答疑情况，进行主要内容串讲。强调中国境内出版物必须以中文为主，重点通过案例解读分析汉字排版具备的独特审美。

第五步，课堂小练习。教师提供文本素材，学生进行快速排版设计（图 5）。可通过网络寻找参考案例，进行模仿设计。教师课堂单独指导。

图 5 排版练习

（3）课后：查缺补漏与拓展学习。

未完成课堂小练习的，课后做完，下次上课之前提交作业，供教师课堂讲评。教师通过班级课程微信群发布课程内容相关拓展学习链接（教师自行筛选，注意时效性）（图 6），学生自行阅读，巩固课堂知识，加深对知识点的理解。教师微信群随时答疑。

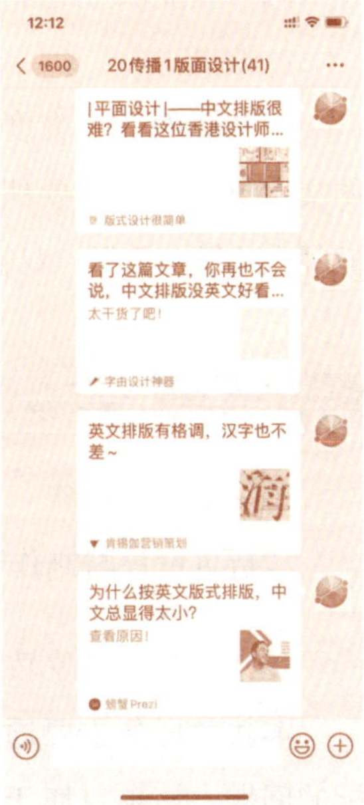

图 6 拓展学习链接发布

4. 教学资源

（1）基本教学资源：（课件 / 微课）文本要素的设计——中英文版面差别；（动画）中文版面之美；（教材）版面设计；（练习题）大段文字设计；（试题库）版面文本元素。

（2）拓展教学资源：（实物资料）学生自己搜集的中文版面设计作品；（教材活页）选择适合版面

的字体；（课后阅读）网络相关设计教程链接。

（四）教学评价

按照“全程显隐结合过程考核”的思路设置课程思政考核形式。

1. 显性评价方式

课前、课后教学平台资源学习时长、笔记、讨论情况；课堂测试答题得分；作业设计与制作水平：准确性、规范性、完整性、艺术性。

2. 隐性评价方式

课中小组讨论观点的准确性、新颖度；课后师生作业讨论内容与思政知识点相关度；思政知识点在后续作业作品中的表现程度。

（五）创新与反思

1. 创新

教材本身作为一个绝佳的思政案例，思政素材与专业内容契合度高；教学内容结合中文汉字的设计美感、官方规范植入教学内容，既能激发学生的文化自豪感，又能培养文科 / 工科学生的岗位职业素养和法制意识。整个课程思政环节融入专业教学环节，实现如盐在水，润物无声。

2. 反思

中文版面设计难度大于英文版面，对非艺术类学生来说，有很多根深蒂固的文字排版陋习需要纠正，需要加大实践的力度和强度。学生在“做中学”，教师在“做中教”，双管齐下才能更好地纠正惯性思维，获得更好的学习效果。

教学案例二 锱铢必较，毫厘必争——成为精益求精的设计工匠

（一）教学任务

“折页设计与制作”项目——实物打样实训环节

（二）课程思政教学设计

本教学任务主要通过项目实践解决“折叠类版面”视觉设计和实物样板匹配的问题。该项目属于岗位典型任务。这是学生接触的第一个从结构到视觉都需要精心设计才能做出实物的项目。设计过程是精益求精地解决视觉和结构设

计各种问题、获得视觉和结构最佳搭配的过程；实物制作过程是反复打样、修改、调整精度和尺寸的过程。完成项目的全过程需要学生耐心细致、反复修改，工匠精神就体现在对设计的完美追求上。

（三）教学实施

1. 教学目标

（1）价值目标：了解设计作品精细度、准确度要求与成品之间的关系；明确视觉设计与结构、生产方式应互相迁就才能成就好作品；认识到设计师也必须懂生产加工。

（2）知识目标：了解设计作品对精细度、准确度的独特要求；能够进行折页作品打样、制作、修改；能够按生产要求制作生产文件、按要求存储文件。

（3）能力目标：学会常见的手工打样、修改；能借助实训室打样设备制作出产品手工样品；能制作样机图和为样品拍照。

2. 教学方法与手段

采用线上线下混合式教学，依托实训室，主要运用样品制作实训、商业案例教学、学生作品讲评修改等教学方法。依托课件、视频微课、演示动画、实物案例、商业案例视频提升课程思政教学的交互性与有效性。

3. 教学过程

（1）课前：知识点复习，课程文件准备。

学生在课程平台上复习前期课程"折页视觉设计""折页结构设计"课件与视频微课内容，整理实训环节的打样文件。

（2）课中：教学任务实施。

第一步，教师发布本次实训内容：折页打样制作实训。

第二步，教师讲解实训步骤：打印（作品文件正反面页面对齐处理）、裁切与折叠（具体步骤、注意事项）、检查与修改（文图等内容与结构的对应关系、查找错误与不完善之处）。

思政点睛：在讲解实训步骤过程中强调折页页面尺寸、结构衔接的精确度要求。强调多次打样、反复修改、精益求精的岗位职责要求。

第三步，折页打样实训：学生自行检查设计好的折页作品文件是否符合打印设置要求（正反面对齐、字体轮廓化、色彩模式、文件格式），确认后发数码印刷实训室打印。根据样稿裁切线、折叠线制作样品。检查样品的结构、翻页方式、页面顺序、文字、图片、颜色、页边距、正反页对齐等问题，并根据问题进行电脑稿件修改。再次打样、检查、修改。反复进行正反面对齐、页边距细微调整、折叠线与裁切线关系、出血设置等精确至毫米级的调整和修改。

价值引领：掌握结构合理、尺寸精确、反复修正的设计工匠精神要求，强调工匠精神在岗位职责、完成设计项目中的意义。

第四步，作品实物存档：将作品实物拿到摄影实训室拍摄效果图，拍完照后需要精心修图。如有合适的样机，也可做样机图当效果图，并记得存档。

思政点睛：强调该步骤是做商业项目时与客户沟通交流的重要步骤，也是防止后期制作执行出现技术纠纷时最好的自我保护手段（职业素养）。

价值引领：引导学生认识到这也是在为自己的职业生涯进行存档。

（3）课后：查缺补漏，完成项目任务。

未完成课堂实训的，课后做完（下次上课提交折页作品实物、效果图、作品电子文件，教师课堂讲评实物和设计稿）。教师通过社交软件对学生进行单独辅导，解决学生的课后问题，随时通过班级课程微信群发布学生中出现的比较集中的问题。微信和微信群随时答疑。

4. 教学资源

（1）基本教学资源：（教材）版面设计；（实物）折页样品；（学生案例）往届学生作品、本次课学生打样中有代表性的过程作品；（设备）最大 A3 幅面打印机、裁切折叠工具。

（2）拓展教学资源：（实物资料）学生自己制作的折页草样；（教材活页）印刷留出血位的意义；（拓展视频）纸张与印刷样张。

（四）教学评价

按照“全程显隐结合过程考核”的思路设置课程思政考核形式。

1. 显性评价方式

课前、课后教学平台资源学习时长、笔记、讨论情况；作业打样制作水平；

打印文件规范性、尺寸准确性、样品制作精良程度；终稿与初稿对比进步程度。

2. 隐性评价方式

打印初稿制作准确度、请教师提修改意见次数、修改及时程度、修改与打样次数；课中、课后师生相关操作讨论与思政知识点相关度；思政知识点在后续作业作品中的表现程度。

（五）创新与反思

1. 创新

思政内容与岗位职业素养无缝衔接，以职业要求作为课程实训要求，在项目任务的制作过程中融入，将原本难以理论化、体系化的职业素质要求融入学生作业的每一个步骤，培养学生的职业道德与素质。

为非艺术类学生厘清“设计”与“艺术”的区别。强调设计作品美感的科学性和规范性，设计优秀与否，差别就在于毫厘之间，比如不到1mm的误差、0.5p的行距字距变化、不到5%的颜色差别等。强调精益求精的工匠精神在设计中的重大意义，要让学生养成用精准、苛刻的尺度标准规范做设计的职业习惯。

2. 反思

目前学生在课程实训环节能达到的精细程度尚有欠缺，需要进一步调整和大量的实践，以获得更好的实训效果。

四、选用教材与参考资料

陈琪莎，宋海燕 . 版面设计 [M]. 北京：中国轻工业出版社，2020.

案例编写人：陈琪莎（传播工程学院）

“造型基础”
课程思政教学案例

一、课程定位

本课程是高职院校艺术设计类专科一年级学生必修的专业基础课。“造型基础”课程以艺术设计类各专业共通的设计基础教学为主，兼顾具体专业的特点进行教学。课程以中短期、阶段性的绘画创意训练为主，着重提高学生的造型表达能力、视觉思维转换能力和创意想象能力。整个课程围绕“基础造型、思维转换、创意想象”三大基本内容进行教学，为学生后续专业学习奠定造型基础与创意思维的基础。通过本课程的学习，让学生了解作品背后的中华优秀传统文化、红色革命历史，培养学生以爱国主义为核心的价值观以及艰苦奋斗的精神；让学生在艺术创造中夯实基础、细致体察、注重细节、推敲构图、刻苦训练，不断培养学生敬业、精益、专注、创新以及追求完美与极致的工匠精神。

二、课程思政整体设计思路

（一）课程思政整体设计理念

艺术设计专业始终贯彻艺术与技术相结合、设计与制作相结合、产学研相结合的办学方针，实施以就业为导向、以能力培养为中心的教学模式，紧紧依托深圳发达的设计产业及人才聚集优势，依靠高素质、专业化的教学团队和一流的教学条件，致力于培养具有较高综合素质，既具有一定专业理论知识，又具有较强的创意、设计与制作能力的复合型、高技能专业人才。

“造型基础”课程重点培养学生良好的艺术审美素养、善于观察和思考的习惯、视觉思维转换的能力、创意思维分析的能力、独立完成作品的工作方法和能力，掌握创意设计思维的基本知识，具备设计专业相关岗位的职业能力，提升专业认同感和职业使命感。引导学生拓展创意绘画的思维和方法，提高学生的创意表达能力，以及引导学生科学运用辩证思维看待问题，树立产业自信和设计报国的理想信念。

课程将中华优秀传统文化、红色文化、工匠精神与创新素养发展紧密结合，形成厚植中华优秀传统文化、创新实践引领、红色革命奋斗精神与特区探索精神铸魂的课程思政育人模式。围绕“挖掘中国传统美学，弘扬革命奋斗精神，讲述特区创新精神”的主线实施价值塑造，着力从艺术设计产业发展与应用中挖掘思政元素，凝练成“以设计报国之理想信念、红色革命之奋斗主义、精益求精之工匠精神、敢闯会创之创新意识”为核心的课程思政建设目标。

课程以任务为驱动，采用“教、学、做合一”的教学设计，融入真实案例和学科发展大事件，丰富育人载体，优化教学内容，培养学生善于实践、勇于探索的创新意识，塑造精益求精、追求卓越的职业精神，增强理想信念，厚植设计报国之志。通过校内教育与校外实践结合，专业教师与思政教师、企业教师协同，实现课程思政建设与专业教育质量的双向提升。

（二）课程思政整体设计框架

为落实立德树人根本任务，以社会主义核心价值观为灵魂和主线，坚持价值引领、能力培养和知识传授有机融合，发挥“造型基础”课程对学生认知能力和鉴赏能力的培养作用，“造型基础”课程结合时代要求和高职院校大学生理论知识不足、教学中价值观引导不够等问题，深度挖掘“造型基础”的思政元素，在教学设计中将中华优秀传统文化、红色文化、工匠精神、创新精神等思政元素与课程有机融合，坚持知识传道和价值引导相结合，让学生在学好专业知识的同时，涵养人文精神和道德情怀，感受中国人民在中国共产党领导下取得革命胜利、在社会主义建设中取得伟大成就的艰苦奋斗精神。培养学生的爱国主义情怀和坚忍不拔的奋斗精神，引导学生追求真、善、美，树立正确的价值观，实现立德树人的目的。同时，为新时代培养具有坚定理想信念、高尚道德情操、较强的创新意识、宽广世界眼光、扎实专业基础的艺术人才。

在“造型基础”的课程教学中将中华优秀传统文化、红色文化、工匠精神、创新精神等思政元素融入专业知识技能教育，这就要求教师在课程教学设计的过程中，打破传统的教学设计，深度挖掘每个模块中的思政元素（图1）。具体思路与举措如下：

“造型基础”课程实训内容分为八个单元，分别是：细节放大、构图与形式、空间创意、由具象到抽象、多种表现手法、材质与肌理、形态置换及扩展训练。针对本门课程现有教学模式和思政内容的不足，将教学划分为四个部分，充分

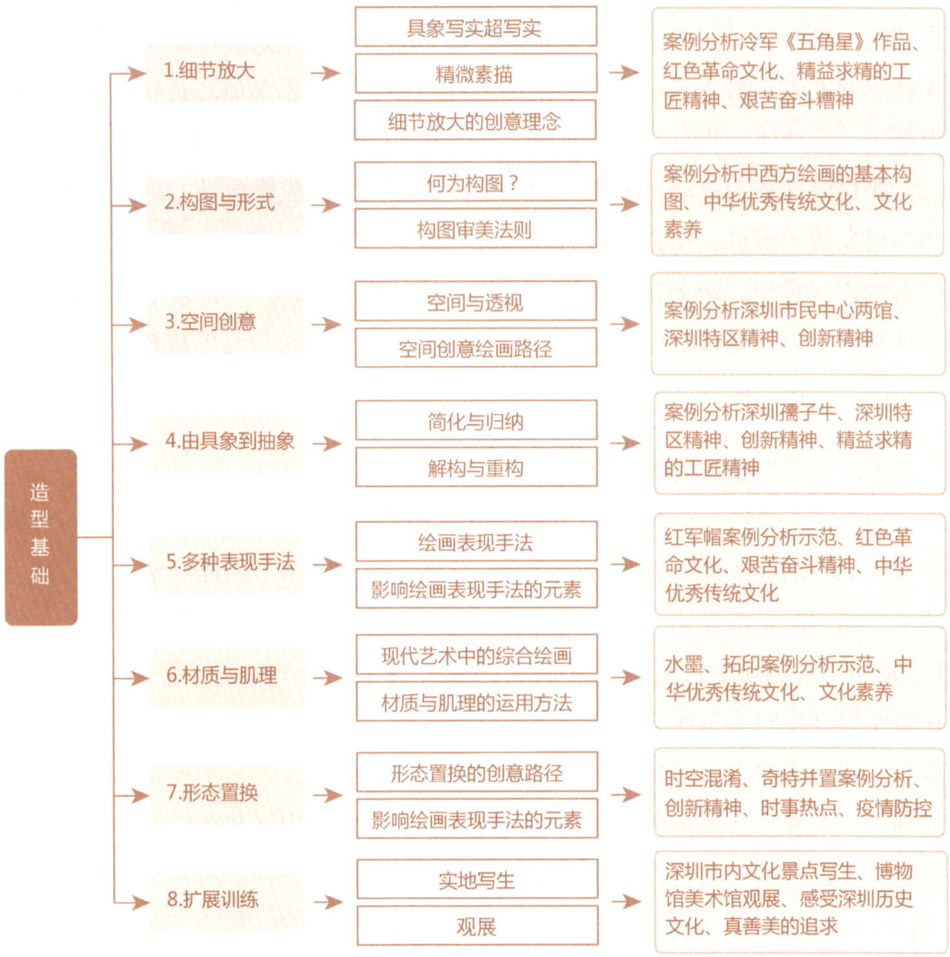

图1 “造型基础”基于课程思政的教学内容设计

挖掘“造型基础”课程的思政元素。第一部分：构图与形式、多种表现手法和材质与肌理。思政教育与课程内容相结合，了解中西方绘画的不同以及传统素描与设计素描的不同，培养学生对中华优秀传统文化的热爱以及激发学生的爱国主义精神。第二部分：细节放大和由具象到抽象，也就是人工形态的写生。思政教育与教学方法相结合，采用发现—观察—再现—表现—创造的学习方法论，培养学生自主学习的能力、创新精神和精益求精的工匠精神。第三部分：空间创意和形态置换。思政教育与时事热点相结合，使学生筑牢以人民为中心的创作观。第四部分：扩展训练——实地写生与观展。思政教育与课程实践相结合，要求学生走出教室，到生活中、到自然风景中写生，培养对真善美的永恒追求。

三、课程思政教学案例

教学案例一 思政元素与专业教育有机融合，培养创新精神和精益求精的工匠精神

（一）教学任务

项目一 “细节放大”之任务 什么是精微素描？

（二）课程思政教学设计

本次教学任务是细节放大，又称微观的细节塑造，指的是我们有意识地抵近观察，就像照相机的微距一样，通过视角的抵近发现不同于平常视角下放大的细节和肌理。在介绍细节放大案例分析时引入该课程思政案例。

图 2《五角星》作品

课堂上带领学生观看视频，分析视觉观察视角变化所带来的作品创意点。讲解微观细节刻画的基本表现手法。下面以冷军的作品《五角星》为例（图 2）。

创作背景分析："五角星"的寓意是功勋、功绩，传统的五角星都是"红光闪闪"，但冷军却画出了东拼西凑、锈迹斑斑的五角星。曾经光彩耀人的五角星为什么满目疮痍？且在纯黑色背景下，又有孤军英雄的感觉在其中。这些破铁皮、灼黑的弹孔则在暗示这些功勋来之不易，这是他创作的初心。让学生了解作品的创作背景，感受作者浓烈的家国情怀。

作品内容分析：画面上，一个由铁片制成的锈迹斑斑、伤痕累累的五角星呈现在大家面前，乍一看还以为是照片，仔细一看原来这是超写实主义画家冷军的作品《五角星》。结合微观细节，放大 10 倍后，学生被冷军无与伦比的超写实功底深深地震撼。可以看到画面中冷军用电焊枪处理后的痕迹，那每一个细小而清晰的小颗粒象征着老一辈革命家群体中的每一名战士 / 小人物。《五角星》细致的刻画象征着中国的革命事业的艰辛和伟大，不仅表现出冷军精益求精的工匠精神，而且表现出冷军对老一辈革命家崇高的敬意。

内容延伸：由冷军的《五角星》想到我们国家的国旗，旗上的五颗五角星及其相互关系，象征中国共产党领导下的革命人民大团结。国旗色彩以红色为主，红色表达热烈的感情，象征革命及烈士的鲜血；配以黄色，灿烂辉煌，一片光明。总体表达了在中国共产党的领导下革命人民大团结，以及通过流血牺牲换来了中国的光明前景，表现了我们幸福生活的来之不易。

总结：此案例通过创作背景展现作者的爱国热情，通过作品内容分析阐述作者追求创新、精益求精、执着专注的工匠精神，通过内容延伸深化这种强烈的爱国情怀，引起学生共鸣。一是以创作背景切入，让学生了解作品的创作背景，从锈迹斑斑、伤痕累累的画面中，感受作者浓烈的家国情怀。二是通过作品内容再现分析，作品中每一个细小而清晰的小颗粒象征着无数老一辈革命家形成的磅礴力量，照亮了整个中国，展现了作者追求创新、精益求精、执着专注的工匠精神和强烈的爱国主义情怀。三是通过内容延伸，引导学生思考五角星的背后，无数革命家在默默奉献，以建设祖国为驱动，以国家强大为己任，用不怕苦、不怕累、艰苦奋斗追求卓越的精神投入到革命战斗中，以此激发学生的学习热情。

（三）教学实施

1. 教学目标

（1）价值目标：通过细微的观察视角和放大的细节塑造来实现具象写生的创意转化，新颖的视角将带给我们不一样的表现形式和效果，让学生了解艺术设计从业者应具备的职业素养，培养学生敢于创新、敢于探索、善于发现的习惯以及激发学生精益求精的工匠意识。

（2）知识目标：学会主动探索新的观察角度；学会设计素描思维转化。

（3）能力目标：掌握细节刻画能力；掌握形式与观察能力；作品做到精益求精。

2. 教学方法

采用线上线下混合式教学，以任务驱动为核心，主要运用启发教学法、课堂练习法和小组教学法，并辅以典型案例分析、优秀学生作品讲解、应用案例等多种方法。

3. 教学过程

第一步：任务引入——提出问题。

通过视频等资料了解具象写实与超写实主义的概念，引导学生思考：微观细节刻画的基本表现手法有哪些？从而分析视觉观察视角变化所带来的作品创意点。

第二步：案例分享——思政融入。

交流分享：请学生各抒己见，寻找身边自己感兴趣的素材，以微观的视角进行观察分析并简单分享，教师引导如何进行深入的细节刻画。

思政融入：细节放大的关键要素是“逼真”和“酷似”，必须做到夸张而又真实地再现现实。学生在绘画训练中要学会利用可用的画材，铅笔、彩铅、水彩、毛笔等，所有的一切都是可以用来再现细节的工具。教师引导学生，更重要的是学会用精微的态度和精益求精的工匠意识观察周围的事物，并在此过程中认识自我。微观的细节塑造不仅能训练学生对形体、细节、材质的把握能力，更重要的是，微观的观察方式带给我们一个细微观察生活的窗口，通过这个窗口，学生可以认识到一个以前从未见识过的微观世界。新颖的视角能带给我们特别的感受和创意，也能带给学生新鲜的视觉体会，激发学生探索和创造的热情和信心以及精益求精的工匠精神。这种略带强迫性的细节观察和刻画，可以促使学生在不断发现美的过程中创作出意想不到的作品。

第三步：教师讲解——师生互动。

设计问题：怎么做到精微素描？如何构思、起稿、深入地细节刻画、调整？

师生并进：怎么做到精微素描，使作品精益求精？教师按照“如何构思、起稿、深入地细节刻画、调整”四个严谨的步骤讲解示范，然后根据细节放大绘画实践的步骤，指导学生构思并绘制完草图后，开始正式上稿，进行画面的深入构思和塑造，对学生的构思、画面处理效果进行单个指导；对细节放大绘制过程中的重难点及普遍性问题，进行集中讲评或小组讨论、分析。

第四步：聚焦任务——知行合一。

动手实践：在教师的指导下，学生完成细节精微素描的绘制，通过观察的深入及视角的拉近，以及对细节、质感的艺术表现，体验了非常规绘画手法和视觉审美变化，实现了细节创意放大的视觉效果，也践行了精益求精的工匠精神。在绘制过程中，同学之间进行互相点评和分析，找出问题。

总结升华：精微素描有严谨的逻辑，有超高的细节要求，每一个步骤环环相扣，要求精益求精，学生只有通过动手实践，在反复训练调整中才能逐渐精进这些技能。大家要坚持在做中学，培养勤奋好学、善于观察、勇于探索、百折不挠的钻研精神和精益求精的工匠精神。

第五步：课后作业——巩固提升。

课后布置线上作业和线下实践，进一步完善作品，调整整体效果，自觉践行职业规范和精益求精的工匠精神。同时布置进阶任务，学有余力的学生完成一幅超写实主义作品。

4. 教学资源

（1）基本教学资源：冷军作品案例介绍；教师参展作品图片；精微素描经典作品赏析相关视频；线上教学平台全部微课视频、本次课教案、本次课教学演示文稿、作业测验课程教学演示文稿等。

（2）拓展教学资源：超写实主义画家冷军作品介绍、中央美院精微素描展链接资料；特色微课“超写实主义”（含思政案例融入的教学微课）。

（四）教学评价

评价采用显隐结合的方式，从课前、课中、课后构建全流程评价过程体系。

1. 显性评价方式

在教学平台布置课前测试、课后作业，重点考核对知识点的掌握与理解；课中侧重实践能力的考核，小组互评与教师评价结合。本次任务的考核重点：细节刻画能力与观察视角的选择；视觉观察视角变化所带来的作品创意点；思政元素的有机结合。最后，进行第一次“工匠精神”的问卷调查，对学生的价值精神体认进行跟踪记录。

2. 隐性评价方式

从学生在绘画作品中态度的积极性、刻画的严谨度以及创新性和思政元素价值精神等方面进行综合评价，观察学生对精微素描学习的积极性和认识程度。

（五）创新与反思

思政素材与教学内容契合度高，能激发学生的民族自豪感和培养艺术生的职业素养和工匠精神，做到如盐在水，润物无声。

对微观细节、肌理和质感的挖掘和呈现将带来新颖的绘画体验，这种事无巨细的描绘，对痕迹、质感的逼真塑造，也将使学生体验专注、深入、完整、理性的艺术创作过程。学生第一次接触理解，画起来都会有一定的难度，要遵循循序渐进的教学规律，边讲边学，边学边做，引领学生逐步建立设计创新思维，激发学生精益求精的工匠精神。

教学案例二 思政元素与专业教育有机融合，培养学生对中华优秀传统文化的热爱以及爱国奋斗精神

（一）教学任务

项目二　“构图与形式”之任务　何为“构图”？构图的审美法则有哪些？

（二）课程思政教学设计

本次教学任务是完成“构图与形式”中的构图知识点讲解，在介绍“何为构图？”时引入该课程思政案例。

构图是一个造型艺术术语，指艺术家们在绘画时根据题材和主题思想的要求，把要表现的形象适当地组织起来、在画面上合理地放置，从而使各个大小形状、各个元素在画面上构成一个协调、完整的画面关系。成功的构图能使作品内容主次分明，主题突出，赏心悦目；反之，就会使各个元素缺乏层次，没有章法，影响作品的效果。因此，构图处理是否得当、是否有个性创意，是一幅作品成功与否的关键。当在一张空白的画纸上开始绘画时，我们首先就要考虑画在哪里、画面怎么布局的问题，它涉及艺术家以怎样的方式去平衡画面关系。

中国古代书画理论中就有这方面的阐述，如南北朝时期谢赫著名的《画品》总结了衡量绘画水平高低的六个标准，即“六法论”，其中第五点就是“经营位置”。用今天的话来说，这就是构图。可见，自古以来，构图就被认为是美术创作的一个重要因素，是构成绘画形式的重要组成部分。下面以李可染的中国画《韶山 · 革命圣地毛主席旧居》（图 3）和《井冈山》（图 4）为例。

创作背景分析：《韶山 · 革命圣地毛主席旧居》以伟人毛泽东的出生地韶山为背景，描绘了来自全国各地的人到韶山故居参观的情景：场院上、松林中、山岗上，到处都是他们的身影，鲜艳的红旗迎风招展。

图 3　李可染的《韶山 · 革命圣地毛主席旧居》

《井冈山》是以革命圣地井冈山为背景的山水画。“革命圣地山水画”是当时画家创作山水画的常用题材，李可染正是该题材最成功的探索者之一。巍巍井冈山在中国历史上留下了永恒的印迹，也在绘画史上留下了深刻的印迹。

图4 李可染的《井冈山》

作品分析：《韶山·革命圣地毛主席旧居》在整个中国近现代书画史上有着举足轻重的地位。为画好这幅画，李可染曾前往韶山，画了大量的写生稿。画中人物皆用工笔，构图严谨，旧居房屋置于画面中间偏左下方位置，以明亮的色调突出成为画面视觉的中心。背后山峰层叠，构成高山仰止的观赏效果。

《井冈山》将传统山水画中只是做远景的素材用“长焦”法拉向眉睫之前。竖幅构图，阳光左照。近景处作笔直云松，松下画军民三组，红旗三面；中景约占画面五分之四，写瀑布飞流、苍翠叠嶂、井冈群峰，沟壑纹理排列肃整；又于中景处留白以示氤氲云气，苍苍茫茫，并向右生发出远山。

作品最大的特点是在中景处明显弱化了主峰与群峰的主次关系，群峰拱卫主峰的态势被层叠堆垒的诸峰按远近关系依次层叠排布的方式取代。同时，近景虽于画面所占比例较小，却明显经过了悉心的拾掇，不仅注意以浓淡笔墨区分松树的前后关系，甚至松间点景的三组人物也十分精心地对其动态和空间排布作了处理。这样的处理不仅保持了画面的厚重感和体积感，景物的层次性和空间节奏也得到了加强。

总结：这两幅国画作品都是以革命圣地为创作背景，都是革命圣地题材创作的典范之作。作品体现了构图均衡、协调对比、层次分明、主题突出等审美基本法则。同时，表现了革命先辈们为实现国家富强、民族独立、人民幸福，坚定信念、艰苦奋斗、顽强拼搏、勇于胜利的宝贵精神。通过对作品的讲解，培养学生的专业素养和爱国奋斗精神，以及对中华优秀传统文化的热爱。

（三）教学实施

1. 教学目标

（1）价值目标：通过欣赏、观察、评析，让学生初步了解构图的概念形式与法则，发展学生的感知能力，让学生感受中国传统美术优秀作品的构图美，并让学生掌握多种构图方法，培养学生敢于探索的勇气、善于观察的习惯及创造性思维。

（2）知识目标：了解构图的基本概念、审美法则、形式特色，以及中国画的表现形式和中国画的几种基本构图形式；掌握多种构图方法，感知构图在美术创作中的重要性。

（3）能力目标：通过学习体验使学生感受构图的形式美，培养学生的艺术表现力、想象力和创造力，激发学生对美的追求、提高审美能力。通过引导学生尝试运用形式与法则进行构图训练，发展学生的想象力、创造力和知识的迁移能力。在训练实践过程中培养学生的逻辑分析与总结能力。

2. 教学方法

采用线上线下混合式教学，以任务驱动为核心，主要运用启发教学法、问题教学法和小组教学法，并辅以官方网站、视频资源、案例等多种资料。

3. 教学过程

第一步：任务引入——提出问题。

播放经典绘画构图视频，分析经典式构图，引出构图在美术创作中的重要性。引导学生思考：何为“构图”？传统构图的经典样式基本有哪些？

第二步：案例探究——小组讨论。

以中西方经典绘画为例，重点分析中国传统美术的构图方式，带领学生了解中西方绘画构图的不同之处。布置任务，先查找资料，然后以学习小组的形式讨论并探究中西方绘画中常见的构图各有哪些？构图的审美法则有哪些？例如，米开朗琪罗的《雅典学院》以焦点透视为主，把客观物象在平面

图5 米开朗琪罗的《雅典学院》

上正确地表现出来，使它们具有立体感和远近空间感，因为受空间的限制，视域以外的东西就不能摄入了（图5）；范宽的《溪山行旅图》以散点透视为主，散点透视是中国画特有的透视法，即画家的观察点不是固定在一个地方，也不受固定视域的限制，而是根据需要，移动立足点进行观察，凡各个不同立足点上所看到的东西，都可组织到自己的画面上来（图6）。画面讲究深远、平远、高远，从仰观、俯瞰、回望、入瞰等不同的视角，分别描绘山的高峻、山势的绵延、山域的阔大深远，以及山间岚霭变幻的景象，从而构成充分体现多角度、多层次、富于空间感和动态美的山水画卷。

图6 范宽的《溪山行旅图》

这个案例呈现了中国传统绘画的独特魅力，能激发学生对中华优秀传统文化的热爱以及民族自豪感。在训练中，借鉴中国画式的构图，培养学生采取更加主观、主动的态度，有意识地进行构图，使画面构图和表达更加有创意和个性，进而摆脱单一构图法的束缚。向学生讲解中国传统美术艺术，展现我国的工匠精神以及丰富的历史沉淀，由此激发其爱国主义情怀与民族荣誉感。结合翻转课堂等信息化的教学方法，以短视频、音频、图片等多样化的形式，向学生呈现思政教育内容，使其能够从兴趣出发，自然而然地接受、认同课程思政内容，由此实现对课程思政的创新。

第三步：教师讲评——思政点睛。

针对讨论结果，教师进行集中讲解。引入现代艺术家在构图方面寻求个人风格特点，追求变化与新意，崇尚简洁、夸张、趣味性的例子，重点讲解分析国画大师潘天寿的作品构图，注重引导学生通过欣赏山水画中的笔墨情趣、构图经营和诗书画印来了解山水画情思隽永、耐人寻味、情景交融的意境（图 7）。

思政点睛：中国画主要运用线条和墨色的变化，以钩、皴、点、染，浓、淡、干、湿，阴、阳、向、背，虚、实、疏、密和留白等表现手法，来描绘物象与经营位置，取景布局视野宽广，不拘泥于焦点透视，处处体现出构图审美法则的均衡、协调、对比。中国画历史悠久，在世界美术领域中自成体系，在内容

图 7　潘天寿作品

和艺术创作上体现了古人对自然、社会及与之相关联的政治、哲学、宗教、道德、文艺等方面的认知，在中华优秀传统文化史上占有重要地位。通过分析讲解中国画案例，激发学生对中国画的浓厚兴趣，以及对传统艺术的珍视和热爱。

价值引领：学生应该如何看待中西方绘画？怎样学好构图、用好构图？引导学生落脚到当下的教学任务，脚踏实地、一丝不苟地培养创造性思维，从易到难逐渐掌握课程知识与技能，为今后的专业学习打下坚实基础。

第四步：聚焦任务——知行合一。

动手实践：在教师的示范带领下，学会构图的形式分析和绘制，对同一组静物进行多个不同形状、不同局部及不同视角的构图练习。通过课程阶段性作业探索构图形式的创意路径和方法，对构图的形式美感有了新的体会和理解。同学之间要注意相互学习，互相点评完成任务。

总结升华：总结构图形式的常用路径以及构图的审美法则，体验学习获得感。根据画面布局的位置变化、视角远近寻找构图的形式变化，掌握构图的多样性和多个视角构图的变化能力，养成创造性思维，培养敢于探索新的构图方式、创立新思想的创新精神。创新精神是国家和民族发展的不竭动力，也是现代艺术设计师应该具备的素质。

第五步：课后作业——巩固提升。

课后布置拓展任务，学生查找资料，分析现代艺术家的优秀作品构图形式。学生将课后作业提交到网络教学平台，教师检验学生对课程内容的掌握情况。老师通过教学平台推送设计创意案例以及资源，供学生们课外学习参考，以及激发学生的动手能力和创新潜力，拓宽学生视野，帮助学生为今后大赛、创新等做知识储备。

4. 教学资源

（1）基本教学资源：中国画基本情况介绍；教师参展作品图片；构图形式经典作品赏析相关视频；线上教学平台全部微课视频、本次课教案、本次课教学演示文稿、作业测验课程教学演示文稿等。

（2）拓展教学资源：阅读资料《艺术设计师的基本素养》；中外美术史资料；特色微课“什么是构图与形式”（含思政案例融入的教学微课）等。

（四）教学评价

评价采用显隐结合的方式，以知识、能力、价值构建三位一体评价目标体系，从课前、课中、课后构建全流程评价过程体系。

1. 显性评价方式

线上教学平台布置课前测试、课后作业，重点考核对知识点的掌握与理解；课中重视教学任务完成的情况，侧重实践能力的考核，小组互评与教师评价结合。本次任务的考核重点为：根据画面布局的位置变化、视角远近寻找构图的形式变化；绘画作品整体的完整性；思政元素的有机结合；作品是否具有创新性。本次课进行第二次问卷调查，对学生的价值精神体认进行记录。后续课会持续跟踪，最终形成学生态度发展轨迹报告。

2. 隐性评价方式

从构图认知、审美法则等方面观察学生对中华优秀传统文化的认识态度，评价学生通过本次课学习在思想意识上的收获。

（五）创新与反思

结合课程教学项目的载体，融入与课程息息相关的思政元素，不仅能拓宽学生的专业视野，同时能激发学生的民族自信与爱国情怀。通过任务驱动教学法强化学生对知识的理解运用，使其在第一次动手实践中感受学习的快乐，做到知行统一，实现价值塑造与知识传授、能力培养的有机统一。

在实践过程中强调学生要注重条理性，做到细致认真，践行创新精神。学生的实际运用和操作能力还有一定提升空间，教师在更好地引导教学方面需进一步努力。

四、选用教材与参考资料

（一）选用教材

张良 . 设计素描 [M]. 2 版 . 长沙 : 湖南大学出版社，2018.

（二）参考资料

[1] 周书林，张忠 . 高职艺术设计专业课程思政建设探究 [J]. 教育与职业，2022（8）：89–92.

[2] 韩丽莹 . 艺术设计类专业课程开展思政教学的思考——以景观设计课程为例 [J]. 艺术教育，2021（12）：276–279.

案例编写人：颜学艳　张　良（艺术设计基础教研室）

“CAID 图像”
课程思政教学案例

一、课程定位

本课程是产品艺术设计专业的一门专业基础课程，通过厚植传统文化知识、爱国主义情怀，将劳动教育、工匠精神、设计师职业道德、职业精神和职业规范有机融入课程教学全过程，旨在培养学生具备爱岗敬业、勇于探索的精神，善于解决问题的能力及创新创造的能力，掌握利用 Photoshop、KeyShot 等软件进行产品设计图像表达和创意表现的能力，掌握计算机辅助图像表达的方法，使学生具备独立完成产品设计图像表达的职业能力和职业素养。

二、课程思政整体设计思路

（一）课程思政整体设计理念

产品艺术设计专业坚持培养理想信念坚定，德、智、体、美、劳全面发展的社会主义现代化建设事业的建设者和接班人，培养扎实掌握本专业知识和技术技能，能够从事产品造型设计、交互设计、视觉界面设计、用户体验设计等工作，具备一定的人文素养、科学素养、创新意识、工匠精神和较强的就业创业能力、可持续发展能力与国际视野的复合式、创新型、高素质技术技能人才。

“CAID 图像”课程重点培养学生掌握产品设计图像表达的基本理论和技能，从理论和实践上掌握产品设计图像表达的设计方法，具有完整的产品设计二维图像表达、三维图像表达，以及图像创新和实践应用能力，能够利用

Photoshop、KeyShot 等软件进行产品设计图像表达和创意表现。

课程将图像表达技能与图像表达内容紧密结合，以针对性的课程内容和元素植入学习任务的方式厚植爱国主义情怀和传统文化修养，形成爱国精神引领、传统文化铸魂的课程思政育人模式。围绕“讲述爱国故事，弘扬传统文化”的主线实施价值塑造，着力从爱国主义与传统文化中挖掘思政元素，凝练成以“青春有志之国之栋梁、传统文化之艺术审美、精益求精之工匠精神”为核心的课程思政建设目标。

课程以任务为驱动，采用“教、学、做合一”的教学设计，融入传统文化案例和爱国人物故事元素，丰富育人载体，优化教学内容，培养学生善于实践、勇于探索的创新意识，塑造精益求精、追求卓越的职业精神，增强理想信念，厚植爱国主义情怀。通过校内教育与校外实践结合，专业教师与思政教师、企业教师协同，实现课程思政建设与专业教育质量的双向提升。

（二）课程思政整体设计框架

聚焦图像表达领域，以职业岗位能力为起点，以企业项目为载体，从课程的知识、能力和价值三位一体的教学目标出发，立足价值目标核心，确立“青春有志之国之栋梁、传统文化之艺术审美、精益求精之工匠精神”一条主线，挖掘课程思政教育切入点，依托“讲述爱国故事，弘扬传统文化”等思政素材展开案例设计，将课程内容分解为四个分别对应若干实践任务和知识技能点的模块，针对每一个单元任务进行思政素材与教学内容的整合优化，形成以价值塑造为内涵、以实践任务为骨架、以知识技能点为内容的“CAID 图像”项目化课程体系。

本课程以知识目标、能力目标、价值目标为导向，以真实工作过程及工作任务为依托，系统培养学生对完整产品设计图像的表达能力。课程将教学内容分解为 4 个模块，第一个模块为课程概论与职业岗位人才需求内容导入，重点培养学生的独立学习和分析能力。第二个模块是 Photoshop 图像表达，重点培养学生朴素的爱国主义情怀和深厚的中华传统文化底蕴。第三个模块是 KeyShot 图像表达，由真实岗位工作课题或者竞赛主题导入，涵盖产品设计、平面设计岗位的技能要求，凝聚了教师与企业兼职教师多年合作产品开发的设计经验，重点培养学生逻辑严谨、耐心细致、团结协作、精益求精的职业素养和工匠精神，培养学生学思结合、知行统一，善于解决问题的实践能力。Photoshop 图像表达和 KeyShot 图像表达模块的工作内容相互递进，Photoshop 图像表达是基础，KeyShot 图像表达是进阶，在 KeyShot 图像输出后又需要对 Photoshop 图像表达进行后处理，遵循由少到多、由单一到综合的进阶学习过程。第四个模块为课程汇报与总结，包含学生工作汇报与工作评价、总结的内容，重点培养学生的团队协作意识和沟通表达能力。课程思政教学内容设计如图 1 所示。

三、课程思政教学案例

教学案例一 “古建筑——故宫剪影图标制作”——从中国传统建筑中感受中国建筑之美

（一）教学任务

模块二　“Photoshop 图像表达”之单元 2“形状图像表达”之任务 3　剪贴蒙版

（二）课程思政教学设计

本次教学任务是完成基于剪贴蒙版的古建筑——故宫图标设计制作，在介绍“形状图像——剪影”时引入该课程思政案例。

中国古代建筑具有悠久的历史传统和光辉的成就，是激发学生爱国热情和民族自信心的重要实物，也是新建筑设计和新艺术创作的重要借鉴。中国有着辉煌灿烂的文化，而中国的古建筑艺术更是东方艺术瑰宝。它不但完全独立于西方建筑体系，更影响着周边国家的建筑特色，形成了东方古典建筑体系。北京故宫建筑以木质结构为主，是世界上现存规模最大、保存最为完整的木质结构古建筑之一。了解故宫建筑，不仅可以使学生感悟其独特的魅力，更可以让学生感受到中国古代文化的伟大，为我们曾创造出如此精妙的建筑而自豪。

故宫图标制作这个案例反映了国家历史的辉煌，展现了过去中国的文化艺术和建筑技术的伟大成就，以此激发学生的民族自豪感，进一步引导学生了解

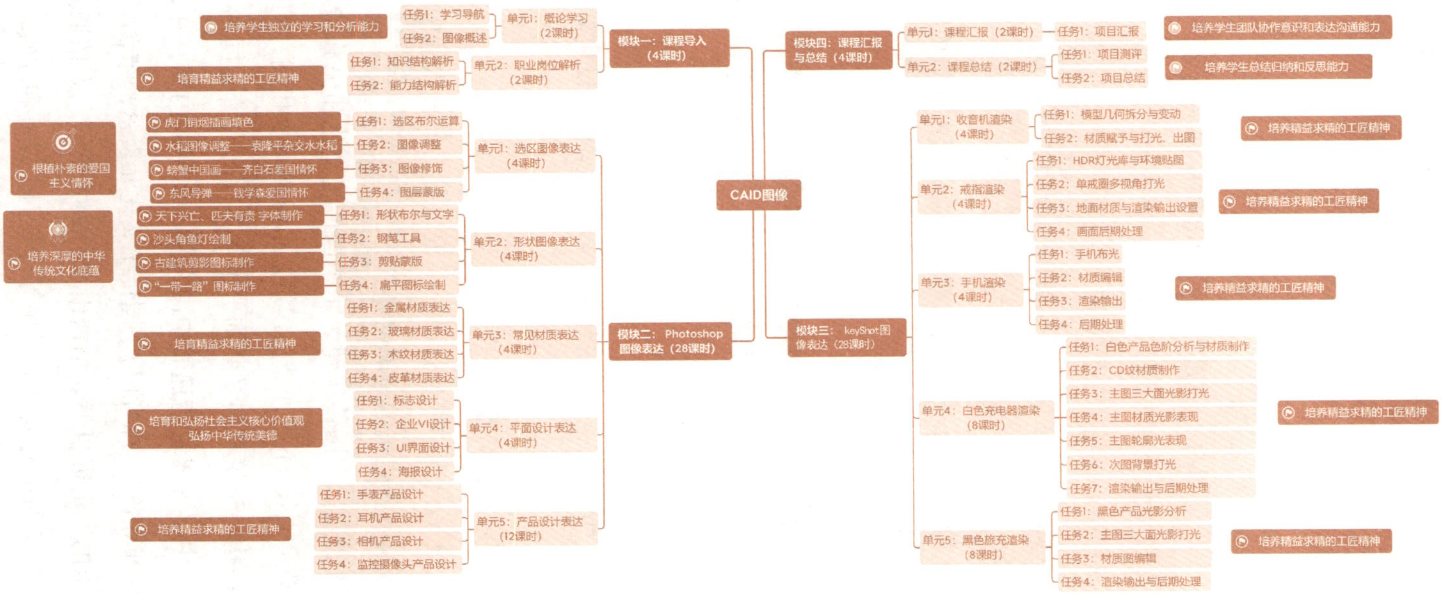

图 1　"CAID 图像"基于课程思政的教学内容设计

这座见证着中华民族伟大复兴之路的古建筑，进而树立民族自豪感和对古建筑的保护意识。

（三）教学实施

1. 教学目标

（1）价值目标：通过剪贴蒙版的操作训练学生严谨的逻辑和清晰的条理，通过剪影图标设计的实现，让学生了解中国古建筑之美，培养学生的传统文化审美意识和精益求精的工匠精神。

（2）知识目标：掌握剪贴蒙版的原理和操作方法，掌握剪贴蒙版常见错误的解决办法。

（3）能力目标：学会使用剪贴蒙版进行古建筑剪影图标设计，并能够达到一定的审美性。

2. 教学方法

采用线上线下混合式教学，以任务驱动为核心，主要运用启发教学法、课堂练习法和小组教学法，并辅以纪录片、新闻报道、应用案例等多种资料。

3. 教学过程

第一步：任务引入——古建筑剪影“猜一猜”测试讲解。

课堂上带领学生进行古建筑剪影图标案例测试讲解，展示古建筑的实物图片和视频。

第二步：案例分享——思政融入。

交流分享：请学生各抒己见，说出自己最喜欢的中国古建筑并简单分享，教师引导讲解各建筑的地理位置。

思政融入：中国传统建筑是中国传统文化和民族特色的传承载体。中国建筑艺术源远流长，不同地域的建筑艺术风格不尽相同，但其传统建筑的组群布局、空间、结构、建筑材料及装饰艺术等方面却有着共同的特点，区别于西方而享誉全球。中国古建筑传递着中国文化、文明的内涵，在选址、格局布置、建筑取材、纹饰等各个方面都与中国传统文化元素紧密结合。古建筑是可以阅读的，古人追求的“走进自然、怡情山水、致力学问、人情通达”等境界都能在建筑中觅得。古建筑中有太多的奥秘等待我们去发掘和欣赏。（辅之以相关视频资料）

第三步：教师讲解——师生互动。

设计问题：形状有哪些编辑方式？布尔运算的优缺点？钢笔工具编辑形状的优缺点？

师生并进：以一个矩形和一个圆形为例，教师演示“布尔运算”和“钢笔”工具编辑形状的结果，学生围绕教师的操作探讨怎样一步回到编辑之前的状态。教师引入剪贴蒙版，讲解其原理和优缺点。教师要随时捕捉学生的掌握动态与接受程度，灵活把控节奏。

第四步：聚焦任务——知行合一。

动手实践：在教师的指导下操作，实现北京故宫的剪影图标制作。同学之间要注意协作学习，互相帮助完成任务。

总结升华：剪贴蒙版的创建和解除有对应的快捷操作方式，每一个形状图层的位置不同会影响操作的结果，学生只有通过动手实践，在反复的调试纠错中才能逐渐掌握这些技能。学生要坚持在做中学，培养勤奋好学、百折不挠的钻研精神。

第五步：课后作业——巩固提升。

课后布置线上作业和线下实践，通过河南登封嵩岳寺塔的剪影图标设计进一步掌握剪影图标的制作技能，自觉践行职业规范和精益求精的工匠精神。同时布置进阶任务，学有余力的学生完成中国十大著名古建筑的剪影图标制作。

4. 教学资源

（1）基本教学资源：中国著名古建筑图片、中国古建筑剪影图标；线上教学平台全部微课视频、本次课教案、本次课教学演示文稿、作业测验课程教学演示文稿等。

（2）拓展教学资源：央视纪录片《中国古建筑》；清华大学公开课“中国建筑史”；山西古建筑系列视频。

（四）教学评价

以学生学业质量为导向，关注学生情感态度价值观的全面发展，以教师、学生、行企业专家为评价主体，探索以“学习成果”为导向，线上线下结合，过程评价与终结性评价相结合，学业评价与增值性评价相结合的评价模式，从课前、课中、课后构建全流程评价过程体系（表 1）。

表 1 教学评价体系

考核方式	过程性评价（60 分）			增值性评价（40 分）	
	平时考勤	任务训练	网络学习	古建筑认知问卷调查	学生积极性审美表达
分值设定	10 分	30 分	20 分	20 分	20 分
评价主体	教师	教师、学生	教师、学生	教师	教师、行企业专家
评价方式	线上线下结合	线下	线上	问卷	图标设计作品

过程性评价：在教学平台布置课前测试、课后作业，重点考核对知识点的掌握与理解；课中侧重实操能力的考核，小组互评与教师评价结合。本次任务的考核重点：应用剪贴蒙版完成故宫古建筑图标制作。

增值性评价：进行中国传统建筑认知的问卷调查，对学生的建筑审美认知进行跟踪记录。从学生在故宫剪影图标任务设计中的态度积极性、古建筑剪影图标审美表达的艺术性以及创新性等方面，观察学生对待学习的积极性和认知程度。

（五）创新与反思

故宫建筑思政素材与剪影形状表达教学内容契合度高，可以激发学生的民族自豪感，培养艺术类学生的艺术审美、职业素养和工匠精神，做到如盐在水、润物无声。

制作故宫古建筑剪影图标，不仅要理解剪贴蒙版的原理和掌握剪贴蒙版的操作方法，更要学会观察故宫建筑的典型艺术特征。学生第一次接触，理解和运用起来都会有一定的难度，要遵循循序渐进的教学规律，边讲边学，边学边做，引领学生逐步建立审美判断。

教学案例二 “东方魔稻”图像调整——保障粮食安全，端牢中国饭碗

（一）教学任务

模块二 “Photoshop 图像表达”之单元 1“选区图像表达”之任务 2 图

像调整

（二）课程思政教学设计

本次教学任务是完成基于 Photoshop 选区控制的水稻图片图像调整，在介绍“籼型杂交水稻素材图片”时引入该课程思政案例。

1973 年，以袁隆平为首的我国科研团队在世界上首次成功培养出籼型杂交水稻。籼型杂交水稻被外国人誉为“东方魔稻”，它的应用被称为“新的绿色革命”，为改善人类的粮食供应立下了汗马功劳。粮食安全至今依然是全世界许多国家面临的重大问题。2019 年，全球有近 6.9 亿人遭受饥饿，与 5 年前相比增加近 6000 万人。受新冠肺炎疫情的影响，2020 年全球饥饿人数新增 1.3 亿，40 多个国家出现粮食短缺现象。增加粮食产量的根本出路还是向科技要单产、要效益，坚持农业科技自立自强，下决心打好种业翻身仗，用现代农业科技和物质装备强化粮食安全支撑。这个案例呈现了中国杂交水稻之父袁隆平作为研究和培育杂交水稻的开创者，研究出具有完全自主知识产权的杂交水稻技术，以此激发学生的民族自豪感，进一步引导学生正确看待当前的粮食安全问题，珍惜自己的盘中餐；同时了解“美图秀秀”等国产图像处理软件的技术进步。

（三）教学实施

1. 教学目标

（1）价值目标：通过介绍籼型杂交水稻案例，让学生增强民族自豪感，同时树立正确的粮食安全观念和珍惜粮食的意识。通过使用选区和图像调整命令，完成水稻从扬花到成熟的色彩调整，培养严谨、细致的工匠精神。

（2）知识目标：了解图像调整的类型，掌握色阶、曲线、饱和度的概念；了解“Photoshop（PS）”和“美图秀秀”图像调整功能。

（3）能力目标：学会使用 PS 图像调整的色阶、曲线、饱和度命令调整水稻的图像，完成水稻从扬花到成熟的色彩调整。在动手实践过程中培养学生的逻辑分析与总结能力。

2. 教学方法

采用线上线下混合式教学，以任务驱动为核心，主要运用启发教学法、问题教学法和小组教学法，并辅以官方网站、视频资源、案例等多种资料。

3. 教学过程

第一步：任务引入——提出问题。

利用历史上的粮食危机等具体实例引出粮食安全的重要性。引导学生观察并思考未来可能发生的全球粮食危机。（线上视频资源）

第二步：案例讲解——小组实操。

对照水稻素材，带领学生认识 PS 图像调整中的色阶、曲线、饱和度命令，教师演示操作过程，然后以学习小组的形式进行实操。

第三步：教师讲评——思政点睛。

针对实操结果，教师进行集中讲解，利用图片讲解 1976 年以来，杂交水稻在全国累计推广面积约 85 亿亩，增产稻谷 8.5 亿吨。每年因种植杂交水稻而增产的粮食可以多养活约 8000 万人口，为中国人牢牢掌握自己的饭碗作出了重大贡献。

思政点睛：2021 年中央一号文件规定实行粮食安全党政同责，进一步压实了地方党委政府的义务和责任。正如习近平总书记所强调的："解决好十几亿人口的吃饭问题，始终是我们党治国理政的头等大事。""中国人的饭碗任何时候都要牢牢端在自己手上。"增加粮食产量的根本出路还是向科技要单产、要效益，坚持农业科技要自立自强，下决心打好种业翻身仗，用现代农业科技和物质装备强化粮食安全支撑。（相关网站资料）

价值引领：学生应该如何做好当下？我们要清醒地认识到，节约粮食，不铺张浪费，也是为粮食安全做出自己的一份贡献。

第四步：课后作业——巩固提升。

课后布置拓展任务：一是水稻成长过程图文匹配练习作业，拓宽学生视野，增加学生知识储备。二是对小麦的图像进行调整，增强学生的动手能力。

4. 教学资源

（1）基本教学资源：籼型杂交水稻培育背后的粮食安全故事；水稻图片素材；线上教学平台全部微课视频、本次课教案、本次课教学演示文稿、作业测验课程教学演示文稿等。

（2）拓展教学资源："全球粮食危机"视频；"图像调整的应用"微课视频。

（四）教学评价

以学生学业质量为导向，关注学生情感态度价值观的全面发展，以教师、学生、行企业专家为评价主体，探索以"学习成果"为导向，线上线下结合，过程评价与终结性评价相结合，学业评价与增值性评价相结合的评价模式，从课前、课中、课后构建全流程评价过程体系（表 2）。

表 2 教学评价体系

考核方式	过程性评价（60 分）			增值性评价（40 分）	
	平时考勤	任务训练	网络学习	粮食安全认知问卷调查	学生积极性色彩表达
分值设定	10	30	20	20	20
评价主体	教师	教师、学生	教师、学生	教师	教师 / 行企业专家
评价方式	线上线下结合	线下	线上	问卷	图像调整作品

过程性评价：在教学平台布置课前测试、课后作业，重点考核对知识点的掌握与理解；课中侧重实操能力的考核，小组互评与教师评价结合。本次任务的考核重点：水稻图片中水稻穗的色彩调整。

增值性评价：进行粮食安全认知的问卷调查，对学生的粮食安全认知进行跟踪记录。从学生对粮食安全的认知等方面观察学生对粮食认识的态度，评价学生通过本次课学习在思想意识上的收获。

（五）创新与反思

结合课程图像调整这个教学项目的载体，融入与生活息息相关的粮食安全话题，拓展学生的认知视野，以国产软件在移动终端上性能表现的进步激发学生的民族自信与爱国情怀。通过任务驱动教学法强化学生对技能的理解运用，使其在动手实践中感受学习的快乐，做到知行统一，实现价值塑造与知识传授、能力培养的有机统一。

实操训练时强调学生要注重条理性，做到细致认真，践行工匠精神。学生进行选区选择和调整时，还需要耐心细致地选择好每一个像素，教师在更好地引导教学方面需进一步努力。

四、选用教材与参考资料

（一）选用教材

张国军 .CAID 图像 [M]. 北京 : 北京理工大学出版社，2021.

（二）参考资料

1. 中国最美古建筑，亭、台、楼、阁、轩、榭、廊、舫

https://baijiahao.baidu.com/s?id=1713556181400419282&wfr=spider&for=pc

2. 把饭碗牢牢端在自己手里——籼型杂交水稻培育背后的粮食安全故事

https://article.xuexi.cn/articles/index.html?art_id=15017798807518828168&ref_read_id=B9AB50285CDF452CBFEC8EF30CE48C63 &source=share&study_style_id=feeds_default&reco_id=101baa155868c0a 884120009&share_to=wx_single&study_comment_disable=0&ptype=100&item_id=15017798807518828168&pid=31751578640395284

案例编写人：张国军（艺术设计学院）

“插花与花艺设计”
课程思政教学案例

一、课程定位

本课程是风景园林设计专业的一门拓展课程，重点培养学生的插花技艺、人文素养和审美情趣，促进学生园林审美能力的提高，为从事插花花艺行业打下坚实的专业基础。课程旨在培育学生公民个人层面的社会主义核心价值观（爱国、敬业、诚信、友善）、工匠精神、君子人格等思想政治素养与职业素养，掌握插花花艺的由来和内涵，明确插花花艺的价值和发展方向，了解插花器材的选购和使用方法等基本知识，掌握插花花艺的色彩配置和造型设计基本原理，以及三大构成在现代花艺设计中的应用等基本理论，具备一定的独立进行中国插花、西洋花艺、现代花艺创作和鉴赏的能力。

二、课程思政整体设计思路

（一）课程思政整体设计理念

根据学校以习近平新时代中国特色社会主义思想为指导，坚持育人为本、德育为先，紧紧围绕立德树人根本任务，培养复合式创新型高素质高技能人才的教育理念，依循“插花与花艺设计”课程本身的独特价值底蕴，本课程充分利用插花花艺天然的美好与亲和力，培育学生公民个人层面的社会主义核心价值观、工匠精神、君子人格等思想政治素养与职业素养，弘扬中华优秀传统文化，形成“插花 + 文化 + 思政”的“三融合”“插花与花艺设计”课程思政体系，实现“以花育人”的立德树人课程思政教学目标。

（二）课程思政整体设计框架

本课程从插花美学着手，以花艺设计师工作岗位和工作任务要求为起点，借花艺大赛契机，融合国赛和世赛内容及评判标准，将插花花艺与思想政治教育互相渗透、有机融合，形成以课程思政为灵魂，以花文化为纽带，以插花知识技能为依托的“三融合”课程内容教学体系（图 1）。通过识花、护花、插花、赏花、养花等教学环节，以及各种插花赛项，以赛促教，将学生公民个人层面的社会主义核心价值观培育、工匠精神培育、君子人格培育贯穿课程始终，使思政教育、文化修养、插花技艺巧妙地融为一体，构建价值塑造、知识传授、能力培养“三位一体”的插花花艺人才培养模式。通过“以花育人”，实现“如盐在水”式地培育学生公民个人层面的社会主义核心价值观的“插花与花艺设计”课程思政教学目标。

三、课程思政教学案例

教学案例一　君子之花系列——对话君子

（一）教学任务

项目二　“中国插花艺术”合计 20 学时，由三个任务组成：2.1 中国插花概述，2.2 中国插花基本花型，2.3 中式生活插花。

“中国插花艺术”部分的课程思政教学聚焦君子文化，重点培育学生的君子人格。通过君子之花系列，即梅、兰、竹、菊、荷等主题花材，欣赏相关音乐，学习相关诗词书画、代表人物、经典故事等，经由识花、插花、赏花、护花等教学环节，以及第二课堂、第三课堂等途径，借由美丽的花做无声的老师，将自律慎独、厚德载物、自强不息、入世有为等君子人格植入学生大脑，滋养学生心灵，实现“以花育人”的插花花艺课程思政教学目标。

（二）课程思政教学设计

项目二“中国插花艺术”教学全面引入中国传统文化内容学习，借助“学堂在线”“花间一壶茶”等教学平台资源，通过课前识花、护花，课中插花、赏花，课后护花等教学环节，将中国传统美学观点巧妙植入中国插花艺术教学中。以梅、兰、竹、菊、荷等君子之花为载体，引导学生对话鲜花，对话君子，学

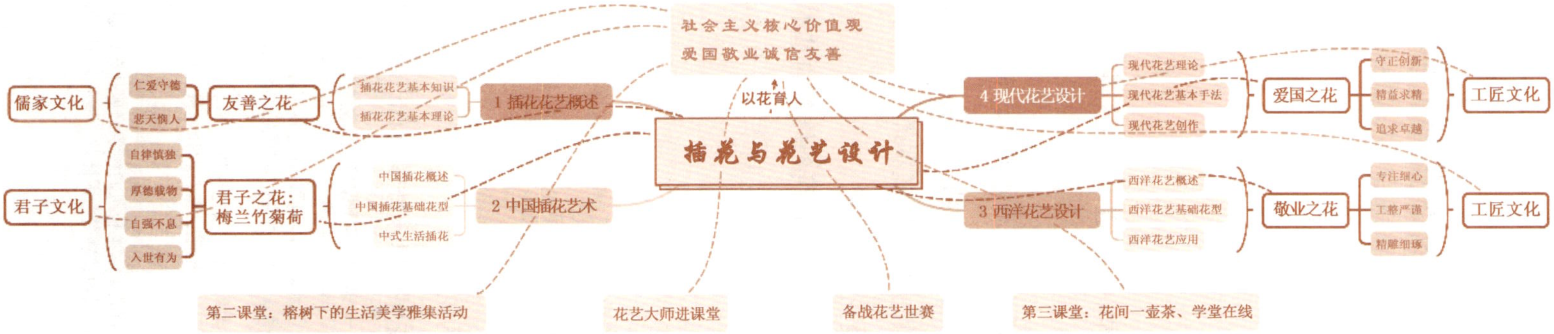

图 1 “三融合”的“插花与花艺设计”课程内容教学体系

习君子文化，积极践行社会主义核心价值观，德业并进，自强不息，做淡泊名利、追求卓越的时代新人。

本次课以“中式生活插花——茶花”为例，开展“君子之花系列——对话君子”插花课程思政教学活动。

（三）教学实施

1. 教学目标

通过茶花学习，了解中国茶道，掌握茶花制作，欣赏高雅的生活美学，做文雅的青年学子。

（1）价值目标：对话梅花、对话菊花，对话君子，理解“以‘出世’之心，做‘入世’的事业”，培育淡泊名利、自强不息的君子人格。

（2）知识目标：了解中国茶道基本理念，掌握茶花特质，了解梅花文化和菊花文化，做喜欢茶的爱花人。

（3）能力目标：掌握中国插花线条修剪的基本原理和方法，掌握瓶花中线条的传统固定技术“撒”，掌握茶花制作要求和方法，能制作符合茶道精神要求的茶花。

2. 教学方法与手段

采用线上线下混合式教学方式，主要运用讲授式、示范式、提问式、启发式、讨论式、自学式等教学方法，并辅以官方网站、视频资源、案例等多种教学资源进行茶花教学。

本课程充分利用美的象征——花，雅的代表——茶，通过茶与花的高雅生活体验，实现美育等插花课程思政教学目标。具体教学策略见表 1。

表 1　实现课程思政的教学策略

策略一：环境美	教师和值日生提前布置插花教学环境，花艺教室打扫干净，教学器材摆放整齐。教师在讲台布置茶席，陈设茶花，播放音乐，身穿中式服装，分享美好的茶汤
策略二：插花美	教师展示茶花示范作品和茶空间插花作品。务必要让学生一进门就感受到教师今天的插花作品和以往不一样，不艳丽，不抢眼，却有勃勃生机，其内在的强大生命张力使其成为整个空间的视觉焦点
策略三：线条美	本次茶花课，教师重点展示木本枝条的线条修剪技艺，通过“化腐朽为神奇”的修剪手法激发学生对中国插花艺术的兴趣，感受中国插花“线的艺术”魅力

（续表）

策略四：意境美	通过枝条审美，主花点题，分享梅花文化和菊花文化，结合梅花和菊花的诗词绘画，让梅花精神和菊花品格入心入脑，培育淡泊名利、自强不息的君子人格
策略五：技艺美	教师现场展示中国传统瓶花固定技术“撒”艺，通过精湛的技术吸引学生尝试传统瓶花制作，培育专注、细心、有耐心的做事态度

3. 教学过程

茶花教学分课前、课中、课后三个阶段（表2）。

课前学生主要通过教学平台进行自主学习与思考，教师线上辅导。课后通过加分作业，引导学生践行茶与花的高雅生活方式。

表2 插花教学过程设计

教学环节		教学内容	教师活动	学生活动	教学资源	教学方法
课前（问与思）	识花	茶花之美，美在何处？中国茶道知多少？梅花文化知多少？菊花文化知多少	发布任务 线上支持	自主学习 提交测验	“学堂在线” “花间一壶茶”	问题导向 自主学习
课中（教学做）	插花 赏花	线条修剪要求与方法，线条固定方法“撒”艺，茶花造型法则，茶花制作方法	由茶艺引出茶花 示范操作 技术讲解 审美分析	听讲记录 思考讨论 学习制作 美的沉思	教材 课件 示范作品 视频 推文	问题导向 花艺示范 案例分享 推荐阅读
课后（拓与练）	护花	为自己或家人泡杯茶、插瓶花，体验茶与花的美好生活方式	提供资源 线上互动	自主学习 线上讨论	“学堂在线” “花间一壶茶”	亲身体验 记录感受 品味生活

课中教学过程（表3）：

表3 插花课中教学活动设计

教学环节	教学活动	思政点睛
初遇	上课铃声响起。首先，教师在古琴曲《梅花三弄》音乐声中泡茶，请学生喝茶，制造茶花“初遇”场景；之后教师提问，学生自由回答，由此提出今天的学习任务：茶花	通过美育教育：环境美、服饰美、动作美、意境美，引导学生热爱生活，明白美好生活需要自己创造的道理
识花	主题花材：菊花。通过认识花材，分享菊花诗词书画，了解菊花品格，思考陶渊明的人生意义	培育君子人格，明白“人淡如菊”，理解“以‘出世’之心，做‘入世’的事业”（朱光潜）

（续表）

教学环节	教学活动	思政点睛
插花	首先是线条修剪。 通过操作示范与演示文稿和视频演示，理解中国插花"线的艺术"，讲解中国插花线条美的审美标准，以梅花线条为例进行讲解。 通过梅花诗词书画了解梅花精神，思考"梅花和牡丹，你选哪个为中国国花？为什么？"	中国插花线条美是本次课的重点难点，插花教师可以结合梅花枝条的审美，引出梅花诗词和相关书画作品，启发学生深刻领会"梅花精神"和"中国精神"。最后通过毛泽东主席的词《卜算子·咏梅》，进一步升华梅花的意蕴，赞美中国共产党人不畏牺牲、奋勇前行的崇高美德和牺牲精神，坚定学生跟党走的理想信念
	然后是线条固定。 只允许学生用传统技法"撒"固定。"撒"艺很难，很考验学生的细心耐心，必须专注才能做好"撒"。一旦掌握了"撒"艺，随时随地都可以很方便地制作地道的中国传统插花	中国插花的传统固定技术"撒"艺是本次课的另外一个教学重点，同时也是难点，通过"撒"艺培养学生的工匠精神。同时结合花艺大师"东方撒艺"张超老师的故事，使课程思政教育更加生动自然，具有说服力
	最后是茶花造型。 根据线条走向顺其自然地造型。菊花点题，人淡如菊。 加入副花、副叶，完善作品造型	直立型表现正直、向上的精气神，倒挂型传递不屈不挠、自强不息的精神
赏花	师生通过欣赏花中君子、花中隐士——菊，来对话中国文学史上家喻户晓的君子：陶渊明。最后教师可以借助南京大学莫砺锋教授的话指出："陶渊明的最大意义在于：他用实际行为阐释了人生的意义，他证明了与功业建树毫无关系的平淡人生同样可以达到超凡入圣的境界，他也证明了朴素乃至贫寒的平凡人生也可以具有浓郁的诗意。陶渊明诗文的最大意义在于它们生动展现了平凡人生的种种有意味的内容，清晰地揭示了蕴藏在平凡生活中间的那样一种美感，那样一种诗意。"	在意境、造型、色彩三个插花审美要素中，意境排首位，是中国插花的灵魂。以"人文之善"为核心审美的中国插花处处体现了儒家的人生智慧。古人相信花似人一般抱有伦常操守，如傲骨贞姿，见之于梅；孤禀劲节，见之于菊。通过赏花、品花，来品味人生，陶冶性情，净化灵魂，以达于孔子所教导的要做一个有操守、有品德的高尚的人，这与青年大学生践行社会主义核心价值观中的"修德"完美融合
护花	点评学生作品，讲解茶花作品陈设与养护的要求与方法，并布置课后加分作业	通过爱花惜花护花，引导学生热爱生命、热爱生活
卫生	实训室卫生包括讲台、窗台、地面、水池、桌椅等，地面必须先扫后拖再拖干，水池杂物务必清除干净，避免堵塞水池，桌椅必须摆放整齐	通过劳动教育，引导学生从小事做起，为他人服务，这些都是工匠精神的具体体现

由上可见，插花课程思政教育贯穿插花教学全过程（表4）。

表4　贯穿茶花教学全过程的思政教育

课前	课中				课后
认识花材 （识花）	线条修剪 （线条审美）	线条固定 （"撒"艺）	茶花造型 （顺其自然、意态天然）	茶花欣赏 （赏花）	茶花生活 （护花）
梅花文化 菊花文化	梅花精神 《卜算子·咏梅》	工匠精神 专注细心 精益求精	直立型（正直向上） 倒挂型（自强不息）	君子之花 君子人格 陶渊明的意义	体验茶与花的高雅生活热爱生活

思政目标：君子人格、工匠精神

思政素材：梅花文化，林逋"梅妻鹤子"的典故及其诗《山园小梅》，王安石的诗《梅花》，王冕的《梅花图》，毛泽东的词《卜算子·咏梅》；菊花文化，陶渊明的"篱菊"，"撒"艺，"以'出世'之心，做'入世'的事业"等。

毛泽东的词《卜算子·咏梅》写于1961年12月，当时正值中国遭遇三年自然灾害和中苏论战，内忧外患，中国受到严峻考验。毛泽东托物言志，表明了中国共产党人不畏严寒、不惧险境，勇敢迎接挑战，直至最后胜利的决心，生动刻画出坚冰不能损其骨，飞雪不能掩其俏，险境不能摧其志的中国共产党人形象，表现了共产党人斗争在前，享受在后的崇高美德和奉献精神，极富革命浪漫主义色彩。

卜算子·咏梅

毛泽东

风雨送春归，飞雪迎春到。
已是悬崖百丈冰，犹有花枝俏。
俏也不争春，只把春来报。
待到山花烂漫时，她在丛中笑。

- 思政元素：

花材中的思政元素：菊花（君子人格）。

花型中的思政元素：直立型（正直、向上），倒挂型（自强不息）。

技术中的思政元素："撒"（工匠精神，专注细心，精益求精）。

4. 教学资源

（1）基本教学资源：教材、线上教学平台"学堂在线"相关教学视频、本次课教案、本次课教学演示文稿等。

（2）拓展教学资源：自营微信公众号"花间一壶茶"（原创第二课堂茶花活动推文及视频"清茗探荷""小暑说荷""邀月问茶""我和渊明有个约会""芳菊开林耀" "入室自成芳"等）。

（四）教学评价

1. 教学评价思路

本课程评价方式以学生学业质量为导向，结合课程思政、文化、技艺要求，采用全过程形成性考核（表 5），具体如下：

（1）评价主体：校内考核由教师和学生一起参与，学生小组间相互打分，老师综合评价；应用性作品由企业专家和教师共同参与。

（2）评价方式：过程性评价、终结性评价相结合；以“学习成果”为导向，参加相关大赛成绩、插花生活美学活动开展等增值性考核在教学评价中得到应用。

2. 评价内容与标准

（1）评价内容：思政（20%）、文化（10%）、技艺（20%）、期末实操终结性考试（50%）；学生参加技能大比武、课后开展插花花艺活动，可以获得最高不超过 10 分的课程加分；若学生参加高职学生花艺比赛、国赛和世赛花艺赛项及行业花艺赛项获得成绩，可以按学校政策替换其课程考核成绩（表 5）。

表 5　教学评价说明

考核方式	过程性考核（50 分）			终结性考核（50 分）	增值性评价（10 分）
	思政	文化	技艺	期末考试	活动开展、技能大比武
分值设定	20 分	10 分	20 分	50 分	10 分
评价主体	学生和教师	教师	学生和教师	教师	教师
评价方式	线下	线上线下	线下	线下	线上

（2）评价标准：思政考核，主要通过本次课的个人礼仪、劳动表现、课堂表现加以综合评定（表 6）。

表 6　思政考核表

考核项目			考核说明
个人礼仪（20分）	个人形象（10 分）	个人卫生（5 分）	干净清爽，不邋遢
		服饰讲究（5 分）	打扮得体，着装不暴露，不穿拖鞋来插花
	个人文明（10 分）	公共卫生（6 分）	全程保持插花台面和地面的整洁与干净，垃圾随时收入袋内
		言行举止（4 分）	有礼貌，言语轻细，不讲粗话；举止文明，不做粗鲁之动作

（续表）

考核项目			考核说明
劳动表现（40分）	集体服务（20分）	花材分配（10分）	课前按时到教室为全班同学分好养好花材
		器具分配（10分）	课前按时到教室为全班同学准备好花器和剑山以及垃圾桶、抹布等
	课前准备（10分）	花器（2分）	花器选用合理，用前清洗干净
		剑山（2分）	剑山大小要与花器适合，摆放位置合理
		水（2分）	水要干净;水位高低适合,最低水位要求水面刚好淹没剑山,而夏季水位应适当高一些
		花材（4分）	花材新鲜，搭配合理，加工处理恰当
	课后整理（10分）	器具归还（5分）	花器、剑山、花桶、垃圾桶、抹布等器具清洗干净后归还到原位
		课室卫生（5分）	每次课后大扫除，清理水池，拖地，整理物品柜等
课堂表现（40分）	上课考勤（10分）	课前考勤（3分）	不迟到，不旷课，事假病假应提前请假
		课中考勤（4分）	不中途溜号
		课后考勤（3分）	不早退，临时请假应课后及时补假
	听课与思考（10分）	听讲（5分）	上课认真听讲，勤于思考
		互动（5分）	积极回答问题
	插花习惯（20分）	安静（5分）	插花过程中保持安静，不大声讲话，动作从容，内心宁静
		专注（10分）	插花专注，手脑并用，插花过程中保持专心，不分神，不受外界干扰，身心专注于中国插花艺术创作
		整齐（5分）	物品摆放规范

文化考核，通过课前课后作业，检验学生对梅花文化、菊花文化、君子文化的认知和理解程度（表7）。

表7 文化考核

考核项目	考核内容	成果形式	考核说明
花文化知多少（100分）	课前阅读（60分）	阅读答题	根据回答评分：正确（得分）错误（不得分）
	阅读分享（40分）	读后感	根据分享评分：理解深刻到位（高分）；理解肤浅（低分）

技艺考核，课程茶花作品课堂点评并评分（表8）。

表8　技艺考核

考核项目		考核说明
干净整洁（10分）	器具（5分）	花器、水体、用具洁净
	台面、地面（5分）	台面、地面整洁
技术规范（30分）	水位（5分）	水位高低符合季节要求
	“撒”艺（15分）	用“撒”固定的花枝牢固稳定
	基脚（5分）	符合点的插法和“起把宜紧”的要求
	光源（5分）	符合“光源一致”的要求
作品造型（30分）	花型构成（15分）	花型构成符合美学要求
	层次（15分）	作品富有立体层次美感
作品色彩（20分）	色彩构成（10分）	色彩构成符合茶花美学要求
	和谐度（10分）	作品色彩和谐悦目
作品意境（10分）	立意（5分）	意境深远、有诗意
	命名（5分）	作品命名有意趣

生活实践（加分项），鼓励学生“学以致用、知行合一”，做生活美学的践行者与传播者。通过主题为“对话君子”的插花活动的策划与开展，检验学生对君子文化的理解与应用（表9）。

表9　生活实践考核

考核项目	考核内容	成果形式	考核说明
对话君子（100分）	茶花活动设计（30分）	活动策划书	根据策划评分：主题明确、内容丰富、形式多样、创意独特（高分）；反之，低分
	茶花活动体验（70分）	活动总结报告或视频	根据报告或视频评分：逻辑清晰、结构合理、内容完整、呈现优美（高分）；反之，低分

（五）创新与反思

中国插花的传统固定技艺“撒”很不好掌握，需要反复练习。教师要加强个别辅导，具体问题具体解决。鼓励学生耐心插花，培养学生精益求精的工匠精神。

茶花贵在精神气质，教师身体力行做生活美学践行者的同时，鼓励学生课后亲身体验茶与花的美好生活方式，做中华优秀传统文化的弘扬者、社会主义核心价值观的传承者和践行者。

教学案例二 爱国之花系列——“我爱你 中国”

（一）教学任务

项目四“现代花艺设计”合计40学时，由三个任务组成：4.1 现代花艺理论，4.2 现代花艺基本手法，4.3 现代花艺创作。

现代花艺创作可以结合节庆文化、民俗文化、花材文化、色彩文化、符号文化等展开花艺创作教学活动，借由现代花艺基本手法表达东方文化，传递东方意蕴，增强学生的家国情怀与文化自信。以备战花艺世赛为契机，培育学生守正创新、精益求精、追求卓越的工匠精神，强化“民族的才是世界的”设计信念，将爱国精神融入现代花艺创作的教学活动中，培育公民个人层面的社会主义核心价值观。

（二）课程思政教学设计

项目四“现代花艺设计”教学全面引入世赛项目内容，对标世赛标准，以备战花艺世赛为契机，激励学生技能成才、技能报国，借助“学堂在线”等教学平台资源，通过课前设计、课中制作、课后拓展等教学环节，用现代花艺手法表现中国传统文化，让中国之花绽放于世界。

本次课以“现代花艺创作——节庆花艺创作”为例，开展“爱国之花系列——我爱你 中国”花艺课程思政教学活动。相关内容也可以替换为党的生日“爱国之花系列——唱支山歌给党听”，春节“爱国之花系列——阖家欢乐庆团圆”等。

（三）教学实施

1. 教学目标

掌握节庆花艺设计思路与方法，掌握节庆花艺作品制作方法，培育学生的创新能力、工匠精神、家国情怀。

（1）价值目标：为国庆制作生日花礼，歌唱伟大祖国，激发学生的爱国热情，培育家国情怀。

（2）知识目标：节庆花艺设计思路与方法，新中国的由来，为什么说“中国人民站起来了”，通过“数据看中国”“图片看中国”等形式赞美祖国，激发学生的爱国热情。

（3）能力目标：借用现代花艺手法，比如架构、粘贴、卷曲等，表达“我爱你 中国”的花艺创作主题。

2. 教学方法与手段

采用线上线下混合式教学方式，主要运用讲授式、示范式、提问式、启发式、讨论式、自学式等教学方法，并辅以“学堂在线”官方网站、视频资源、案例等多种教学资源进行节庆花艺创作教学。

3. 教学过程

课前设计，学生要了解节庆由来、节庆习俗、节庆文化，在此基础上提炼节庆的花艺表达元素，进行花艺作品的创意设计、造型设计、色彩设计、花材设计，思考制作方法，以及可能应用的现代花艺手法，完成设计方案并准备好材料。

课中制作，教师要详细讲解国庆节“我爱你 中国”的现代花艺设计思路，指导学生完成作品制作，并点评作品。教师可以结合国庆节由来、国庆节习俗（如悬挂国旗、张灯结彩、摆放鲜花、国庆长假、国庆旅游、国庆团圆等）、国庆花材（如烟花菊、牡丹菊、天堂鸟、红掌、玫瑰等）、国庆色彩（中国红）、国庆符号（如龙图腾、祥云、天安门、长城、黄河、长江等）等开展国庆花艺创作活动，鼓励学生以现代花艺的方式歌颂祖国的大好河山（现代写景花），赞美祖国的灿烂文化（比如茶文化），表达对骨肉同胞的爱（比如感恩之花、祝福之花），对美好生活的向往（比如“悦读生活”、美丽家园、美食文化），用花艺的方式祝福伟大祖国生日快乐、繁荣昌盛、国泰民安。

课后拓展，学生要在课堂作品的基础上进行拓展设计。鼓励学生在条件允许的情况下完成拓展作品制作（表 10）。

表 10　节庆花艺创作教学过程设计

教学环节		教学内容	教师活动	学生活动	教学资源	教学方法
课前	设计	“我爱你 中国”的设计元素提炼	发布任务 线上支持	自主学习 提交设计草图	学堂在线	问题导向 自主学习
课中	制作	“我爱你 中国”的插花制作方法	设计探讨 技术分析	插花制作 技术总结	教材课件 视频资源	技术示范 案例分享
课后	拓展	“我爱你 中国”更多花艺表达方式	提供资源 线上互动	自主学习 线上讨论	学堂在线	自主总结 拓展训练

通过设计、制作、拓展等教学方式展开教学活动。教师在课堂现场和学生探讨设计方案，指导学生制作作品，亲自示范现代花艺手法，解决制作过程中的技术难题。同时采用多媒体课件，结合大量国庆节花艺作品图片，拓展学生设计视野，启迪学生设计思维。

（1）设计启发（激发爱国热情）：“我爱你 中国”的设计元素挖掘，采用启发式、课堂讨论式等教学方法。背景音乐为《我和我的祖国》。

为了充分酝酿感情，师生可以先一起静静聆听歌曲《我爱你 中国》，从歌词中探讨《我爱你 中国》的表达元素：秧苗、硕果、青松、红梅、甜蔗等植物元素；大海、碧波、白雪、森林、群山、小河等风景元素；绿色、蓝色、红色、金色、白色等色彩元素。提问：如何用现代花艺方式再现祖国大好河山？

（2）设计小结：

在讨论的基础上，师生归纳出“我爱你 中国”的花艺表达方式。

设计元素包括花材选择（比如康乃馨、玫瑰表达爱）、符号提炼（比心）、色彩设计（中国红）、造型设计（比如中国龙、长城、长江、黄河等）。

主题表达包括舌尖上的中国、幸福生活、美丽中国、美好家园等题材，都可以表达自己对祖国母亲的热爱与祝福。

（3）创作与指导：以小组为单位完成花艺作品制作，教师现场指导学生解决技术难题。

（4）点评与欣赏（思政点睛）：学生喜欢的通常有生日蛋糕、数字等最直接可爱的花艺祝福方式。

比心，利用架构和粘贴手法制作一颗红心，花材选用红色玫瑰或康乃馨，以此表达对祖国母亲的爱与祝福。

写景，写景式插花赞美祖国的大好河山，抒发爱国情怀。

美好生活，比如茶元素、围棋元素、美食元素的应用等，侧面表达国泰民安、安居乐业的美好生活场景，以此歌颂祖国母亲。

（5）拓展训练：布置加分题给学有余力，或希望提高课堂作品成绩的学生。教师通过线上指导，保证课后拓展训练质量。

4. 教学资源

（1）基本教学资源：教材、线上教学平台“学堂在线”相关教学视频、本次课教案、本次课教学演示文稿等。

（2）拓展教学资源：自营微信公众号“花间一壶茶”，原创推文与视频“我爱你 中国”“唱支山歌给党听”“和深圳一起开花”“青盏芳菲共婵娟”“茶韵幽香绕重阳”等。

（四）教学评价

教学评价参见案例一。现代花艺课程考核的方式方法基本不变，具体评分细则稍有变化。现代花艺的技艺考核更加注重花艺设计，课程作品依然是课堂点评并评分（表 11）。

表 11　现代花艺作品评分

考核项目	考核说明	
花艺设计（40 分）	主题表达（10 分）	作品能体现“我爱你 中国”的主题
	比例（5 分）	作品比例合理协调
	花材选配（5 分）	花材选配符合主题表达要求
	色彩（5 分）	色彩能符合主题表现要求
	造型（10 分）	造型符合“我爱你 中国”主题表达需求
	笔法技巧（5 分）	线条流畅，层次清晰，色彩调和

（续表）

考核项目	考核说明	
花艺制作（60分）	构图（10分）	比例合理，造型优美独特大方
	层次（10分）	层次饱满，立体感强
	色彩（10分）	色彩和谐悦目，视觉冲击力强，能呼应主题需求
	整体感（20分）	整体效果好，美观大方，有创意，能体现“我爱你 中国”主题
	做工（10分）	做工精致细腻，花泥、铁丝等不外露

文化考核，还是通过课前课后作业考查学生对祖国的认知和了解程度。生活实践（加分项），依然鼓励学生“学以致用、知行合一”，做生活美学的践行者与传播者。通过主题为“祝福祖国”的插花花艺作品创作活动，考查学生对祖国文化的认同与理解。

（五）创新与反思

现代花艺创作贵在创新，其基本手法也需要反复练习，如何用西方人的现代花艺手法表达东方文化是现代花艺设计的难题。课堂内外，教师都要加强个别辅导，从设计到制作，鼓励学生多思考，多训练，培养学生守正创新、精益求精、追求卓越的工匠精神，坚持文化自信，爱祖国、爱人民、爱生活、爱生命，做入世有为的时代新人。

四、选用教材与参考资料

（一）选用教材

鲁朝辉．插花与花艺设计 [M]. 重庆：重庆大学出版社，2021.

（二）课程网站

学堂在线——“插花与花艺设计”

https://www.xuetangx.com/course/szpt65011003314/10332056?channel=i.area.recent_search

案例编写人：鲁朝辉（建筑工程学院）

刘　静（马克思主义学院）

“绘画艺术欣赏”
课程思政教学案例

一、课程定位

本课程是一门面向所有专业开设的通识教育核心课程，是以绘画为载体了解不同文化、不同历史和不同社会形态的人文素养课。本课程旨在通过对作品的赏析，使学生了解中外美学思想，掌握不同画种的评价方法，具备对绘画作品的鉴赏能力，提升审美的感受力。通过绘画实践，使学生具备创造美的能力，用审美的方式陶冶情操。通过设计应用，培养学生的创意思维，用审美的方式点亮生活，用审美的方式树立和培养健康和健全的人格。

二、课程思政整体设计思路

（一）课程思政整体设计理念

高校对于人才的培养不仅是知识的传授，更在于育人。而育人的根本在于立德。美育在高校通识教育中就承担着这个作用。

2019 年，教育部在《关于切实加强新时代高等学校美育工作的意见》中，对新时代高校美育改革发展提出明确要求，学校美育是培根铸魂的工作，提高学生的审美和人文素养，全面加强和改进美育是高等教育当前和今后一个时期的重要任务。为此，要大力加强和改进美育教育教学，建设美育教师队伍，深化美育教学改革，推进文化传承创新，弘扬中华美育精神，以美育人，以美化人，以美培元，培养德智体美劳全面发展的社会主义建设者和接班人。

深圳职业技术学院长期以来在高校立德树人方面做出了不懈的努力和探索，把思政教育和人文教育渗透到各个专业课程当中。本课程正是在这样的背景下思考和构建思政内容的框架。

本课程通过绘画作品丰富的内容和深刻的人文内涵，打动学生的心灵，激发学生艺术表达的愿望，又通过艺术表达展现学生的情感和精神追求。学生不仅要获得知识和技能，价值观的培养同样重要。因此在课程内容的选择上以培养高尚情怀，培养高雅情趣为准则，力求弘扬真善美，传播正能量。

（二）课程思政整体设计

本课程思政设计与教学内容紧密相连，旨在让学生在完整的艺术活动中增强艺术能力，培养审美情操，提高艺术素养。本课程在课程设计上分为赏析、实践、应用三个版块，三个版块相互关联，相互支撑。学生通过绘画赏析获得艺术感知，在此基础上通过绘画创作实践，加深对作品的理解，在实践的基础上拓展应用，把知识融入生活，从而获得完整的艺术能力。在三个环节中，恰当地把价值认知、职业精神、职业素养、创新精神等思政元素融入其中，使学生将对知识的学习转化成人文素养的提升和健康价值观的形成。

课程思政教学内容设计如图 1 所示。

三、课程思政教学案例

教学案例一 永恒的红色经典——中国画《八女投江》

（一）教学任务

项目一 “中国画作品赏析”之任务 1.5 新中国经典中国画作品赏析

（二）课程思政教学设计

本次课程任务是对新中国经典美术作品的赏析。新中国建立之初，涌现出一批表现爱国主义情怀和民族精神的绘画作品，其中，现实主义中国画大师王盛烈先生创作的《八女投江》就是表现此类题材的经典。

在教学设计上，主要从以下几个方面展开：

第一，在教学内容的选择上，作品要具有典型意义和代表性。《八女投江》

图1 “绘画艺术欣赏”课程思政教学内容设计

这幅作品表现的事件本身就体现出强烈的爱国主义精神和中华民族不屈不挠的民族精神，革命先辈虽身处逆境却能对革命前途充满信心，慷慨赴死。我们也可以从中反思战争的残酷性，感恩和平年代的美好生活都是先辈们前赴后继奋斗的结果。

第二，分析创作背景。作者亲历了那段在日本军国主义铁蹄下做亡国奴的历史，对家国概念的体会更加刻骨铭心。借此我们可以培养学生的家国情怀，让学生懂得有国才有家。

第三，解析创作过程。了解作者在创作准备阶段对事件的实地调研，对素材的搜集整理。教师可以用作者严谨认真的创作态度启发学生，从而培养学生的敬业精神。

最后，在作品赏析环节，教师从构图取势、人物形象刻画、气氛渲染等方面分析作品表现的悲壮气氛。从典型事件中所爆发出的戏剧性冲突，给人带来心灵上的震撼，使学生从中获得这种用革命浪漫主义表现革命现实题材的创作手法带来的独特审美体验。

（三）教学实施

1. 教学目标

（1）价值目标：通过对作品的创作背景、创作动机、素材积累、形象塑造等方面的分析，让学生感受革命先辈为民族、为国家勇于牺牲的民族大义，从而树立正确的家国观念。激发学生的爱国主义精神和民族精神，引导学生正确地认识战争与和平的关系，珍视来之不易的和平环境。

（2）知识目标：通过对作品内容的赏析，了解新中国水墨人物画发展的历程及其特点，了解革命现实主义和革命浪漫主义艺术创作的概念和手法。

（3）能力目标：能够根据革命现实主义和革命浪漫主义的特点独立分析评论经典美术作品，具备判断和区分现实主义、浪漫主义、批判现实主义等不同风格文艺作品的能力。

2. 教学方法与手段

本次教学任务以绘画作品为出发点，根据课程思政主题，选用讲授法、情境教学法、课堂辩论法等探究学习、研讨式、启发式、小组合作相结合的教学方法。依托课程平台开展线上线下混合式教学、智能化教学诊断与评价等探索与设计；运用 AI、VR、AR、MR 等手段，提升课程思政教学的交互性与有效性。

3. 教学过程

课前预习：提出问题，让学生通过查找资料了解背景知识。

第一步：任务导入。

1931年，震惊中外的“九一八事变”爆发，日本帝国主义侵华战争由此开端。东北抗日联军在中国共产党的领导下与日本侵略者展开了艰苦卓绝的斗争。1938年10月，东北抗日联军的八名女战士在黑龙江省牡丹江市乌斯浑河畔与日军交战中陷入绝境，最后她们集体投江壮烈牺牲。

1957年，为了纪念八女投江的壮烈事迹，画家王盛烈先生创作了中国画作品《八女投江》，这成为新中国美术史上的经典作品之一。通过观看影视资料进入情境，了解抗日战争时期东北抗日联军艰苦的斗争环境。将绘画作品的时代背景进行生动立体地呈现，同时提出问题：为什么这幅作品能把这个时代主题表现得如此令人震撼且深刻？带着这样的问题进入本次课程的核心内容：以中国画作品《八女投江》所表现的那段烽火岁月，分析作品背后的创作故事。

第二步：任务分析。

第一，分析事件背景，让学生进入情境，体会革命先辈敢于牺牲、慷慨就义的大无畏精神。1938年10月上旬，日伪军部队偷袭了正在牡丹江支流乌斯浑河畔宿营的东北抗日联军第二路军第5军第1师，第5军妇女团的八名女战士主动承担了掩护大部队突围转移的任务，她们分别是第五军妇女团的政治指导员冷云，班长胡秀芝、杨贵珍，战士郭桂琴、黄桂清、王惠民、李凤善和被服厂厂长安顺福。她们在弹尽援绝的情况下，毅然背起重伤的战友，一同跳下激流翻腾的乌斯浑河。

第二，分析画家生活经历对艺术创作的影响。王盛烈从小的生活经历使其对家国的概念有了更深刻的理解和体会。 画家王盛烈幼时生活在东北，八岁时经历“九一八事变”，民族的灾难和自身悲惨的经历给他带来了强烈的民族忧患意识，也成为了他后来艺术创作的情感和生活基础。1949年，王盛烈从鲁艺一场关于东北抗日联军斗争史的报告里听闻八女投江的英雄事迹，受到极大震撼，从而萌发了创作的想法。

第三，分析画家的准备过程。让学生体会画家对待工作严谨认真的创作态度，激励学生在工作中培养严谨认真、精益求精的敬业精神。1957年，中国人民解放军总政治部举办“中国人民解放军建军三十周年纪念美术展览会”，邀请王盛烈创作一幅军事题材的作品，酝酿许久的“八女投江”成为王盛烈的创作题材。创作过程中，为了探索中国画在构图设置、情节设计、人物形象刻画等方面的可能性，表现女战士们坚定无畏、英勇不屈的气概，王盛烈做了大量的前期准备工作，包括资料的搜集，以及为塑造人物画了大量的人物速写。王盛烈自身具备扎实的素描造型功底，经过反复构思，选择在中国画的基础上借鉴西方造型手段方法，将中国画的流畅线条、娴熟笔墨与扎实造型完美结合。

第四，分析作品的创作过程。在创作手法上，画面人物造型严谨，笔墨生动，线条铿锵有力。画面中，冷云位于右边五位女战士所形成的三角构图的最顶端。她用仇恨的目光望向后方追击的敌人，坚毅而凛然。左边江中的人物与右边山石上的人物也形成一个三角形构图，进一步增强了结构的稳定感与崇高感。漆黑的礁石、巨大的山体和波涛汹涌的大片江水占据了画面相当大的比例。八个人物之间的组合关系起承转合，在布局上非常具有戏剧张力，也更加突出了人物的英雄主义气概。作品对于“水”的表现借鉴了南宋画家马远《十二水图》中“层波叠浪”的表现技法，体现了传统中国画的笔墨技巧。人物结构及表情的刻画则采用了素描造型的手法处理，使人物形象更加传神。此外，暗云涌动的天空，朔风掠过人物形成的动态感进一步渲染了画面的悲壮气氛。因此，无论在题材的选择上，还是在表现手法上，《八女投江》都堪称永恒的红色经典。

第三步：思政点睛。

（1）从创作的时代背景出发，可以激发学生的爱国热忱，培养学生的家国情怀，懂得有国才有家的道理。

（2）从作品的内容出发，可以让学生了解革命先烈为新中国的建立前赴后继、不畏牺牲的大无畏精神。

（3）从作者的创作过程出发，让学生感受到画家“为人生而艺术”的大情怀，感受画家执着的艺术精神和严谨的工作态度。

（4）从历史中反思，认清当今世界格局，世界各地仍有饱受战争之苦的国家和人民。这些国家的人民仍然食不果腹，朝不保夕，连最基本的生存权利都难以保证，更谈不上发展。我们要从战争中反思，当代大学生如何把个人的发展放到国家的前途和命运的大格局中去衡量思考，既要胸怀远大，又要脚踏实地。

第四步：分组讨论。

教师提出问题，学生分组讨论。

问题一：作为生长在和平年代的大学生，如何理解爱国主义？如何让爱国主义在生活中做到知行合一？

问题二：如何理解职业精神？在学习工作中如何体现职业精神？

问题三：荀子在《劝学篇》中说："不积跬步，无以至千里，不积小流，无以成江海。"北宋哲学家张载在《横渠语录》中说："为天地立心，为生民立命，为往圣继绝学，为万世开太平。"周恩来在南开中学就读时就立下了"为中华之崛起而读书"的伟大志向。生长在和平年代的大学生应如何认识纷繁复杂的世界时局？在当下如何平衡理想与现实的关系？如何树立自己的人生理想？如何做好自己的职业规划？

第五步：学习拓展。

把绘画内容与文创设计相结合，选择适合的题材制作爱国励志的文创产品，如文化衫、手提袋等。把学到的知识应用于生活实践，装点生活、美化生活，做到学以致用，知行合一。

4. 教学资源

（1）基本教学资源：一体化课程平台；本次课演示文稿；本次课教案；相关影视资料。

（2）拓展教学资源：名家访谈视频资料；中国人民革命军事博物馆网站等。

（四）教学评价

本课程关注评价的多元性，在教学评价方面以学生对知识的掌握、能力的提升与情感态度价值观的树立为依据，注重学生全方位的获得感，使学生在掌握绘画知识与绘画技能的同时，在人文素养、爱国情怀等素质方面都有所提升。构建知识、能力、价值三位一体的评价目标体系，从课前、课中、课后构建全流程评价过程体系。

教学案例二 新兴版画运动与中国革命

（一）教学任务

项目一 "中国版画赏析"之任务 3.1 新兴版画经典作品赏析

（二）课程思政教学设计

本次课程任务是对新兴版画运动中经典版画作品的赏析和实践。在赏析和实践的过程中展开对思政内容的深度挖掘，主要围绕两个方面展开：

第一，通过对中国新兴版画运动中经典版画作品的赏析，阐述新兴版画运动与中国革命之间的关系。了解当时表现主义与现实主义碰撞所产生的巨大艺术能量和冲击力，产生的巨大社会效应，对推动社会发展起到了积极的作用。以此可以引导学生要具备“天下兴亡，匹夫有责”的社会担当。

第二，通过剖析中国新兴版画运动与鲁迅先生的关系，让学生感受鲁迅先生伟大的人格力量，体会鲁迅先生不屈不挠的战斗精神和对人民甘于奉献的悲悯情怀。新兴版画运动是在鲁迅先生的指引下发展起来的，鲁迅先生也被称为中国新兴版画运动的导师、开拓者和奠基人。正是因为有了鲁迅先生，版画才得以在中国人民浴血抗战的特殊年代，以星火燎原之势，为民族独立解放事业摇旗呐喊，成为那个时期不可或缺的宣传利器。以此引导学生了解“艺术为大众、艺术为人民”的创作观念。

（三）教学实施

1. 教学目标

（1）价值目标：通过对新兴版画发展历程的讲解，让学生了解“艺术为大众、艺术为人民”的创作观念，感受艺术的力量。

（2）知识目标：通过对作品的赏析，让学生掌握新兴版画运动的缘起、发展以及影响，了解新兴版画群体创作的风格特征，了解其代表性画家及代表性作品。

（3）能力目标：通过对新兴版画运动中经典作品的赏析与版画文创设计实践，使学生掌握木刻版画的基本技法，具备木刻版画的初步创作能力，具备用创新思维模式把版画元素应用于文创产品设计的能力。

2. 教学方法与手段

本次教学任务以版画作品为出发点，根据课程思政主题，选用讲授法、课堂辩论法等探究学习、研讨式、启发式、小组合作相结合的教学方法。依托课程平台开展线上线下混合式教学、智能化教学诊断与评价等探索与设计；运用

AI、VR、AR、MR 等手段，提升课程思政教学的交互性与有效性。

3. 教学过程

第一步：任务导入。

由一幅照片引入本课内容。1936 年 10 月 8 日，鲁迅先生参观“第二回全国木刻流动展览会”，与木刻青年们谈话。由此提出问题：为什么大文学家鲁迅先生会和木刻青年坐在一起呢？中国版画新兴发展，鲁迅功不可没。中国现代版画是在鲁迅的指引下起步的。鲁迅先生以其对民族复兴的历史担当、对青年一代的满腔期待、对传统文化的由衷情怀、对版画艺术的卓越贡献，而被誉为中国新兴版画的母亲、导师、开拓者和奠基人。作为新文化运动的领袖，鲁迅先生不仅是百科全书式的文学大师，同样也是具有开天辟地影响的艺术大师，为中国新美术的发展作出了不可磨灭的贡献。由此引入对新兴木刻版画运动的讲解。

第二步：任务分析。

鲁迅先生倡导的新兴版画运动始于对国外版画杰作的介绍。这场运动始于 20 世纪 30 年代初，由鲁迅倡议、领导，在继承中国传统“复制版画”的基础上，引进了欧洲以及美、日等国的“创作版画”，这在中国现代美术史和中华民族抗战史上，留下了浓墨重彩的一笔。

1928 年 11 月，鲁迅牵头创办了“朝花社”，《朝花》周刊第八期于 1929 年 1 月 24 日出版，鲁迅与柔石合编的《艺苑朝华》第一辑《近代木刻选集（1）》和第二辑《蕗谷虹儿画选》也以朝花社的名义于 26 日印成。这两个集子的出版开创了我国介绍国际进步木刻版画的先河。中国的新兴木刻版画运动由此拉开帷幕。

1930 年 10 月 4 日至 5 日，鲁迅与友人在上海举办“世界版画展览会”，介绍德国著名版画艺术家凯绥 · 珂勒惠支，其原作首次在中国展出。

鲁迅先生十分欣赏珂勒惠支的艺术作品，称赞她“是劳动阶级有力的代言人”，他曾写信请她为苦难的中国大众作画。他购买了一大批珂氏版画原作，精选出其中的 21 件，委托郑振铎在北平故宫博物院用珂罗版精印。鲁迅先生曾说：“在她作品中看见别样的人，他们虽然并非英雄，却可以亲近、同情，而且愈看，心愈觉得美，愈觉得有动人之力。”

鲁迅先生对青年版画创作者的帮助不遗余力，不光是版画的技巧，还有深厚的感情和人道的关怀。他对这支生力军寄予了厚望，希望他们为国家、为民族的复兴而有所作为。从后来新兴版画团体的成长发展来看，这批青年中涌现出一大批卓有成就的版画家，他们没有辜负鲁迅先生的殷切期望。

鲁迅先生第一次提出了“创作木刻”这一具有划时代意义的概念。他提倡并寄希望于美术青年的，正是“创作木刻”的这种操刀向木、以刀代笔的木刻精神。

鲁迅先生十分注重文艺为人民、版画为大众。而他竭力推崇的木刻艺术正好与之相契合。艺术家们没有辜负鲁迅先生的期望，正如郭沫若先生所说的那样，“木刻艺术，实开风气之先……木刻家们在人民解放的斗争中，确确实实是走在最前头了”。

鲁迅先生十分关心青年版画作者的创作和成长。他多次直接指导青年的版画创作，他曾在信中多次批评广东青年李桦的木刻人物比例不准、构图欠美，并给予精准的指导、点拨。李桦不负所望，后来终于成为一代名家。

本课内容精选德国表现主义版画家，也是对新兴版画运动产生深远影响的版画大师珂勒惠支的代表作品，让学生随着教师的导读一起去感受深沉博大的“珂式风格”；在中国的版画作品中，精选了新兴版画运动中成长起来的一代版画大师李桦先生的作品作为赏析范例，让学生感受那个风起云涌的革命年代，感受先辈们激情澎湃的创作热情和革命精神。

第三步：思政点睛。

（1）通过对新兴版画运动发展历程的了解，引导学生理解艺术来自人民，服务于人民的创作观，感受版画艺术在特殊的革命年代产生的巨大能量，感受木刻艺术在宣传斗争中以刀代笔，唤醒大众的先锋精神。

（2）通过讲解鲁迅先生与新兴版画运动的关系，让学生感受鲁迅先生伟大的人格力量，体会鲁迅先生“横眉冷对千夫指，俯首甘为孺子牛”的人生写照。

第四步：分组讨论。

提出讨论话题，学生分组讨论。

（1）从鲁迅先生对新兴版画运动的开创意义中，我们能够得到怎样的启示？

（2）在特殊的革命年代，年轻的版画家们热血澎湃，充满斗志，以饱满的热情投入到创作中去。同样是青年人，对标当代青年大学生，引导学生思考这种精神对我们今天工作和学习的启示。

第五步：学习拓展。

用版画的形式结合文创作品的创作，选择适合的题材制作爱国励志的文创产品，如手机壳、文化衫、手提袋等，让学生把学到的知识应用于生活实践，装点生活、美化生活，做到学以致用，知行合一。

4. 教学资源

（1）基本教学资源：一体化课程平台；本次课演示文稿；本次课教案；相关影视资料；

（2）拓展教学资源：名家访谈视频资料；观澜版画基地——中国版画博物馆。

（四）教学评价

本课程关注评价的多元性，在教学评价方面以学生对知识的掌握，能力的提升与情感态度价值观的树立为依据，注重学生全方位的获得感，使学生在掌握绘画知识与绘画技能的同时，在人文素养、爱国情怀等素质方面都有所提升。构建知识、能力、价值三位一体的评价目标体系，从课前、课中、课后构建全流程评价过程体系。

（五）创新与反思

1. 创新

创新点之一：运用比较研究的方法，在东西方美术史的坐标点上，分析中国新兴版画运动的历史意义，分析表现主义艺术思潮进入中国后与革命现实主义的结合在新兴版画运动中所展现出的勃勃生机。

创新点之二：在实践环节中，与教学内容相联系的文创产品创作尝试是本课程着意设计的环节，意在培养学生的知识转化能力，使学生感受到审美的实用价值，并有真实的获得感。

2. 反思与改进

首先，在实践环节中，如何把传统的技法活化，并能够恰当地把思政元素与时尚元素巧妙结合，使青年学生更乐于接受是后续教学中着重探索的重点。其次，中国创作版画的发展始终伴随着中国革命的进程，期间涌现出大批优秀的版画家和经典的版画作品，在思想深度和人文价值方面有丰富的资源可供挖掘。这些作品和事件在年代上与学生有距离感，要让学生对作品产生情感共鸣，还要在素材的丰富性上深入发掘。

四、选用教材与参考资料

（一）选用教材

[1] 于晨．耕者足迹：王盛烈纪念文集 [M]. 北京：人民美术出版社，2005.

[2] 齐凤阁．中国新兴版画发展史 [M]. 吉林：吉林美术出版社，2000.

（二）参考资料

1.《八女投江》让英雄的精神薪火相传

https://www.xiancn.com/content/202108/06/content_6316103.htm

2. 国画《八女投江》被列为国家一级文物，王盛烈用画笔提醒人们铭记历史

https://baijiahao.baidu.com/s?id=1713502605271622763&wfr=spider&for

3. 经典 | “当革命时，版画之用最广”——纪念新兴木刻运动 90 周年

https://baijiahao.baidu.com/s?id=1704680863835517480&wfr=spi der&for=pc

4. 中国新兴木刻版画运动 90 年 _ 文化频道 _ 中华网

https://culture.china.com/heritage/folkart/11170671/20220307/41565322_1.htm

案例编写人：邵成南（艺术设计学院）

"建筑艺术欣赏"课程思政教学案例

一、课程定位

本课程是学校通识教育的一般课程，旨在培养学生精益求精的工匠精神，提高学生的家国情怀和文化自信，进行爱国主义教育，培养学生的创新意识和科研精神等思想政治素养与职业素养；使学生了解中外建筑艺术发展过程，掌握中外经典建筑的艺术特征、设计思想，建筑与景观空间的表现方法等综合知识，具备较宽的艺术视野及建筑艺术审美与评价能力。

二、课程思政整体设计思路

（一）课程思政整体设计理念

"建筑艺术欣赏"课程重点培养学生掌握中外经典建筑艺术的基本知识，通过中外案例对比讲解，使学生认识影响建筑设计的相关要素与方法，拓宽个人跨专业内容的视野，提高对建筑艺术的欣赏与审美能力；引导学生增强爱国主义与思政意识，激发工匠精神、坚定文化自信，树立保护与传承中国传统文化的理想信念。

课程将体现"工匠精神"的多种艺术风格建筑作品与"传承与发展"的创新精神紧密结合，形成了解建筑文化遗产内涵、弘扬传统文明价值的课程思政育人模式。着力从各种类型、风格的建筑建造中挖掘思政元素，凝炼成以"多角度、多专业共同推陈出新、古为今用、继承和弘扬优秀文化"为核心的课程思政建设目标。

本课程从知识、能力和价值三位一体的教学目标出发，立足价值目标核心，确立"讲好建筑故事，弘扬中华文化"一条主线，依托"建筑案例、典型人物故事、传统文化、建筑发展史"等思政素材，以"工匠精神、文化自信、爱国主义、创新创意、价值观"等五种思政元素展开教学设计。

（二）课程思政整体设计框架

课程以任务为驱动，利用"深职 i 学习"平台，采用"提问—解决—实操"三步走的教学设计，融入真实的经典建筑案例和设计发展大事件，结合手工模型制作、三维空间立体书籍使用、AR/VR 建筑实例游历等形式，展开课程思政的设计。课程内容分为中国建筑艺术与外国建筑艺术两大模块，共 10 个章节，每个章节又细分多个知识点，针对不同的知识点进行思政素材与教学内容的整合优化。

前 7 个章节主要围绕中国建筑艺术，以类型为导线，在对传统建筑特点、宫殿建筑、陵墓建筑、祭祀建筑、佛教建筑、园林建筑、民居建筑等知识点的讲解中，融入我国世界遗产名录的重要意义。中国拥有世界遗产 55 处，位居世界之首，这些遗产见证了中国文化的发展历程，我们应该用心呵护，以此重点培养学生的文化自信，精益求精、传承弘扬的理想信念和实干精神。后 3 个章节主要围绕外国建筑艺术，以时间发展为脉络，在对古埃及时期、古希腊古罗马时期、中世纪、文艺复兴时期、现代主义建筑及其之后的建筑的讲解中，通过视频介绍、实例模型、AR/VR 建筑实例游历等形式，对国外建筑材料、建筑形式发展过程进行分析，培养学生的创新意识，结合自身专业跨界融合，完善传承中国文化的价值精神。课程思政教学内容设计如图 1 所示。

三、课程思政教学案例

教学案例一 "材"源滚滚，取之有道——中国传统建筑以木材为主

（一）教学任务

第一章 "中国传统建筑"之第 1 节 中国古建筑概述之材料特征

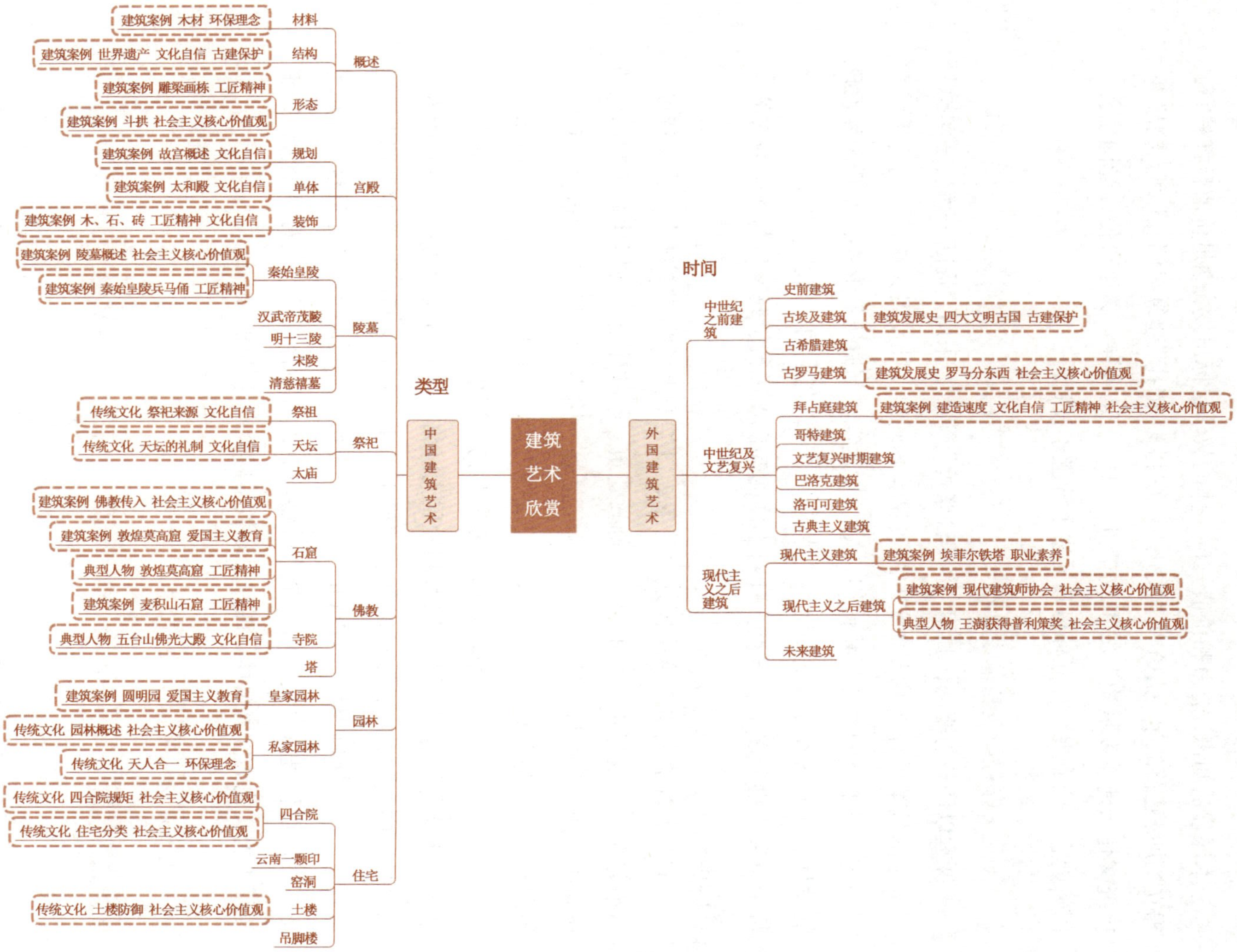

图 1 “建筑艺术欣赏”基于课程思政的教学内容设计

（二）课程思政教学设计

本次课程任务是分析中国传统建筑采用木材作为主要建筑材料的根本原因。在讲解木材优缺点及木材组合方式时融入思政案例。

我国幅员辽阔，森林广袤，植物种类繁多，森林物产极为丰富多样，这为木材取用提供了有力保障，可谓“材”源滚滚。但取材还需有道，如果过渡采伐，会破坏生态平衡，以此引入环保理念。这个案例呈现了我国地大物博，有丰富的物产，使学生具有国家自然资源丰富的自豪感，进一步引导学生正确看待资源利用。生活中很多东西的原材料都是木材，常见的有书本、纸杯、一次性餐具等。其中，一次性筷子是非常不环保的存在，不仅耗损大量木材，还会造成环境污染。以此增强学生的节能环保意识，并影响带动周围同学，争做环保卫士，还国家绿水青山。

另外，木材与木材组合交接的方式为榫卯结构，其原理是利用对木材的凹凸裁切，不借助其他材料辅助，将两个木构件穿插结合的连接方式，构成富有弹性的框架体系。由此方法所制作的斗拱，各构件各司其职、互相配合，体现和谐共生的理念。单一材料在匠人手中却有无数种组合方式，极富创造性。通过了解斗拱的概念、结构构造、时代演变等，使学生能更深刻地认识到斗拱结构对现代建筑的影响，寓教于思政，培养学生严谨认真的职业素养和深挖精研的匠人精神。

（三）教学实施

1. 教学目标

（1）价值目标：介绍中国传统建筑采用木材作为主要材料的原因。中国疆土辽阔，资源丰富。以此激发学生热爱自己的国家，增强保护环境的紧迫感与使命感。另外，以一种材料的无数种巧妙演变与组合，培养学生善于思考和踏实钻研的工匠精神。

（2）知识目标：了解建筑与人的关系，掌握传统建筑在材料选择上的优缺点，理解木材与木材之间的榫卯连接方式。

（3）能力目标：能够了解木材构件的特性，完成多种榫卯组合搭接，具备一定的创新意识与创造能力。

2. 教学方法与手段

（1）任务驱动法：在课前，通过“深职 i 学习”平台提出问题，发布任务书，主要运用启发式教学手段，让学生明确学习目标。围绕该任务展开学习，以任务完成的结果检验和总结学习效果。

（2）情景体验法：通过播放视频、材料实物模型展示、运用 VR 三维动图等形式营造有效有趣的实物空间体验。

（3）案例分析法：通过对身边的生活案例进行对比、分析，拓宽学生的理解思路。

3. 教学过程

（1）课前准备——提出问题，引出任务。

在“深职 i 学习”教学平台下发前言学习部分《写在课程前——你能吗？》，通过 10 个有趣的小问题，引导学生思考并给出“能”的数量，“能”的数量越少越能激发学生学习的自主性与兴趣性。

（2）课中——通过问卷、动手实操等形式进行分析讨论。

“学习通”APP 发布问卷，小组分组讨论：中外传统建筑在材料方面的不同，谈谈优缺点。教师总结各组的回答，引出本课程的授课内容：建筑材料主体为木材。着重讲解木材的优缺点，过程中设置“课堂猜猜题”（设定投票）、观看小视频等教学环节。

提供木构件零件实物模型，让学生分小组自己动手拼接，让学生体会木构件的榫卯结合方式，了解古代工匠的设计精巧之处；同时也培养学生团队合作、精益求精的工匠精神。

课堂思政 1：让学生明白课前预习的重要性，要学会使用各种教学平台，适应新时期的多种学习方式。引导学生认识到学习是目前自己的主业，要认真对待每一项学习任务，只有认真、细心、努力，由简入难掌握知识与技能，才能为自己的未来职业之路打下坚实的基础。

价值引领 1：课堂上将学生随机分组，虽然大家来自不同学院不同专业，但学习目标是一致的。通过分组合作，提高学生的沟通、交流能力。同时，也培养学生在组内的主观能动性与责任感。单打独斗已成过去，团队协作、合作共赢才是未来。

课堂思政 2：中国传统建筑所使用的木材为生长周期较长的可再生资源，由此可对学生进行环保教育：从我做起，从小事做起，如少用一次性筷子、纸杯、餐具等；尽量使用再生纸，用过一面的纸可以翻过来做草稿纸、便条纸；拒绝接受随处散发的宣传物，避免大量浪费纸张等。引导学生关注原生材料，增强合理利用资源、保护环境的意识。

价值引领 2：结合时代背景以及学校目前开展的垃圾分类活动，向学生阐释人与自然和谐相处的环保理念。

课堂思政 3：古建筑上木材的榫卯连接方式是力学与美学的完美结合体。一榫一卯，阴与阳，圆与方，收与放，张与弛等，既形成强烈的对比，又结合得天衣无缝。小小的木结构举重若轻，包罗了无限创造的可能性。以此引导学生培养用心探究、善于钻研的职业素养。

价值引领 3：培养学生的文化自信，传承中国博大精深的建筑文化和严谨认真的匠人精神。

（3）课后——通过新技术巩固提升课堂内容。

课后向学生推送“匠木”APP，这是一款益智手游，曾荣获故宫、国际移动游戏大奖（IMGA）、中国独立游戏大赛（indiePlay）等颁发的多项国内外游戏大奖。解榫卯之谜，承千年文化。传统构造结合新的表现与体验形式，在手机娱乐的同时，提高了学生课后练习，巩固提升课堂内容的积极性。学生通过“深职 i 学习”平台完成章节测试题，熟记中国传统建筑材料上的特点，预习下一章节内容。

4. 教学资源

（1）基本教学资源：提问的相关图片；大量中国古建筑材料、结构、形态的视频；实物模型；“金课”视频；线上教学平台的视频、习题；本次课教案、教学演示文稿等。

（2）拓展教学资源：“匠木”APP；孔明锁全套模型教具等。

（四）教学评价

课程采用差异化的评价方式，为激励每个学生的学习，遵循量性评价和质性评价相结合的原则进行评价，从课前、课中、课后构建全流程体系进行评价。

（1）量性评价：本次课的量性评价主要是针对课前、课后任务的完成情况。在“学习通”平台，通过后台大数据分析可以查看学生完成情况，了解学生对知识内容的预习、掌握程度，获得量化成绩。

（2）质性评价：主要指学生在教学活动中获得的质化成绩。例如课中学生回答问题的情况。同时，课程还设置问卷调查，让学生对课程内容展开延伸与联想，督促学生在生活中应用思政内容，以评价学生通过本次课程学习在思想意识上的收获。由授课教师评价，采用语言、文字等形式进行质性评价，让学生了解自己比较优秀的方面，同时发现有待进一步改善的问题，从而起到诊断、指导和促进的作用。

（五）创新与反思

结合课程讲解内容，融入学生身边的真实案例，既有实体模型构件，又有新媒体的软件探究，让学生不仅能开拓艺术视野，了解专业以外的跨界知识，更能在思政方面激发爱国情怀。同时训练学生多发现、多思考的能力，提高知识掌握熟练程度，给学生更多展现自己的机会，增强表达能力。

列举课程案例时，可以鼓励学生多从自身的专业出发，结合所学的内容，真正做到跨专业知识的融会贯通，以促进个人专业素养的提升。

教学案例二　礼行天下，仪见倾心——“五宫之首”的北京故宫是世界奇迹

（一）教学任务

第一章　“中国传统建筑”之第 2 节　宫殿建筑

（二）课程思政教学设计

本次课程任务是完成中国传统宫殿类建筑的讲授，重点以北京故宫为案例，介绍宫殿类建筑的设计、布局特征等。在介绍故宫建造时间、建造材料的准备时引入课程思政案例。

宫殿建筑作为古建筑的主流之作，象征着古代帝王的至高权威，必以威壮之形构之，以精良之材造之，以华丽之彩饰之，方能显示出天子之威势磅礴。所以历代宫殿的建造都是当时最为壮观的建筑活动。北京故宫规模宏大、风格

独特、陈设华丽、建筑辉煌，堪称无与伦比的杰作，体现了古代中国高超的建筑艺术、技术水平及艺术价值。北京故宫占地 72 万平方米，建筑面积达 15 万平方米，拥有近万间房屋。故宫建造时间不过 14 年，其中 11 年时间为材料准备期，真正用来建造的时间仅为 3 年，创造了不可思议的“中国速度”。整个皇城的建筑找不到一颗钉子，这也是世界建造奇迹。结合建筑案例讲述古代工匠攻坚克难、逆行而上的励志故事，勉励学生在工作中培养坚韧不拔、从容不迫的奋斗精神与家国情怀。

中国为礼仪之邦，在建筑布局设计上也反映了其平和、中正的文明特征。以此增强学生的文化自信和民族自豪感，激发学生的爱国之心。另外，在学习建筑材料备料过程时，重点介绍金砖。一块宫中金砖需要打磨三年，砖上刻有工匠的名字，充分体现了古代匠人兢兢业业、精益求精、勇于担当责任的职业精神。这是需要学生重点体会的思政内容。

（三）教学实施

1. 教学目标

（1）价值目标：介绍北京故宫是世界文化遗产，被誉为世界五大宫之首（北京故宫、法国凡尔赛宫、英国白金汉宫、美国白宫、俄罗斯克里姆林宫）。讲述北京故宫的兴建原因，详细介绍故宫的整体布局，分析这样一座伟大的宫殿是如何开土动工的，又有何寓意。故宫的建造史就是一部鲜活的文明史。以此激发学生的文化自信、艰苦奋斗的热情。通过了解建筑材料的取之不易，让学生体会工匠敬业的精神。

（2）知识目标：了解宫殿建筑的整体布局规划特征，以及建筑的等级与礼制。

（3）能力目标：能够分析建筑的单体结构并判断等级；能够根据建筑特殊装饰（仙人走兽、台基数等）判断其年代与等级。

2. 教学方法与手段

（1）任务驱动法：在课前，通过“深职 i 学习”平台提出问题，发布任务书，主要运用启发式教学手段，让学生明确学习目标。围绕该任务展开学习，以任务完成的结果检验和总结学习效果。

（2）情景体验法：通过播放视频、材料实物模型、三维立体书展示、运用全景影像等手段，提升学生的建筑实物空间体验感。

（3）案例分析法：通过手绘简单的游览路线图的形式，帮助学生了解宫殿布局的设计思路。

3. 教学过程

（1）课前准备——提出问题，引出任务。

在“深职 i 学习”教学平台下发任务，阅读任务书“假如让你做一天皇帝”，并观看小视频，思考提出的问题：如果让你当一天皇帝，请从皇帝一天中要做的几件事（起床请安、上朝理政、休闲游园、用膳、就寝）中选择一件或几件进行研究（请了解行为的地点，尤其是所处地点的建筑），上课时请讲出你所预习的内容。以此激发学生学习的自主性与兴趣。

（2）课中——通过问卷、动手实操等形式进行分析讨论。

“学习通”APP 发布问卷，小组分组讨论：北京故宫的真正名称以及建造的历史时间。以此引出故宫建筑的发展演变历史，讲解故宫不同时期的名称所承载的含义。

动手实践：了解故宫的规划。下发故宫图纸，给出“办公区、就寝区”，请学生先行试画故宫的功能分区，初步了解故宫的宏大规模，及其规划布局独特的设计构思。最后，由教师点评图纸，总结并讲解“前朝后寝”的宫殿布局特征。学生在展示图片上寻找“一龟一蛇”，各小组讨论后回答，教师根据学生回答引出本次课程的宫殿布局规划思想：“背山面水”“礼制建宫”，以及追求和谐共生。

通过“找一找”环节进行中西建筑图片对比，讲解中国古建筑单体设计艺术，引出宫殿建筑在材料的选用与制作方面精益求精的过程。

课堂思政 1：故宫作为凝聚中华优秀传统文化精髓、文化成果精品的殿堂，有着独一无二的地标意义和文化象征。历经时代变迁，故宫由“宫”变“院”，其价值早已不限于宫阙亭台。有形的故宫成为中华优秀传统文化传承、中外文化交流的场所和见证者；无形的故宫延续着中华历史文脉，承载着国家记忆，彰显着中华文化的软实力。

价值引领1：习近平总书记邀请外宾参观故宫博物院时，曾阐释过中华民族对“和”的理解与践行。太和殿、中和殿和保和殿的名字中都有个“和”字，“和”是中华文化的核心理念之一，植根于中国人内心深处。和而不同、天下大同的理念，寓示中国将坚持走和平发展道路。以此培养学生礼仪行天下，怀揣“和”的民族精神。另外，古代工匠们不仅有速度，建造施工的精细程度、施工质量同样是丝毫不差。这充分展示了“中国质量”，鼓励学生为中华民族拥有的强大民族力量而自豪。

课堂思政2：北京故宫宫殿建筑群是无与伦比的建筑杰作，是古代建筑文化集大成者。“礼”是贯穿中国传统文化的核心思想，故宫在布局、建筑单体、形制、色彩乃至装饰等方面，都鲜明地体现着“礼”制的渗透和影响。以此教育学生了解中国传统礼制文化的真正内涵，体会“节”“质”“仁”是“礼”的三大精神内核。

价值引领2：建筑记载了一段历史，延续了一种文明，也传承了一种精神。以此培养学生要敬畏历史、敬畏文化，除了守护好前人留给我们的宝贵财富，更要传承好无形的礼制文化内涵。

课堂思政3：建筑材料中用到“金砖”，这是一种为皇宫专门烧制的砖，质地细腻密实，敲起来会有金石的质感。制造这样一块砖需要三年时间，制造工序繁复，经过层层检验精挑细选才可使用。另外，每一块金砖的侧边都刻有工匠的名字，工匠需要承担金砖后期的质量责任，体现了每一个工匠在制造金砖时兢兢业业、精益求精的精神。

价值引领3：金砖严格、复杂、漫长的制造工序，刻上名字以备责任担当的过程，提醒学生要坚持百折不挠的钻研精神，自觉践行职业规范和精益求精的工匠精神。

（3）课后——通过新技术巩固提升课堂内容。

课后向学生推送“数字故宫”小程序，这是由故宫博物院与腾讯携手打造的新媒体。学生通过APP可以在古建筑中全景漫游，在慢直播中走过故宫的四季。布置课后任务：结合课后作业“感受皇帝的一天”，按照时间顺序，在小程序的平面图中查找皇帝所到地点，连出一天的路线。同时，学生可将作业与小程序中内置的7条有趣的“定制游览路线”进行对比，找出未来参观北京故宫最有价值的游览路线。通过新的媒体软件表现，传统建筑借助 VR 全景虚拟体验的形式，可以促使学生积极进行课后练习，巩固课堂学习内容。学生通过“深职 i 学习”平台完成章节测试题，掌握宫殿建筑的特点，预习下一章节内容。

4. 教学资源

（1）基本教学资源：视频《北京概况》《皇帝的一天》等，以及大量关于故宫规划、建筑的图片，故宫立体书；“学习通”APP 中的视频、习题；本次课教案、本次课教学演示文稿等。

（2）拓展教学资源：故宫博物院官网；“数字故宫”小程序；“每日故宫”APP；大量专家解读视频；各种文创产品。

（四）教学评价

采用差异化的评价方式，为激励每个学生的学习，遵循量性评价和质性评价相结合的原则进行评价。

（1）量性评价：本次课的量性评价主要是针对课前作业任务的完成情况。在“学习通”平台，通过后台大数据分析可以查看学生完成情况，了解学生对知识内容的掌握程度，获得量化成绩。

（2）质性评价：主要指学生在教学活动中获得的质化成绩。例如课中学生回答问题的情况。同时，课程还设置立体书籍的介绍与导游，让学生对建筑布局有更客观立体的感受，评价学生通过本次课程学习在思想意识上的收获。由授课教师评价，采用语言、文字等形式进行质性评价，让学生了解自己比较优秀的方面，同时发现有待进一步改善的问题，从而起到诊断、指导和促进的作用。

（五）创新与反思

结合课程讲解内容，让学生不仅看到建筑的表象特征，更要了解宫殿建筑所传递的文化内涵。通过网络、小程序、APP 等富媒体，向学生展示故宫在 600 岁生辰之际成为“网红”，世界各地的人们都可以在它身上看到古典和潮流的并存。同时，也不能忘记这座巍峨的皇宫之所以能长久屹立，是因为我国古代建筑师的精湛建造技艺、解放后顶级匠人的修复和人民的悉心保护。

鼓励学生从自身的专业出发，结合所学的内容，能够多角度、多形式地为传承与保护中国文化做出自己的贡献。

四、选用教材与参考资料

[1] 彭一刚 . 建筑空间组合论 [M]. 北京：中国建筑工业出版社，2008.

[2] 梁思成 . 图像中国建筑史 [M]. 梁从诫，译 . 天津：百花文艺出版社，2001.

[3] 陈志华 . 外国建筑史 (19 世纪末叶以前) [M]. 北京：中国建筑工业出版社出版，2010.

[4] 陈志华 . 外国建筑二十讲 [M]. 北京：生活 · 读书 · 新知三联书店，2002.

案例编写人：何　锐　赵金娥（艺术设计学院）